河南省高校人文社会科学研究一般项目（ 202

新时代基本公共服务
高质量发展研究

山雪艳　著

郑州大学出版社

图书在版编目(CIP)数据

新时代基本公共服务高质量发展研究／山雪艳著.
郑州：郑州大学出版社，2024. 6. -- ISBN 978-7-5773-
0435-9

Ⅰ. D669.3

中国国家版本馆 CIP 数据核字第 2024U2R224 号

新时代基本公共服务高质量发展研究
XINSHIDAI JIBEN GONGGONG FUWU GAOZHILIANG FAZHAN YANJIU

策划编辑	刘金兰	封面设计	苏永生
责任编辑	王孟一	版式设计	苏永生
责任校对	席静雅	责任监制	李瑞卿

出版发行	郑州大学出版社	地　址	郑州市大学路 40 号(450052)
出版人	孙保营	网　址	http://www.zzup.cn
经　销	全国新华书店	发行电话	0371-66966070
印　刷	郑州市今日文教印制有限公司		
开　本	710 mm×1 010 mm　1／16		
印　张	12.25	字　数	215 千字
版　次	2024 年 6 月第 1 版	印　次	2024 年 6 月第 1 次印刷

书　号	ISBN 978-7-5773-0435-9	定　价	69.00 元

本书如有印装质量问题,请与本社联系调换。

目　录

第1章 导　论

　　享有基本公共服务是公民的基本权利。基本公共服务供给是政府的重要职责,是增进和改善民生、促进共同富裕的重要途径。"人民对美好生活的向往,就是我们的奋斗目标。"新时代"美好生活需要"折射出人民群众对基本公共服务高质量发展的更高期待,回应公民期待以提升公民获得感与幸福感,正是全面建成小康社会后迈向全面建设社会主义现代化国家新征程中各级政府的施政重心。立足新时代新征程,面对新目标新挑战,为何、如何以人民为中心推动基本公共服务高质量发展,对这一主题现实层面和理论层面的关注和思考即是本书产生的缘由。本章在梳理国内外研究进展的基础上,提出研究的切入点,阐明本研究问题的解决思路是怎样的、如何落实这一思路以及需要的研究方法和手段。

1.1　选题背景及意义

　　公共服务关乎民生,连接民心,其供给质量与人民群众的获得感、幸福感和安全感密切相关。习近平总书记多次强调,要做好普惠性、基础性、兜底性民生建设,健全完善国家基本公共服务体系,全面提高公共服务共建能力和共享水平。围绕以人民为中心的发展思想,开展新时代基本公共服务高质量发展研究,对于增进民生福祉、推动共同富裕,进而以中国式现代化推进中华民族伟大复兴具有重要意义。

1.1.1　问题的提出

　　中国共产党在百年历程中持续增进民生福祉,总是根据当时的历史条件、发展环境提出切实有效的政策措施,基本公共服务政策正是重要措施之一。在计划经济时代,我国建立起了一个相对简单的平均主义和国家包办(配给制)的公共服务体系,在资源匮乏的情况下实现了公共服务的普遍可及,但存在着供给总体短缺,效率低下以及城乡、单位间供给不均的问题①。改革开放初期,由于对政府和市场关系认识不清导致市场化改革过度、放权让利导致分配秩序混乱,政府无力承担相应的公共服务支出,把具有公共物品性质的基本医疗卫生、教育和文化等服务推向了市场,公众"看病难、上学难、养老难、就业难、住房难"等问题突显,激起了学界和实践部门对基本公共服务过度市场化改革的讨论和反思②。21 世纪,我国开始将公共服务发展纳入国家战略层面加以推动。2002 年,党的十六大报告把公共服务纳入政府职能,标志着基本公共服务均等化初步提上国家议程;2005 年党的十六届五中全会首次明确了公共服务均等化的原则;"十一五"规划首次在国家战略中提出了基本公共服务;"十二五"期间构建了基本公共服务体系并向全民供给;"十三五"期间对作为国家战略的基本公共服务均等化进行了全面实践,并推动基本公共服务均等化与全面建成小康社会目标紧密衔接,特别是保障农村、欠发达地区、贫困弱势群体的基本公共服务需求,确保全体人民享受教育、医疗卫生、文化、社会保障、住房等基本公共服务,助力了第一个百年奋斗目标的顺利实现。

党的十九大报告指出,我国经济已从高速增长阶段转向高质量发展阶段,这决定了新时代发展的核心要义就是高质量发展,在基本公共服务供给领域亦是如此。2021 年,国家发展改革委等 21 个部门联合印发了《"十四五"公共服务规划》,系统谋划了"十四五"时期落实国家基本公共服务标准、持续推进基本公共服务均等化、扩大普惠性非基本公共服务供给以及推动生活服务为公共服务提档升级拓展空间的主要目标、重点任务及政策举措,将基本公共服务供给推向更高水平、更高质量,使其与实现共同富裕、全面建设社会主义现代化国家相适应。党的二十大报告提出,"着力解决好人民群众急难愁盼问题,健全基本公共服务体系,提高公共服务水平,增强均衡性和可及性,扎实推进共同富裕。"通过政策文本分析和实证调研不难发现,我国基本公共服务快速发展的同时质量问题也日益凸显,与人民群众对美好生活向往相比,基本公共服务供给仍存在着不平衡不充分的问题,可及性和满意度都有待提高。在建设质量强国的质量时代,提高基本公共服务质量也是题中之义。2023 年,中共中央、国务院印发的《质量强国建设纲要》明确提出"提升公共服务质量效率"。可见,推动基本公共

---

① 郁建兴.中国的公共服务体系:发展历程、社会政策与体制机制[J].学术月刊,2011(3).

② 张启春,杨俊云.基本公共服务均等化政策:演进历程和新发展阶段策略调整:基于公共价值理论的视角[J].华中师范大学学报(人文社会科学版),2021(3).

服务高质量供给,继续强调扩大"量"的供给,也突出了"质"的要求,努力实现幼有所育、学有所教、劳有所得、病有所医、老有所养、住有所居、弱有所扶,正是政府对新时代所赋予的新使命的积极回应,是满足人民美好生活需要的必然要求。

"以人民为中心"是习近平新时代中国特色社会主义思想的核心内容,是贯穿党的十八大以来党中央治国理政新理念、新思想、新战略的一条主线。习近平总书记在多个场合反复阐述"以人民为中心"的发展思想,在十八届中共中央政治局常委同中外记者见面时,重申"人民对美好生活的向往,就是我们的奋斗目标";在庆祝改革开放 40 周年大会上,将"必须坚持以人民为中心,不断实现人民对美好生活的向往"归结为必须倍加珍惜、长期坚持的宝贵经验。基本公共服务的对象是全体人民,与"以人民为中心"密不可分。基本公共服务的"公共性"本质要求必须坚持以人民为中心。哈贝马斯提出"(国家)之所以具有公共性,是因为它担负着为全体公民谋幸福这样一种使命"①。党的二十大报告指出,"坚持以人民为中心的发展思想。维护人民根本利益,增进民生福祉,不断实现发展为了人民、发展依靠人民、发展成果由人民共享,让现代化建设成果更多更公平惠及全体人民。"面向第二个百年奋斗目标,立足新发展阶段,坚持以人民为中心,推进基本公共服务高质量发展成为新时代发展与保障民生、回应人民群众美好生活向往的重要课题。

1.1.2　研究意义

推动公共服务高质量发展既是提升人民生活品质的保障之要,也是实现共同富裕的必由之路,更是国家治理体系和治理能力现代化的重要体现,对于促进社会公平正义,增强人民群众获得感、幸福感、安全感,实现中华民族伟大复兴的中国梦,都具有十分重要的意义。当前学界关于基本公共服务供给相关研究积累了丰硕成果。然而,在新发展阶段,开展对基本公共服务高质量发展的直接性研究相对缺乏,开展对以人民为中心的基本公共服务的系统性研究相对缺乏。如何以人民为中心推动基本公共服务高质量发展,既是一个亟待学界作出理论回应的重要命题,也是在实践中面临的一个重大现实问题。

1. 理论意义

一是丰富基本公共服务供给的研究成果,有助于促进公共物品理论的发展

---

① 哈贝马斯.公共领域的结构转型[M].曹卫东,王晓珏,刘北城,等译.上海:学林出版社,1999:2.

和完善。基本公共服务本质上属于纯公共物品范畴，梳理我国政策发现，其经历了从"公共服务"到"基本公共服务"再到"公共服务"的变迁，这体现了对公共服务供给的认识不断深入，也体现了中国特色。实践领域，我国通过陆续开展公共卫生基础医疗、义务教育等单项政策实践，连续实施了专项规划，开展了制定国家基本公共服务标准、推进基本公共服务均等化等试点探索与全面实施，并取得了显著成效，展现了我国的制度优势与治理效能。本研究通过厘清中国语境下的基本公共服务内涵及特征，并结合标准化、均等化等实践，再回到理论层面补充、完善公共物品理论，力图提炼和审视具有中国特色的基本公共服务现代化模式。

二是丰富基本公共服务高质量发展的研究成果，有助于国家治理理论的全面与深化。一方面，以公共价值抓住基本公共服务问题最大公约数，完整描述出基本公共服务高质量发展内涵和特征，构建出科学合理的评价指标体系，开展综合评价，拓展、深化公共服务统计监测、质量管理等领域的研究，同时也为其他领域的高质量发展研究提供学术贡献。另一方面，将"以人民为中心"作为推进基本公共服务高质量发展的核心理念、价值旨归、根本立场，扎根本土实践，着眼于标准化、均等化、可及性和服务治理等核心问题进行理论探索，为理解我国公共服务供给提供一个有用的分析视角，为推动具有中国特色的现代化国家治理体系提供一些有益的启示和参考。

三是梳理形成具有中国特色的公共服务供给案例集。我国人口规模巨大、地域辽阔，巨大的国土空间使得不同地区拥有各自的优势，群体之间、城乡之间、地区之间差异大。我国当前正处于城镇化快速发展的中后期，蕴含着巨大内需潜力和强大发展动能，基本公共服务发展深受这些因素的影响。立足中国实际，系统梳理新中国成立以来基本公共服务政策演进历程及逻辑，形成具有中国特色的公共服务供给案例集，分析基本公共服务高质量发展的理论向度与实践向度，为其他地区基本公共服务高质量发展提供可供借鉴的经验。

2. 实践意义

一是开展基本公共服务质量综合评价，发现基本公共服务供给真实状况，为推动基本公共服务高质量发展提供决策参考。当前，基本公共服务的问题主要在供给端，具体表现为基本公共服务供给总量不足与供给结构失衡并存。本研究通过开展以人民为中心的基本公共服务质量综合评价，发现地区间、城乡间乃至人群间基本公共服务质量差异，诊断供给短板与不足之处，进而系统梳理推进基本公共服务高质量发展的四大关键板块，即标准化、均等化、可及性、治理现代化;基于实地调研和理论分析,为全面建成社会主义现代化强国过程中构建现代公共服务体系提供精准、可靠的对策依据。

二是结合典型案例,深入实际开展针对性研究,为其他地区基本公共服务高质量发展、最大化满足人民群众对美好生活的需要提供样板示范。公共服务具有层次性,一般根据"谁受益,谁供给"的原则,中央政府提供全国性公共服务,地方政府提供地方性公共产品。然而,在实践中,由于多方面因素导致地方政府的基本公共服务供给动力不足,存在一些基本公共服务供给流于形式,效能低下。本研究在最大限度搜集全国基本公共服务典型案例的基础上,围绕标准化、均等化、可及性以及治理现代化四大板块选择典型案例,分析其有效做法及经验,顺应国内外先进地区改革创新潮流,提出基本公共服务高质量发展的对策建议,为其他地区提供经验借鉴,具有一定的推广价值。

三是增强人民群众获得感、幸福感、安全感。以人民为中心推进基本公共服务高质量发展意味着必须延伸至社会居民需求感知层面,以增强人民群众获得感、幸福感、安全感为根本,以创造高品质生活为目的,以人民满意为最终价值追求。本研究坚持以人民为中心的价值指引,研究如何推动基本公共服务高质量发展,在量的层面补齐关键核心领域的短板和不足,在质的层面更好地满足人民群众多样化、多方面、多层次需求,实现质的有效提升和量的合理增长。可以预见,随着基本公共服务质量的提升,必将促进公共价值最大化的实现,人民群众的获得感、幸福感、安全感也必然随之提升。

1.2　相关研究现状综述

从学术史上来看,国外对公共服务质量问题的研究是伴随着新公共管理运动而兴起的,"质量"成为公共管理改革的一个根本目标,甚至是整个制度改革的一种缩略表达(Holzer,2010;Pollitt,2010)。随后,公共部门质量管理技术成为研究热点,全面质量管理、标杆机制等被倡导引入(Dormois,1995;Savas,2002)。新世纪进入了反思与创新阶段,开始将公民满意度作为关键指标,主张以公民为中心提供公共服务(Holzer 等,2009)。国内相关研究起步较晚,大体上与我国公共服务体系和服务型政府建设实践保持一致,从引介和总结国外学者研究成果逐步走向本土化探索(陈振明,2017)。公共服务质量已经成为国际实践的共同追求,学界也已取得了广泛共识和丰硕成果。然而,由于基本公共服务高质量发展是具有中国特色的新兴议题,关注度也在增长,但直接研究相对薄弱。结合基本公共服务相关研究,下面从基本公共服务基础性问题、发展实践问题、质量评价及改进等方面进行综述。

1.2.1 基本公共服务基础性研究

1.关于基本公共服务内涵的研究

"公共服务"一词在各领域被广泛使用,对其认知具有公共管理学、政治学、财政学、社会学等多学科视角,在概念界定上较难达成共识。一方面源自国际社会公共服务的话语体系存在差异,另一方面在于具有中国特色的公共服务话语体系尚未形成(姜晓萍、陈朝兵,2018)。西方最早提出公共服务概念的学者是瓦格纳,他指出,公共服务是政府财政支出的重要部分(1876)。从20世纪中期开始,社会福利国家背景下经济学(财政学)的公共物品或服务性质与供给研究成为主流。萨缪尔森(1954)、阿玛蒂亚·森(1973)、布坎南(1976)等从公共物品理论角度解读公共服务。20世纪下半叶,新公共管理运动的兴起和发展,以及20世纪90年代以来盛行的新公共服务、公共治理、公共价值等理论,先后为公共服务提供了公共政策分析路径(拉斯韦尔,1953),注入了管理主义元素(萨瓦斯,2002)以及公共利益、公民权利、民主、责任、参与、合作、协商、信任等价值与内涵研究(霍哲等,2009)。从中国语境来看,我国经历了从"公共服务"到"基本公共服务"再到"公共服务"的施政重心变迁。针对首次提出公共服务而言的政府职能路径,有学者认为提供民生服务等公共服务是政府的主要职能之一(侯玉兰,2003;中国行政管理学会课题组,2005)。此后主要围绕基本公共服务而言的公共物品路径、权利本位路径、价值属性等界定路径进行研究。从公共物品特性视角界定,认为基本公共服务是指与民生密切相关的纯公共服务,具有消费上的非竞争性、效用上的不可分割性以及受益上的非排他性(安体富、任强,2007;张立荣等,2011),可以从两个消费需求层次和消费需求同质性角度理解(刘尚希,2007、2008)。从公共价值属性角度界定,认为公共服务是政府为了满足公共需求、保障公民权利、维护公共利益等提供的服务(唐钧,2006;陈海威,2007;姜晓萍,2008;曹静晖,2011;何继新等,2020)。从供给主体视角界定,认为公共服务是由政府或公共部门利用公共权力和公共资源提供的服务(扶松茂、竺乾威,2011;陈振明等,2011)。夏志强、付亚南(2021)认为在国家治理现代化情境中,"公共性"应该成为整合不同概念视角的基础,成为公共服务的概念内核。

2. 关于基本公共服务范围的研究

基本公共服务的范围与特定国家的经济、政治及社会等因素相关。国内学者们对基本公共服务中"基本"的定义界定体现动态演化的特点,不同学者的阐述中侧重点存在差异,主要存在需求层次与需求同质性两种理解,认为基本公共服务是满足基本需求的公共服务(迟福林等,2008),是满足人们无差异消费需求的公共服务,是公共服务范围中最基础、最核心和最应该优先保证的部分(郭小聪,2013)。从我国出台的国家基本公共服务制度来看,对基本公共服务的界定需要考虑一个国家的经济社会发展条件,尤其是政府财力与供给能力等因素。根据《国家基本公共服务标准(2021 年版)》内容,国家基本公共服务涵盖幼有所育、学有所教、劳有所得、病有所医、老有所养、住有所居、弱有所扶、优军服务保障、文体服务保障共 9 个领域 80 个基本公共服务项目。随着经济社会发展情况变化,人民群众的急难愁盼问题发生变化,基本公共服务的范围也随之调整,2023 年出台的《国家基本公共服务标准(2023 年版)》是首次调整。此外,各地根据经济社会发展状况、财力状况等,按照尽力而为、量力而行的原则确定基本公共服务范围。

3. 关于基本公共服务供给模式的研究

学者们普遍认同基本公共服务供给涉及政府、市场与社会等多元主体,其中政府是核心主体。埃莉诺·奥斯特罗姆(1990)提出以多元化的公共服务供给模式代替单一政府供给模式,多元化既体现在政府、市场及社会等供给主体的多元化,也体现在根据公共服务属性采取多元化的供给方式。登哈特夫妇(2000)指出在多元化供给模式中,政府的主要职责是为公民在公共服务供给决策中充分发表意见提供机会,形成政府、市场与社会多元互动的局面。国内学者认为行政供给依然是当前我国基本公共服务供给的主要模式,由此造成了地方政府基本公共服务供给能力与效率不足等问题(张楠,2018)。因为公民、政府、市场和社会在公民对公共服务的期望和反应方面所面临的能力不足或体制障碍阻碍了公共服务质量的提高,所以有必要明确政府、市场、社会和公民在提供公共服务方面的责任分工(黄新华、何冰清,2020)。

1.2.2 基本公共服务发展实践研究

国内学者们对基本公共服务发展实践研究是从均等化开始的,或从基本公共服务整体发展的区域间、城市间和城乡间均等化,或从基础教育、医疗卫生、公共文化服务、社会保障和就业等某一具体领域的均等化,基本上沿循"现实发展→影响因素→实现路径"这一逻辑开展研究,随着均等化实践探索的深入,研究焦点逐步开始集中在"标准化""可及性""精细化""高质量"等维度。

1. 关于基本公共服务均等化研究

学界主要从机会均等(常修泽,2007;迟福林等,2008)、结果均等(贾康,2006;安体富、任强,2007)、权利均等(楼继伟,2006;丁元竹,2008)、财政能力均等(李一花,2008;于海洋,2013)、最低标准(陈昌盛,2007)等角度对其进行界定。《国家基本公共服务体系"十二五"规划》之后基本达成共识,是指全体公民都能公平可及地获得大致均等的基本公共服务,其核心是机会均等,而不是简单的平均化和无差异化。学者们从不同视角、不同维度、不同领域对基本公共服务均等化测度展开了丰富的研究。从全国范围来看,党的十八大以后,我国基本公共服务均等化水平总体呈上升态势,区域间的差距逐年缩小(宋佳莹,2022;董艳玲、李华,2022)。从区域范围来看,基本公共服务均等化存在显著的地区异质性,中部地区最高,西部地区最低(熊兴等,2018;杨晓军等,2020)。从基本公共服务类别来看,东部"社保就业差异—科学技术差异"问题比较突出,中部和西部教育差异的影响力度最强(董艳玲、李华,2022)。从城乡范围来看,尽管我国城乡基本公共服务均等化水平呈波动上升趋势,但差距十分显著(谭淋丹,2018)。城乡基本社会保障均等化水平最高,城乡基本公共教育和基本医疗卫生均等化水平缓慢上升,而城乡基本公共设施均等化水平却逐年下滑(范逢春等,2018)。

基本公共服务均等化的影响因素可以归纳为:一是经济因素,我国经济发展不均衡是我国基本公共服务供给地区不均等的根本原因(安体富,2010;唐天伟,2016),与经济发展水平呈正相关(马慧强等,2011)。二是财政因素,地方政府财力差异和基本公共服务财政支出不均衡(康锋莉、艾琼,2011;姜晓萍、肖育才,2017;韩增林,2021),一般性转移支付对均等化具有积极作用(鲍曙光,2016;胡斌等,2018)。三是制度因素,主要体现在城乡基本公共服务的二元结构,导致农村供给严重短缺(姜晓萍,2012;范逢春、谭淋丹,2018)。此外,地方政府因不受考核限制、不受法律管控造成政策执行力不足、供给效率低下(梁波,2018)。

对此,学界主要提出了三条均等化实现路径。一是促进基本公共服务均等化的标准化建设路径。通过建立健全服务内容标准、管理流程标准、财政预算标准、中央与地方共担机制标准(张启春等,2018;李军鹏,2019)可以促进基本公共服务均等化。二是促进基本公共服务均等化的财政平衡路径。学界普遍认为,通过适当调整和规范中央与地方的收入划分,健全财力与事权相匹配的财税体制(贾康,2005;张恒龙,2007;周琛影,2013)、完善转移支付制度(王雍君,2006;郁建兴,2011;谢贞发,2019;缪小林,2022)、保持适度的中央财政投资规模(张启春,2016)都是有效手段。三是促进基本公共服务均等化的一体化发展路径。有学者认为制度的城乡分割和区域分割是基本公共服务非均等化的根源,因此,通过一体化路径,即通过户籍制度一体化、财政制度一体化和服务供给机制一体化等路径,可以实现城乡基本公共服务均等化(左晓斯,2016;李轲,2022)。

2. 关于基本公共服务标准化研究

标准化属于管理科学的范畴,是研究如何通过人类社会实践中共同使用和重复使用的条款来达到最佳秩序的理论和方法的一门科学。西方新公共管理运动将其引入到公共服务中,取得了突出成就(路欢欢、晏绍庆,2014)。国内学者普遍高度认同标准化的技术价值和实践意义,认为其是城乡统筹发展的一种可行性选择(王国华、温来成,2008),是均等化的重要手段和方式(王桢桢、郭正林,2009),其通过提供政治化价值、管理化价值和制度化价值来推进对基本公共服务供给的治理(郁建兴、秦上人,2015),因而应当加快推进和发展基本公共服务标准化(陈伟、白彦,2013;李霄锋,2015;卢文超,2017;等等)。同时,国内学者也认识到基本公共服务标准化的特殊性,突出体现在公共性问题上,关注公平、责任与回应性等,以及公开与参与(卓越等,2014),具体实现路径应当包括服务内容标准化、管理流程标准化、财政预算标准化、中央与地方共担机制标准化(张启春、山雪艳,2018)。学者们针对某一具体领域的公共服务标准化实践展开探讨,如张仁汉(2015)、吴晓(2017)、李斯(2021)等的研究聚焦了基本公共文化服务标准化建设;而近两年学者们,如郑家鲲(2023)、段嘉琦(2023)、张大超(2023)等的研究聚焦于基本公共体育服务标准化建设。针对各地方政府通过具体项目来开展公共服务标准化工作的实践探索,学者们及时开展了案例研究,如尹昌美、卓越(2012)和胡税根、陈雪梅(2014)等以杭州市上城区为个案分析了公共服务标准化问题,李明(2021)针对东营市公共服务领域标准化进行了研究和思考,杜舒雅等(2022)以吴江区老有所养基本公共服务标准化国家试点实践为例探讨了老有所养基本公共服务标准体系构建。还有学者研究了国外公共服务标准化的实践和启示(郝素利等,2011;张端阳,2012 等),宋林霖、李晓艺(2019)梳理和总结了以英国、西班牙、日本等为代表的全球市民公约制度改革进程和实践做法,提出对国内公共服务标准化建设的经验和启示,包括明确可衡量的质量指标、公民了解和参与、完善内外监督等。

3. 关于基本公共服务可及性研究

关于可及性,大致形成了两类主流观点:一是从服务使用角度界定,如首先提出"可及性"概念的安德森(1968),认为每个人都有权利享受公共医疗卫生服务。二是从适配程度界定,如潘查斯基与托马斯(1981)认为可及性是对"顾客和系统之间的适配程度"的体现,构建了5A概念模型,即可用性、可达性、可负担性、可接受性、可适用性。在国内,官方文件较早地将"可及性"界定为"服务半径适宜,交通便利,布局合理"[《医疗机构设置规划指导原则》(卫医发〔1994〕25号)]。学界相关研究较晚,参照国外研究成果,可及性常被学者用来测量服务对象获得其所需服务的程度(封铁英等,2020),或被用于研究服务供给和需求之间的匹配关系等(王思斌,2009;徐俊杰等,2022)。代凯、郭小聪(2020)认为可及性是指政府对基本公共服务供给与公众对基本公共服务需求的匹配程度以及公众对基本公共服务的实际使用程度。苏曦凌等(2022)从产品可利用、价格可承受、地理可到达、信息可知晓四个特质来界定可及性。当前学界关于增强基本公共服务可及性相关研究,主要集中在公共医疗卫生服务领域(宋月萍、谭琳,2006;杨清红,2012;周钦等,2013;刘昌平、赵洁,2016;代佳欣,2020;锁利铭等,2022),近些年开始扩展到公共文化服务(冯献、李瑾,2020;王桢栋等,2021;冯献,2022)、公共养老服务(王振振,2016;王飞鹏,2017;雍岚等,2018;马骁,2020)、公共住房服务(邱泽奇、彭斯琦,2021)等领域。其增强策略存在相通之处。就增强公共服务整体可及性而言,一是通过改善服务内容增强可及性。如任梅等(2020)基于整体性治理角度,主张通过公共服务的标准化、均等化、精细化相互关联,推动实现公共服务可及性。二是通过拉近空间距离增强可及性。如苏曦凌、毛果(2022)主张通过服务资源的下沉、服务设施的统筹、服务功能的前移、服务手段的便捷等途径提升可及性。

此外,随着基本公共服务发展的深入,学者们也展开了精细化(何继新等,2018、2019;刘银喜等,2019;曹海林、任贵州,2023;胡乃元等,2023)、高质量发展(李德国、陈振明,2020;黄新华、何冰清,2020;赵子建,2022;杨铭宇、张琦,2023)等研究,并将其置于共同富裕背景下(孙国民、陈东,2022;王震,2023)。总之,随着党和政府的重视和财政投入的持续加强,特别是党的十八大以来,中央基本公共服务政策沿着"普惠化—均等化—优质化"的递进规律演化,公共服务逐渐从"保生存、能兜底、有供给"向"优生活、高品质、满足需求"的方向发展(姜晓萍、郭宁,2020),走向高质量发展。

1.2.3 基本公共服务质量评价及改进研究

质量概念最初属于市场营销学研究范畴,其含义随着质量专业的发展与成熟而不断演变,经历了由抽象到具象,由产品中心观(产品质量)向顾客中心观(服务质量)的转变。学者对基本公共服务质量的研究也是从引入私营部门服务质量的内涵开始。对公共服务质量的界定大致经历了三个阶段:遵守规范和程序意义上的质量;有效性(效益)意义上的质量;顾客满意意义上的质量(Beltrami,1992;季丹,2016)。国内大部分学者从期望与需求的角度来定义(张成福、党秀云,2001;徐小佶,2011),另有部分学者则将着眼点放在了公众满意度上(陈朝兵,2017;姜晓萍,2020),还有学者从综合角度做了阐释,如吕维霞、钟敬红(2010)把公共服务的质量分为客观质量和主观质量,前者是指各种公共服务本身的产出质量和结果质量,后者则主要通过公民的满意度和感知质量来评价。谢星全(2017、2018)认为基本公共服务质量是一个相关性、情景性、层次性概念。李德国、陈振明(2020)界定了高质量公共服务体系,指其强调个体的获得感、混合的组织形式、城市的载体优势和技术的驱动作用。根据衡量标准形成了三种质量观,即民主质量观、商业质量观和综合质量观(Boyne,2003)。评价指标体系构建方法较多,有的从过程质量和结果质量两个维度展开(Gronroos,2000),有的从供给侧按照公共服务种类的不同来划分(质检总局,2016),还有的从需求侧展开的问卷调查(邓剑伟等,2018)。评价模型研究包括 Delphi 法、DEA法、层次分析法、KANO 模型、顾客满意度指数模型、SERVQUAL 模型等。

在国内评价结论上,学者们普遍认为服务质量在不断提升,但区域、城乡及各单项基本公共服务之间发展不平衡(邓悦,2014;朱楠、任保平,2019)。李华、董艳玲(2020)基于高质量发展维度测度了 2006—2017 年中国各省市基本公共服务供给指数,发现各区域供给水平明显提高,呈明显"东高西低"分布格局,且存在增强趋势,供给结构存在明显的梯度效应。还有学者针对北京市(邓剑伟等,2018)、河北省(佟林杰,2017)等地进行实证评价。近些年,学者们开展注重公共服务满意度评价(余兴厚,2018;刘中起,2020)。关于基本公共服务质量的影响因素,学者们的研究多集中于城镇化、人口、财政、数字技术等方面(夏杰长、王鹏飞,2021;詹新宇、王蓉蓉,2022;惠宁、宁楠,2023)。关于基本公共服务质量管理及改进,学者们普遍认同,其作为一项系统性工程,制定标准是基础,提供服务是载体,开展评价是依据,持续改进是目的(陈振明,2013)。其中,奖励对服务质量改进具有重要作用(国际行政科学学会,2010)。关于如何改进,相关研究主要从管理体系、组织过程、政府绩效三个层面展开（王敬尧,2009;安体富等,2010;邓剑伟,2017）。有学者从均等化角度探索改善公共服务质量的方法（蔡春红,2008;胡悦,2010;黄少安,2013;吕炜,2019）;也有学者从供给侧视角提出主张,如精准服务供给内容、活跃服务供给思维、畅通服务供给沟通等（曹现强、林建鹏,2019）;还有学者认为依据公民满意度来改进服务质量是一项颇具吸引力的改革途径（Holzer,2009;李燕、朱春奎,2018;宋丽颖、张安钦,2020）。鼓励公众参与,英国通过量化指标体系对教育、卫生及社会服务等系统的公共服务供给质量进行考核,包括将公民评价作为公共服务质量指标的公民满意度调查等（Jacobs R,Goddard M,2007）。此外,惠宁、宁楠（2023）认为数字经济发展能够显著提升公共服务质量,数字经济发展不仅可以提升地方政府财政透明度,还可以缓解财税分权制下地方政府所面临的财政压力,进而提升公共服务质量。

1.2.4　以人民为中心的基本公共服务供给研究

党的十八大以来,习近平总书记多次强调坚持以人民为中心的发展思想。理论界围绕此展开了深入研究,在科学内涵方面,学者们一般从发展为了人民（目的论）、发展依靠人民（动力论）、发展成果由人民共享（价值论）、发展效果要由人民检验（检验论）来阐述（姜淑萍,2016;胡伯项等,2017;盖逸馨、王占仁,2019;叶钦、肖映胜,2022）。在实践路径方面,从"人民"的角度切入,通过发挥人的主体能动性提供根本动力;从"发展"的角度切入,通过完善市场经济提供路径方法;从"系统工程"的角度切入,通过制定具体的政策措施提供制度保障;从"党的领导"的角度切入,通过加强和改进党的领导方式提供根本保证（张浩、邹志鹏,2022）。

包俊洪（2022）认为以人民为中心作为回答重大时代课题的根本立足点,同样也应用于基本公共服务供给中。学者们主要有以下认知:

一是我国基本公共服务供给成就得益于践行以人民为中心（白晨,2020;王洛忠、李建呈,2021;康健,2021;张润君,2022;丁元竹,2022）。党的十八大以来,我国坚持人民至上,通过采取以专项规划引导基本公共服务水平梯度提高、以标准体系促进均等化、以供给侧改革促进供需衔接、以协同统筹弥补短板弱项等举措,在民生领域取得了举世瞩目的成就（姜晓萍、吴宝家,2022）。

二是优化基本公共服务供给始终坚持以人民为中心（句华,2017;游钧,2018;盛明科等,2018;刘敏,2022）。主张坚持以人民为中心,满足人民对美好生活的向往,实现社会共享、公平正义、公共公益性(姜晓萍、康健,2020);以发展的视角看待公共服务的内涵与外延,以居民需求为导向,建立以人民为中心的公共服务供给体系(梁思源,2021);基于共同富裕和新型城镇化质量提升的公共服务新发展,应坚持以人民为中心、以正义为原则,更好发挥政府主导作用,并形成政府与社会共建共享的发展格局(张润君,2022)。

三是将以人民为中心应用于基本公共服务评价中(耿永志,2016;王艺芳、姜勇,2022),着眼于宏观区域公共利益和微观个体满意度的实现。如针对全民健身公共服务的绩效测量,坚持以人民为中心,必须扩大公民对绩效测量的参与程度,将满足公民期望的结果作为绩效测量的出发点和落脚点,将绩效测量的层级重心逐渐下移(史小强、戴健,2018)。

此外,有些学者关于以人民为中心公共政策观的研究对公共服务供给研究也具有参考价值,认为"以人民为中心"的公共政策可以帮助克服效用主义和个人主义价值取向所面临的难题,应当符合公平优待、需求导向、共治共享、人民满意与引导大众等要求(燕继荣、朱春昊,2021),主张未来发展要坚持政策制定的人民至上立场、坚持政策执行的人民主体地位、坚持政策评价的人民满意向度、坚持政策发展的人民利益动力(李友仕、张荣华,2022)。

1.2.5 评述与思考

学术界围绕基本公共服务的相关研究取得了丰硕的成果,对基本公共服务标准化、均等化等理论基础、政策价值、实践探索基本已达成共识,这些成果对于推动基本公共服务发展具有重要意义,也为开展本课题研究提供了基础和方向。然而,基本公共服务高质量发展的直接研究则显薄弱:一方面,体现在对高质量概念的界定模糊,评估指标体系的构建也不一致,较少关注价值理念层面,也缺乏相关实证研究,特别是从公众需求和满意度视角的定量研判;另一方面,体现在高质量发展对策研究呈现零散化和碎片化倾向,系统性和整体性略显不足,特别是面对新时代社会主要矛盾转化、立足新发展阶段的基本公共服务实践趋势和战略选择研究十分欠缺。这些都是学术界需要继续突破的研究空间和方向,也是本研究的出发点和着力攻关点:基于现有研究厘清基本公共服务高质量发展的内涵外延和理论框架;阐述新中国成立以来我国基本公共服务发展脉络和高质量的必然趋势;兼顾工具理性和价值理性构建基本公共服务质量评价体系并开展实证评价;立足我国发展实践,从标准化、均等化、可及性和治理现代化四大实践板块系统研究基本公共服务高质量发展策略。

1.3 研究内容、方法及创新之处

1.3.1 研究内容

本书在借鉴国内外关于基本公共服务研究的基础上,形成基于公共物品理论、公共价值理论、善治理论而实现的公共管理学为主导与经济学、政治学等学科融合统一的理论分析框架,并在对我国基本公共服务政策演进历程及逻辑进行梳理与归纳的基础上开展以人民为中心的基本公共服务质量综合评价,接着依次从基本公共服务标准化、均等化、可及性、治理现代化四大实践板块开展针对性系统化研究,力图提炼和审视中国特色的基本公共服务高质量发展模式。其研究思路如图1-1所示。

第1章,导论。交代选题背景及意义,进而通过梳理与基本公共服务高质量发展相关文献找准本研究的切入点,交代研究内容、方法及创新意图。

第2章,基本公共服务高质量发展相关理论分析。首先对公共服务与基本公共服务、基本公共服务质量与高质量等概念进行辨析和界定,进而在对公共物品理论、公共价值理论、善治理论进行适用性分析的基础上构建基本公共服务高质量发展的理论框架,为后文研究奠定基础、提供脉络。

第3章,我国基本公共服务政策演进及其逻辑。将新中国成立以来我国基本公共服务政策划分为四大阶段,阐述进入高质量发展的背景和趋势,进而从价值取向、供给模式、服务内容、供给绩效四个方面阐述其演进逻辑。

第4章,以人民为中心的基本公共服务质量综合评价。借鉴、创新国内外评价指标体系,首先基于以人民为中心的理念构建基本公共服务质量评价框架,然后从供给侧出发宏观评价我国2012—2021年省际基本公共服务质量,然后兼顾需求侧,以河南省为例,结合公民满意度问卷调查综合评价基本公共服务质量,从而为未来深化改革提供方向和依据。

第5章,基本公共服务标准化实践现状与发展策略。首先阐述标准化为何是基本公共服务高质量发展的基本前提,然后从国家层面、地方层面,结合具体案例阐述我国基本公共服务标准化的实践进展及现状,进而提出新时代的发展策略。

第6章,基本公共服务均等化实践现状与实现策略。首先阐述均等化为何是基本公共服务高质量发展的客观要求,然后从城乡之间、区域之间、人群之间,结合具体案例阐述我国基本公共服务均等化的实践进展及现状,进而提出新时代均等化新目标的实现策略。

第7章,基本公共服务可及性实践现状与增强策略。首先阐释可及性为何是基本公共服务高质量发展的必经之路,然后从政策导向、分领域实践等方面,结合具体案例阐述我国基本公共服务可及性的实践进展及现状,进而提出新时代基本公共服务可及性的增强策略。

第8章,基本公共服务治理现代化现状与推进策略。首先阐释治理现代化为何是基本公共服务高质量发展的实现保障,然后从治理定位、治理机制、治理工具和财政保障四个方面,结合具体案例探讨当前基本公共服务治理现代化状况以及面临的主要困境,进而提出新时代基本公共服务治理现代化的推进策略。

第9章,结论与展望。总结本研究的主要结论,指出研究的不足之处和有待深入探讨的若干问题。

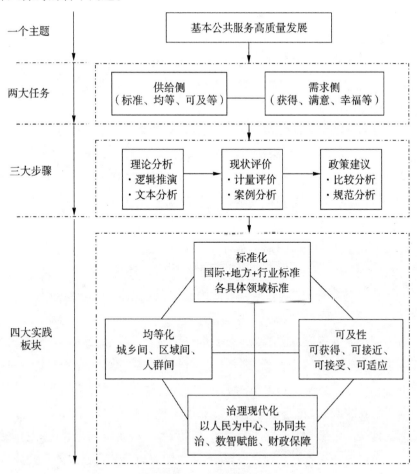

图1-1 研究思路

1.3.2　研究方法

本研究既注重理论工具的运用与分析框架的构建,也注重现实问题的剖析与实证资料的支撑。一方面,对"基本公共服务如何高质量发展"提出规范化要求。另一方面,根据基本公共服务发展实践现状提供现实性研究结果。对于前者,本研究不仅要通过归纳与演绎对实践中新时代基本公共服务高质量发展的价值取向及策略进行理论分析,也必须以客观事实为依据进行规范分析、做出理论解释,依此构建多学科多理论视角下的基本公共服务高质量发展四位一体的理论分析框架。对于后者,本研究将在通过开放式访谈、实地调研的基础上,采用综合评价法、基础统计分析、案例分析等方法对基本公共服务质量以及高质量发展的四大实践板块进行现状分析并提出政策建议。

政策分析。本研究对我国基本公共服务政策文本进行了历史梳理与归纳特征,以便对基本公共服务发展脉络、逻辑及其成效予以客观评价与合理解释,同时还可以预测和判断政策变化趋势,在实证分析和实地调研基础上,开展短期政策执行优化和中长期政策调整方案分析,提出新时代推进基本公共服务高质量发展的政策建议,为政府相关部门提供参考。

案例分析。选定当前国内基本公共服务高质量发展重点领域的典型案例作为对象,通过实地调研、官方网站、资料报道、会议报告以及必要的半结构式访谈搜集数据资料,对实地资料进行深度考察,详细描述典型推进基本公共服务标准化、均等化、可及性和治理现代化等高质量发展的多维路径、具体环节,挖掘其中的有益经验,提炼具有普适性的推广建议。

计量分析。使用 Stata 软件,基于动态面板数据角度,采取改进熵值法和空间分析法对 31 个省(区、市)2012—2021 年这十年的基本公共服务质量进行综合评价和时空分析,用数据说明我国基本公共服务质量改进趋势及区域差距。

问卷调查。为获取真实的基本公共服务满意度状况,本研究遵循问卷设计的规范步骤,设计调查问卷。在郑州市进行预调查后,修改、完善问卷,然后以长期生活和工作在河南省的人员为调查对象,借助在线问卷调查系统,科学抽取调查对象发放问卷,并进行统计分析,验证及补充综合评价结果。

深度访谈。由于基本公共服务供给体现为连续且重复的过程,各主体的行动与策略也体现在一系列活动之中,需要通过深入访谈和观察法等定性分析方法来体验理论。为获取真实反映基本公共服务发展的研究资料,笔者针对服务供给主体政府、教育、卫健委、财政等相关部门和服务对象——普通公民进行开放式访谈,深度了解基本公共服务发展的问题及需求。

比较分析。一是历史纵向比较,主要用于基本公共服务政策发展分析,均等化、可及性等实践的历史变化,分析变化过程中基本公共服务发展逻辑;二是样本横向比较,基于发展阶段、经济体制、政策背景等差异,通过对不同地区、不同人群基本公共服务发展现实样态进行比较分析,提出切合实际的策略建议。

1.3.3 创新之处

学术思想方面。本研究认为,全面小康后满足人民日益增长的美好生活需要,关键在于高质量的基本公共服务供给。未来必须强化对"基本公共服务高质量发展"这一重大理论与实践问题的研究。"以人民为中心"是一个能抓住基本公共服务问题最大公约数的概念,能更为完整描述出基本公共服务质量状况及面临的问题,应当面向公共价值创造,坚持以人民为中心开展基本公共服务高质量发展研究,提供改进策略。

学术观点方面。第一,立足新时代,站在全面建成社会主义现代化强国、扎实推进共同富裕的高度,认识基本公共服务高质量发展的战略地位。第二,从我国基本公共服务政策的演进历程和阶段性目标的动态提升,认识现阶段以人民为中心推进基本公共服务高质量发展的历史使命。第三,基本公共服务质量评价指标体系既要反映出供给侧,即基本公共服务供给规模、标准和结果,又要体现出需求侧,即基本公共服务主观满意度评价,从而实现工具理性和价值理性的协调。第四,推进基本公共服务高质量发展,是在已有有效实践基础上的进一步提升,具体表现为深入推进标准化建设、提升均等化水平、增强可及性、加强治理现代化四大实践板块。

研究方法方面。一方面,重视定量(综合评价、计量分析、问卷调查等)和定性(深度访谈、案例分析)方法的综合应用,特别强调一手数据和二手数据的结合应用。另一方面,更加重视数据的深度分析和挖掘,重视统计数据、典型代表地区研究结果的相互比较归纳,相互验证、补充或修正。

第2章 基本公共服务高质量发展相关理论分析

作为对某一事物共同本质属性的抽象,概念是认知体系中最基本的单位,理论则是通过逻辑推导产生的系统化的理性认识。本章首先对基本公共服务及高质量发展、以人民为中心等概念进行界定,然后在对公共物品理论、公共价值理论、善治理论等相关理论进行阐述的基础上,尝试构建基本公共服务高质量发展的理论框架,明确研究对象的范围,也为研究提供了特定视角,为后文研究奠定理论基础。

2.1 核心概念厘定

2.1.1 公共服务与基本公共服务

1912年,法国学者莱昂·狄骥首次界定了"公共服务"的概念,认为现代公法制度背后所隐含的原则表明提供公共服务是政府的法定义务。至今,公共服务(Public Service)一词诞生已有一百多年的历史,目前被世界上大多数国家和国际组织在各领域广泛使用。然而,由于国际社会公共服务话语体系存在差异,中国特色公共服务话语体系尚未形成,其内涵与外延还未达成共识①,无论是在学术研究方面,还是在实务应用方面,"公共服务"一直是一个模棱两可的概念,存在争议,且争论的解决不是一朝一夕的事,甚至有些争论可能会长期存在。

在汉语中,公共服务作为动词使用,是指公共部门为满足公民生存和发展需要,维护公共利益,运用法定权利和公共资源,生产、提供和管理公共产品的

---

① 姜晓萍,陈朝兵.公共服务的理论认知与中国语境[J].政治学研究,2018(6).

活动、行为和过程;作为名词使用,是指公共部门面向全体公民或特定群体,组织协调或直接提供的有形和无形产品。其中,公共性是公共服务的核心特质。公共性,可看作共享性和共同性的价值集合,哈贝马斯提出"(国家)之所以具有公共性,是因为它担负着为全体公民谋幸福这样一种使命"[①]。公共服务的"公共性"体现在:①政府在多元主体供给格局中占据主导地位,政府具有"供给什么、由谁供给、如何供给"的决定权和自始至终的监管责任;②公共服务的对象是全体公民,一国公民不论其种族、性别、身份、收入、地位都具有公平享有公共服务的权利;③公共服务的目的在于满足公共需求和维护公共利益;④公共服务既包括有形的产品,也包括无形的服务,具有或者部分具有非排他性、非竞争性的消费特性。

公共服务具有基本公共服务和非基本公共服务之分,其中基本公共服务是指建立在一定社会共识基础上,由政府主导提供的,与经济社会发展水平和阶段相适应,旨在保障全体公民生存和发展基本需求的公共服务。非基本公共服务是指为满足公民更高层次需求、保障社会整体福利水平所必需,但市场自发供给不足的公共服务,政府通过给予一定的支持政策增加普惠性服务供给,实现大多数公民可以承受价格付费享有。可见,基本公共服务具有全国性、覆盖面广、基础保障性的特征,且大多数为免费,部分给予补贴,少数服务须支付部分成本,是由政府提供、公共财政负担的。此外,随着经济社会发展水平的不断提升,基本公共服务、非基本公共服务的边界也将随之发生变化。就我国而言,《国家基本公共服务体系"十二五"规划》和《"十三五"推进基本公共服务均等化规划》的内容对比,具体如表 2-1 所示。需要指出的是,基本公共服务广义上还包括与人民生活环境紧密关联的交通、通信、公用设施、环境保护等领域的公共服务,以及保障安全需要的公共安全、消费安全和国防安全等领域的公共服务。其中,国防安全服务作为纯公共产品,毫无疑问属于基本公共服务,但由于国防的国家属性、政治属性、军事属性,各国在公共服务政策中一般都没有将其列入。

---

① 哈贝马斯.公共领域的结构转型[M].曹卫东,王晓珏,刘北城,等译.上海:学林出版社,1999:2.

表 2-1 "十二五"和"十三五"我国基本公共服务范围和内容

《国家基本公共服务体系"十二五"规划》		《"十三五"推进基本公共服务均等化规划》	
类别	服务项目	类别	服务项目
基本公共教育	7项：义务教育免费、寄宿生生活补助、农村义务教育学生营养改善、中等职业教育免费、中等职业教育国家助学金、普通高中国家助学金、学前教育资助	基本公共教育	8项：免费义务教育、农村义务教育学生营养改善、寄宿生生活补助、普惠性学前教育资助、中等职业教育国家助学金、中等职业教育免除学杂费、普通高中国家助学金、免除普通高中建档立卡等家庭经济困难学生学杂费
劳动就业服务	7项：就业服务和管理、创业服务、就业援助、职业技能培训和技能鉴定、劳动关系协调、劳动保障监察、劳动人事争议调解仲裁	基本劳动就业创业	10项：基本公共就业服务、创业服务、就业援助、就业见习服务、大中城市联合招聘服务、职业技能培训和技能鉴定、"12333"人力资源和社会保障服务热线电话咨询、劳动关系协调、劳动人事争议调解仲裁、劳动保障监察
社会保险	9项：职工基本养老保险、新型农村社会养老保险、城镇居民社会养老保险、职工基本医疗保险、新型农村合作医疗、城镇居民基本医疗保险、失业保险、工伤保险、生育保险	基本社会保险	7项：职工基本养老保险、城乡居民基本养老保险、职工基本医疗保险、生育保险、城乡居民基本医疗保险、失业保险、工伤保险
基本社会服务	12项：最低生活保障、自然灾害救助、医疗救助、流浪乞讨人员生活救助、流浪未成年人救助保护、孤儿养育保障、农村五保供养、殡葬补贴、基本养老服务补贴、优待抚恤、重点优抚对象集中供养、退役军人安置	基本社会服务	13项：最低生活保障、特困人员救助供养、医疗救助、临时救助、受灾人员救助、法律援助、老年人福利补贴、困境儿童保障、农村留守儿童关爱保护、基本殡葬服务、优待抚恤、退役军人安置、重点优抚对象集中供养

续表 2-1

《国家基本公共服务体系"十二五"规划》		《"十三五"推进基本公共服务均等化规划》	
类别	服务项目	类别	服务项目
基本医疗卫生	12 项：居民健康档案、健康教育、预防接种、传染病防治、儿童保健、孕产妇保健、老年人保健、慢性病管理、重性精神疾病管理、卫生监督协管、基本药物制度、药品安全保障	基本医疗卫生	20 项：居民健康档案、健康教育、预防接种、传染病及突发公共卫生事件报告和处理、儿童健康管理、孕产妇健康管理、老年人健康管理、慢性病患者管理、严重精神障碍患者管理、卫生计生监督协管、结核患者健康管理、中医药健康管理、艾滋病病毒感染者和病人随访管理、社区艾滋病高危行为人群干预、免费孕前优生健康检查、基本药物制度、计划生育技术指导咨询、农村部分计划生育家庭奖励扶助、计划生育家庭特别扶助、食品药品安全保障
人口和计划生育	8 项：技术指导咨询、临床医疗服务、再生育技术服务、宣传服务、计划生育奖励扶助、独生子女父母奖励、"少生快富"、计划生育家庭特别扶助	—	—
基本住房保障	5 项：廉租住房、公共租赁住房、棚户区改造、农村危房改造、游牧民定居	基本住房保障	3 项：公共租赁住房、城镇棚户区住房改造、农村危房改造
公共文化体育	12 项：公共文化场馆开放、公益性流动文化服务、农村广播电视、农村电影放映、少数民族语言广播影视、应急广播、公共阅读服务、民文出版译制、盲文出版、文化遗产展示门票减免、体育场馆开放、全民健身服务	基本公共文化体育	10 项：公共文化设施免费开放、送地方戏、收听广播、观看电视、观赏电影、读书看报、少数民族文化服务、参观文化遗产、公共体育场馆开放、全民健身服务
残疾人基本公共服务	8 项：社会保险保费补贴、基本医疗保障医疗康复项目、义务教育阶段特殊教育、残疾人教育资助、残疾儿童抢救性康复、残疾人就业服务、残疾人文化服务、残疾人体育健身服务	残疾人基本公共服务	10 项：困难残疾人生活补贴和重度残疾人护理补贴、无业重度残疾人最低生活保障、残疾人基本社会保险个人缴费资助和保险待遇、残疾人基本住房保障、残疾人托养服务、残疾人康复、残疾人教育、残疾人职业培训和就业服务、残疾人文化体育、无障碍环境支持

2021年4月,国家发展改革委联合教育部、民政部等20个部门印发《国家基本公共服务标准(2021年版)》,明确了幼有所育、学有所教、劳有所得、病有所医、老有所养、住有所居、弱有所扶、优军服务保障、文体服务保障9个方面、22大类、80个服务项目。2023年对上述范围进行了首次调整,在保持总体结构与旧版一致的基础上,对部分服务项目进行了优化调整,该部分将在后文进行详细阐述。本研究认为,未来一个时期将以满足人民群众对美好生活的新期待为导向,进一步调整基本公共服务范围和项目,如将基本公共法律服务、基本公共心理服务、老旧社区改造等人民群众迫切需要、反映强烈的基本公共服务纳入其中。

2.1.2 基本公共服务质量与高质量

随着20世纪90年代新公共管理运动在全球范围的传播,传统的效率理念被"质量至上、顾客满意"取代,ISO质量标准、业务卓越模型(BEM)、质量认证、质量奖、平衡计分卡、标杆管理等一系列质量管理理念与方法,被大量引入公共部门的管理实践中。"质量"成为公共管理改革的一个根本目标,甚至是整个制度改革的一种缩略表达(Holzer,2010;Pollitt,2010)。

作为一个多维度的复杂概念,学界普遍认为,公共服务质量概念的发展先后经历了三个主要的阶段:第一阶段是作为技术标准和内在品质的服务质量概念;第二阶段是作为服务效果和外在品质的服务质量概念;第三阶段是作为(公众)顾客满意度的服务质量概念。就其内涵界定而言,陈振明、李德国认为,公共服务质量是指终端使用者获得并享用公共服务的实际水平、可获得性、及时性、经济性、准确性和响应性等[1]。谢星全、刘恋基于基本公共服务的"情境性"和"层次性"特征,赋予基本公共服务质量系统的概念[2]:个体满意度主导理性选择在新公共管理语境的微观质量,公共利益主导价值规范在新公共服务语境的宏观质量,包括充足性、均衡性、便利性和普惠性。张启春、梅莹认为在界定质量概念时应着重考虑以下三个问题[3]:一是数量与质量的关系问题,基本公共

---

① 陈振明,李德国.基本公共服务的均等化与有效供给:基于福建省的思考[J].中国行政管理,2011(1).

② 谢星全,刘恋.基本公共服务质量:分层概念与评估框架[J].重庆大学学报(社会科学版),2017(4).

③ 张启春,梅莹.基本公共服务质量监测:理论逻辑、体系构建与实现机制[J].江海学刊,2020(4).

服务数量的积累是质量提升的前提,是反映政府服务能力及投入效果的客观标准,基本公共服务质量必定是基于一定数量要求的,这个数量要求的评估基础是国家基本公共服务标准;二是主观质量与客观质量的选择问题,主观质量与客观质量并不是两者选其一的关系,而是选择的比例关系,即主、客观质量各自应该占据的百分比;三是供给侧与需求侧的平衡问题均应纳入考量,既从供给侧出发,考虑服务及产品供给的投入、数量、效率,又从需求侧出发,考虑公众需求、公众感知及满意度。翁列恩、胡税根提出了公共服务质量概念的分析框架,确立了三个相互嵌套的理解维度[①]:其一,公共服务质量的过程控制维度,公共服务质量发展需通过质量过程控制实现可持续改进的质量目标;其二,公共服务质量的绩效测量维度,公共服务质量发展通过绩效测量实现质量的结果反馈;其三,公共服务质量的民众感知维度,公共服务质量发展亟须构建以民众感知为中心的服务质量持续改进机制,其质量评估与改进的标准都应以能否维护公共价值为基本准则。

推动高质量发展是当前和今后一个时期确定发展思路、制定经济政策、实施宏观调控的根本要求。高质量发展既体现在经济效率、经济结构和经济总量等经济层面,也体现在收入分配、民生福祉、生态环境等公共服务领域。高质量发展的核心内涵是以满足人民日益增长的美好生活需要为目标的高效率、公平和绿色可持续的发展。推演到基本公共服务高质量发展的内涵,是以增强公民获得感、幸福感、安全感为导向的更高覆盖、更高标准、更高质量、可持续性的基本公共服务供给,价值取向是"以人为本",现实依据是"新时代社会主要矛盾发生变化",以标准实施状况和公民满意度测评为依据进行判断。

基本公共服务高质量发展具体有三层含义:一是提高基本公共服务的标准和质量,高质量发展不仅要增加基本公共服务的数量,更要提升基本公共服务的质量,追求质量与数量的统一,提高国家基本公共服务清单保障水平与保障标准,使之与经济社会发展水平相适应;二是高质量地实现均等化、可及性的目标,使区域、城乡、不同群体之间享受的基本公共服务达到国家标准,促进基本公共服务更加平衡、充分、可及地供给;三是高质量发展的目的是促进公共价值最大化实现,通过供给高质量的基本公共服务,回应人民群众对美好生活的向往,从而提高获得感、幸福感、安全感。人民对美好生活的需要总是在不断发展

---

① 翁列恩,胡税根.公共服务质量:分析框架与路径优化[J].中国社会科学,2021(11).

与变化，因此其高质量供给的内涵要义也在动态演进。新发展阶段推动基本公共服务高质量发展，必须坚持以人民为中心的发展思想，采取更多惠民生、暖民心的举措，着力解决好人民群众的急难愁盼问题，持续为全体人民提供更有效率、更为优质、更加公平可及的基本公共服务。需要指出的是，新时代基本公共服务高质量发展的重要意义除了体现在维持社会公平正义、促进政府职能转变、维护公民基本权利等已达成共识的领域之外，还体现在增强全体人民在共建共享发展中的获得感、落实新发展理念、跨越"中等收入陷阱"等领域，是更好满足人民对美好生活需要、建设社会主义现代化强国的根本途径。

2.1.3 以人民为中心

"以人民为中心"的发展思想是习近平新时代中国特色社会主义思想的鲜明价值取向和核心内容，继承和接续了马克思人民主体思想，是对中国古代"民本思想"的传承与超越，是马克思主义唯物史观的继承与发展，是中国共产党人民初心的实践表达。它包括五个方面内涵[1]：其一，发展是为了人的自由和全面发展，这也是马克思主义的目标；其二，现代化的本质是人民的现代化，物质现代化服务于人民现代化；其三，人民是发展的主体；其四，发展的根本动力是调动人民积极性与创造性；其五，发展成果为全体人民所分享。这是实现中国特色社会主义现代化的理论依据与思想之魂。其中，"人民"是重要的社会历史范畴，是历史的创造者，是社会变革的决定力量，是由具体的"人"组成。"中心"是中心内容与核心地位，是历史唯物主义群众史观的集中体现，坚持发展为了人民、发展依靠人民、发展成果由人民共享、发展的具体实践要围绕人民展开，是三维立体空间层面更宽泛、更长效的人民"中心"概念[2]。具体而言：

一是发展为了人民。习近平总书记强调，"发展为了人民，这是马克思主义政治经济学的根本立场"。"人民对美好生活的向往就是我们的奋斗目标"，展现了鲜明的"人民至上"的价值取向。坚持发展为了人民，就要积极回应人民群众最关心的现实问题，不断实现人民群众的根本利益，努力促进人的全面发展，既关注人民群众的基本需要，又关注人民群众更高层次的美好生活需要，进一

---

① 胡鞍钢，鄢一龙，唐啸，等.2050 中国：以人民为中心的社会主义全面现代化[J].国家行政学院学报，2017(5).

② 牛庆燕."以人民为中心"的逻辑理路及价值主线[J].深圳大学学报(人文社会科学版)，2022(3).

步实现好、维护好、发展好最广大人民的根本利益,提升人民群众的获得感、幸福感,进一步迈向自由而全面发展。

二是发展依靠人民。习近平总书记指出:"坚持人民主体地位,充分调动人民积极性,始终是我们党立于不败之地的强大根基。"坚持发展依靠人民,一方面,植根于群众之中,尊重人民的主体地位和首创精神,走"从群众中来、到群众中去"的群众路线,努力做到问政于民、问需于民、问计于民,接受群众监督和评议,凝聚全民的最大公约数。另一方面,充分调动人民的积极性、主动性和创造性,尊重劳动、尊重知识、尊重人才、尊重创造,最大限度地汲取人民群众的智慧和力量,最广泛地动员人民群众投身到社会主义现代化建设伟大事业之中。

三是发展成果由人民共享。人民不仅是物质精神财富的创造者,也是拥有者、享受者。习近平总书记强调,"共享理念实质就是坚持以人民为中心的发展思想"。就覆盖面而言,发展成果由全体人民共享,不仅由当代人共同享有,还应惠及子孙后代。就内容而言,发展成果的共享不应该局限在单一的物质层面,还应该注重在政治、文化、社会、生态等各个层面的共享。就实现途径而言,发展成果由人民共享实际上是共建与共享的有机统一。就推进进程而言,要做到一切从实际出发,立足我国的基本国情,根据不同阶段的经济社会发展水平制定相应的共享发展策略①。

四是发展效果由人民评判,要将人民的幸福感和获得感等实在感受作为各项工作的根本价值导向。习近平总书记指出:"我们党的执政水平和执政成效都不是由自己说了算,必须而且只能由人民来评判。""把人民拥护不拥护、赞成不赞成、高兴不高兴、答应不答应作为衡量一切工作得失的根本标准。"

综上,以人民为中心,是以不断增进人民福祉为发展目的,以实现人的全面发展为追求目标,体现在政治、经济、社会、文化、生态等各个方面,更集中体现在与民生相关领域。坚持以人民为中心,就是要以全体人民为服务对象,以人民需要为出发点与归宿,永远将人民对美好生活的向往作为奋斗目标,推动基本公共服务高质量发展,促进全体人民在共商共建共享共治中有更多的获得感、幸福感、安全感,实现共同富裕,实现中国式现代化。

---

① 付海莲,邱耕田.习近平以人民为中心的发展思想的生成逻辑与内涵[J].中共中央党校学报,2018(4).

2.2 理论基础

2.2.1 公共物品理论

公共物品理论最早源于大卫·休谟的《人性论》(1739)讨论的"搭便车"问题,指出当涉及公共利益或者是超越了个体利益时,政府就具有了参与公共物品供给的合理性与必要性。亚当·斯密在《国富论》(1776)中又从政府职能的角度来讨论公共物品问题,由政府提供公共安全类的公共物品,如国防安全、社会治安等。可见,早期的研究为公共物品的存在性提供了理论基础。20世纪以来的西方公共物品理论的发展主要是以马斯格雷夫、萨缪尔森为代表的主流公共物品理论和以布坎南为代表的公共选择学派的公共物品理论,主要围绕公共物品本身及其供求问题进行研究。

首先,关于公共物品如何界定。目前有两种主要的看法:一种是英美主流财政学理论认为公共物品具有非竞争性和非排他性的特性。萨缪尔森(1954)将公共物品定义为一种大家可共享的物品,每个人对这种物品的消费都不会导致任何其他人对该物品消费的减少。随后马斯格雷夫(1959)提出了另一个标准,即(非)排他性,并将非竞争性和非排他性并列起来,指出二者同时结合的非必要性。在当代经济学中,通常当且仅当物品既是非竞争性的又是非排他性的,才被定义为(纯)公共物品。有一些物品不同时具备非竞争性和非排他性,统称为混合物品。兼具竞争性和非排他性的物品,被称为公共池资源;兼具非竞争性和排他性的物品,被称为俱乐部物品。另一种是公共选择学派从供给方式上对公共物品进行定义。该学派认为通过政治制度实现物品或服务的需求和供给的就是公共物品,将研究的目标停留在了集体欲求这一概念上,进而将其关注的重点转移到对决策过程的考察上。布坎南在《民主财政论》一书中指出:任何集团或社团因为任何原因通过集体组织提供的商品或服务,都被定义为公共物品。他将传统公共物品理论中的不可分性采纳,并在此基础上加入了集团规模大小这一性质,对公共物品进行分类,并提出了俱乐部物品理论,其核心问题是引入排他性的产权安排来确定成员的边界,确定最优的成本分担和消费分享的团体规模。

其次,关于公共物品如何供给。尽管萨缪尔森于1954年和1955年接连发表两篇论文,即《公共支出的纯理论》(*The Pure Theory of Public Expenditure*)和《公共支出理论的图解》(*Diagrammatic Exposition of a Theory of Public Expenditure*),探讨了公共物品的客观属性及其最优供给问题,试图采用数学化的技术定义公共物品并利用配置范式研究公共物品的最优供给问题,但不得不承认公共物品的最优生产问题是难以解决的,这需要一个无所不知的计算机器(或理解为全知全能的上帝)[1]。从本质上来看,仅仅是将参与选择的众多主体当作一个虚拟的个体,混杂了个人主义和少量集体主义的观点并且认同政府积极作用。公共选择学派则遵循了彻底的个人主义原则,主张限制政府的活动范围。为分析既定组织是如何将固定数量的物品和服务分配给集团内部成员的,布坎南假定政治规模和产权结构外生给定从外部提供给集团物品和服务,认为除了纯公共物品外,其他物品均可以通过制度设计和产权分配让人们通过自由交易达成均衡。

新公共管理运动以来,公共物品生产的市场化以及投资主体的多元化,成为理论和实践发展的方向。公共物品的生产提供由传统的政府独立承担演变为市场、社会介入与参与,政府已经不再是提供公共服务的唯一主体和唯一权威。文森特·奥斯特罗姆等学者提出,公共服务的供给包括提供与生产这两个可以互相分离的过程。萨瓦斯进一步阐述,公共服务的提供是指对公共服务供给种类、数量、质量和优先次序等内容,做出决策并筹措资金及监督生产的过程;公共服务的生产是指包括设计、制造、维护和经营等将投入转化为产出的技术化过程;提供与生产环节可以由同一主体完成,也可由不同的主体完成[2]。随着科技和金融工具的创新,私人部门和企业不愿或没有能力提供的公共物品和服务也有可能变成准公共物品或私人物品,政府供给和生产这两种行为可以进一步分离,这为私人部门和社会组织参与公共物品的生产提供了可能。大体而言,公共物品供给的典型方式有:①政府生产;②合同外包(私人生产),公共支出由政府执行,但一些公共活动却可由私人代理,如政府购买公共服务;③公私合作(私人融资),实质在于公共物品的交易机制,基本公共服务领域 PPP(Public-Private-Partnership)项目;④自愿供给。至于某类公共服务,是由政府直接组织生产公共物品,或者从国内私人企业购买,抑或者从国外公共企业、私

---

① 韩清.西方公共物品理论的演进研究[D].中央财经大学,博士学位论文,2020.

② 萨瓦斯.民营化与公私部门的伙伴关系[M].周志忍,译.北京:中国人民大学出版社,2002:28-36.

有企业购买,这是取决于不同生产组织及方式的效率比较结果。

从公共物品理论来看,由于公共物品和服务本身的特性——非排他性和非竞争性对人的行为的影响,"公共物品应当公共提供"。基本公共服务属于纯公共物品,具有消费的排他性和非竞争性、外部性等,必须由政府来提供,也就是由公共财政保障。以纯公共物品来界定基本公共服务,决定了其供给是政府不可推卸的责任,也决定了其均等化的内在要求和操作上标准化保障的可行性。在实践中要坚持"尽力而为、量力而行",围绕人民群众的急难愁盼问题和美好生活需要合理确定服务内容,优化供给方式,提高供给效能。

2.2.2 公共价值理论

当前"非常流行"的公共价值理论是直接始于对公共管理理论的批判与反思,大体上分为两种话语体系,一种是 1995 年穆尔(Moore)提出的公共价值管理(PV,单数形式的价值),是以管理为中心;另一种同样是 20 世纪 90 年代波兹曼(Bozeman)提出的公共价值失灵(PVs,复数形式的价值),是以共识为中心。公共价值理论认为公共管理的最终目的是创造公共价值,公共管理者要通过整合内外部资源和大胆创新,尽可能满足公民期望、实现公共价值最大化,表现为公共价值的识别—创造—评估的循环可持续发展。

首先,公共价值的识别。公共价值管理话语体系中的公共价值识别,表现为结果导向,强调由公民和公共组织组成"公共域"共同创造公共价值,如经济增长、环境美化、公民满意度等。穆尔认为,对公共管理者成功的不二定义是在短期和长期增加公共部门生产的公共价值。凯利等从公共事务的角度来定义公共价值,构思出了一个围绕定义公众偏好的政策制定框架,将公共价值视为资源配置、绩效测量和服务供给选择的标准,认为需要进一步开发规定偏好技术、综合考虑各利益相关者的偏好等[1]。斯托克等通过政治协商网络识别公共价值,认为公共干预必须由寻求公众偏好和定义公共价值来决定,即与产生更为广泛的政策结果联系在一起。公共价值失灵话语体系中的公共价值识别,表现为共识导向,强调在公共行政过程中对公民、政府和社会的行为"作用域",如约根森和波兹曼 2007 年开发的公共价值清单[2],包括公共部门、公共管理者及

---

① 王学军,张弘.公共价值的研究路径与前沿问题[J].公共管理学报,2013(2).

② Jorgensen T B,Bozeman B. Public Values:An Inventory[J]. Administration & Society,2007,39(3):354-381.

行为、政治家、公民要素在内,涵盖了可持续性、民主、回应性、法治、正义等 60 多项公共价值(见图 2-1),这些价值代表了一种治理系统的理想状态。总之, 公共价值内在包含合法性、公信力、效率、公平、正义等要素,总是与"善治"联系 在一起,而识别公共价值的一个重要准则就是针对公共管理实践问题不断地发 现价值内容、更新价值清单,"而非寻求一个放之四海而皆准的绝对价值 内容"①。

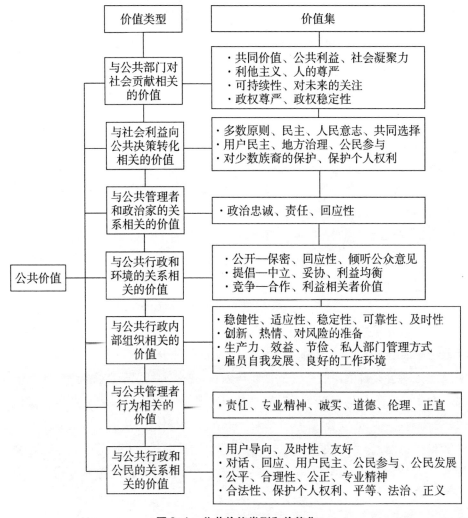

图 2-1　公共价值类型和价值集

---

① 王学军,韦林.公共价值研究的几个重要问题——评 *Public Value : Theory and Practice*[J].公共行政评论,2018(6).

　　其次,公共价值的创造。公共行政的目的是创造公共价值,并以此来解决公众所关心的问题。在公共价值管理话语体系中,政府在网络环境中运转,公共管理者必须综合考虑资源掌握状况,通过跨界工作(参与政治过程、相互学习)以及开发新的领导技能和关系管理技能(对公众的回应性、与利益相关者合作)更好地履行其职责以创造公共价值。其中,穆尔(Moore)的战略三角模型最具有代表性和影响力,它认为只要公共管理者将以下三点统一起来,便可大致了解公共价值之创造:对什么是有价值和有效的实质性判断(Substantive Judgement),正确地判断各种政治期望(Political Expectations),对可行性有清醒的认识,即为战略三角模型的三维度:创造公共价值(使命管理)、合法性和支持(政治管理)、操作能力(运作管理)。斯托克更进一步地将公共价值创造与网络化治理链接在一起,认为需要恰当的公共干预和给公众参与更多的合法性,这依赖于具有公共精神的、开放的公共服务获取机制和灵活的、学习型的公共服务递送机制①。公共价值理论将其实践建立在对话和交流体系之上,通过动态的网络化治理来实现公共服务供给,进而创造公共价值。总之,创造公共价值多元路径的共性在于强调网络化治理下公共服务生产过程及结果符合公民期望,不断增强公民信任或合法性。

　　最后,公共价值的评估。公共价值被视为"一种严谨的定义、测量和改进效能的方法"②。一旦实施公共政策,开展公共价值评估是非常重要的。穆尔认为,公共价值评估应该从公共性和战略性特征出发,在衡量公共行为满足个体需要和幸福的同时,衡量其对他人提供福祉惠利、对社会担当使命和履行责任的结果。他开发一种明确、可衡量的公共价值账户,并基于战略三角模型和平衡计分卡,结合公共部门特征,构建了"公共价值计分卡"(PVS)。许多学者以此为基础对公共价值评估进行了延伸与创新,吉夫·莫尔干在倡导确立"机会成本"的思想下,认为可以通过陈述性偏好法和显示性偏好法将公共价值货币化,进而通过成本效益分析、社会影响评价方法、福利经济学等工具和方法对公共价值进行测量。贝宁顿提出了公共价值流,定性分析公共价值被创造的过程和结果,识别公民等对某项公共服务的期望,通过协商式论坛等参与式民主途

　　① Gerry Stoker. Public Value Management:A New Narrative for Networked Governance? [J]. The American Review of Public Administration 2006,36(1):41-57.

　　② Martin Cole,Greg Parston. Unlocking Public Value:A New Model for Achieving High Performance in Public Service Organizations[M]. New York:Wiley,2006:xiii.

径收集关于哪些阶段公共价值得到创造或者产生损失或者无异议的意见，实现对公共价值的评估①。总之，公共价值承载于公共项目、政策或服务，是可测量的。

综上，公共价值理论突破了传统公共行政理论的稳固行政环境核心假设，也区别于新公共管理理论的民营化逻辑，"（公共价值）新范式可能不再将政府和公共服务过程视为机械式的结构，而是更加'复杂的适应系统'"（Mark Swilling，2011），主张公共部门通过构建合作治理网络应对当今时代的"棘手问题"。公共服务与公共价值具有天然的、内在的、高度的契合性。公共价值范式主张责任和公平、全面回应效率、网络化治理，强调通过政治过程的重建、社会自我建构以及自主治理可以实现公共服务的有效供给。换言之，基本公共服务高质量发展正是以人民为中心的公共价值创造、生产和释放共享的过程。公共价值是通过网络型组织结构将生成的集体偏好集合生产出来的，是政府、市场和社会基于共性合作共治、群策群力，在公共价值的释放和分配上，将治理成果与人民共享。以人民为中心推动基本公共服务高质量发展的背后应和着"人人有责、人人尽责、人人享有"的本位价值，对应公共服务政府、市场、社会共同生产过程以及其中政府合法性及权威性的构建，最终实现民生福祉的增进和人民生活品质的提高。

2.2.3　善治理论

20 世纪 90 年代以来，"治理"作为新兴概念迅速流行，并成为当代公共行政学的标志之一，占据主导位置。治理契合了政府管理和市场调节不足的需要，与统治着眼于政府主体通过强制力自上而下发号施令不同，治理主体涵盖了公共利益实现过程中的各种社会主体。然而，治理也不是万能的，存在着治理失败的可能性。对此，西方学者和国际组织纷纷提出了一些新的理论，其中最有影响的就是善治理论。在对 1995 年全球治理委员会对治理所做的定义的基础上，学界一致认为，善治是促使公共利益最大化的社会管理过程，善治的本质特征在于它是政府与社会公众对公共生活的合作管理，其目的是通过改善政府管理方式，倡导社会参与治理进程，以共同推动经济发展和社会进步。

善治理论是治理理论的衍生，源于治理理论，而又高于治理理论，在我国理

---

① 王学军，韦林. 公共价值研究的几个重要问题——评 Public Value：Theory and Practice[J]. 公共行政评论，2018(6).

论和实践进程中影响深远。作为治理的理想状态,善治强调政府、团体、商界、社区、公民个人等的协同合作、共同作用,能够通过多元主体的合作实现公共利益最大化,不仅包含了作为理想政府管理模式的善政,还在民主基本要素范畴之上包含了福利与民生等必要条件。对善治理论有深入研究的中国学者俞可平认为,所谓"善治",是一种"使公共利益最大化的社会管理过程",本质是"政府与公民对公共生活的合作管理",是"国家权力向社会的回归",是政治国家与公民社会的一种新颖关系,是两者结合的最佳状态①。可见,善治理论的核心逻辑是通过合作、协商、多元的伙伴关系达成一个共同的目标,最终实现对公共事务的良好治理。

善治范围可以从系统意义、政治意义和公共管理意义三个方面进行划分。系统意义上的治理涉及政府内外部的管理;政治意义上的治理指"一个从民主授权机制中获得合法性和权威的国家";公共管理意义上的治理是指"一种有效的、开放的、负责的和受到监督的公共服务体系"。② 关于善治的基本诉求,联合国亚太经济社会委员会在《什么是善治》中,列举了善治的8项标准:共同参与、厉行法治、决策透明、及时回应、达成共识、平等和包容、实效和效率、问责。世界银行认为善治应该包括健全的法治与守法的观念、拥有能正确公平地执行公共支出的良好行政体系、政府高度负责、政策公开透明;国际经济协会认为善治应该体现自主性、参与性、责任性、透明性和可预测性。国内学者俞可平先是提出七指标,后补充完善为十指标(见表2-2)。可见,要想实现善治,需要统筹考虑治理主体、治理规范、治理程序、治理手段、治理方向。如治理手段,除了行政、法律、经济等手段之外,还尝试合同外包、社区管理等。

表2-2 俞可平概括善治的十大要素③

序号	要素	含义
1	合法性(legitimacy)	社会秩序和权威被自觉认可和服从的性质和状态。要求有关的管理机构和管理者最大限度地协调各种公民之间及政府之间的利益矛盾

---

① 俞可平.治理与善治[M].社会科学文献出版社,2000:8-9.
② 竺乾威.新公共治理:新的治理模式?[J].中国行政管理,2016(7).
③ 具体参见:俞可平.论国家治理现代化(修订版)[M].社会科学文献出版社,2015.

续表2-2

序号	要素	含义
2	法治(rule of law)	法律是公共政治管理的最高准则,任何政府官员和公民都必须依法行事,在法律面前人人平等。是善治的基本要求
3	透明性(transparency)	政府信息的公开性。要求与公民利益相关的政治信息能够及时通过各种传媒为公民所知
4	责任性(accountability)	人们应当对自己的行为负责。要求运用法律和道义的双重手段,增大个人及机构的责任性
5	回应性(responsiveness)	公共管理人员和管理机构必须对公民的要求做出及时的和负责任的反应,不得无故拖延或没有下文
6	有效性(effectiveness)	管理的效率,一是管理机构设置合理,管理程序科学,管理活动灵活;二是最大限度地减低管理成本
7	参与度(civic participation/engagement)	公民的政治参与,公民对其他社会生活的参与
8	稳定(stability)	意味着国内的和平、生活的有序、居民的安全、公民的团结、公共政策的连贯等
9	廉洁(cleanness)	政府官员奉公守法,清明廉洁,不以权谋私,公职人员不以自己的职权寻租
10	公正(justice)	不同性别、阶层、种族、文化程度、宗教和政治信仰的公民在政治权利和经济权利上的平等

公共服务是国家治理的重要组成部分,体现了以民众权利确立国家治理合法性和正当性的根基。基本公共服务供给关涉民众基本公共服务需求的回应,是国家治理现代化的重要内容。善治理论下的基本公共服务不只是一个仅具有经济学分析意义的公共资源配置问题,而是包含其在内的公共价值重塑、财政保障责任再生产的政策建构,最终通过政府与市场、政府与社会、中央与地方等多主体制度安排构建一个基本公共服务有效供给机制。政府应优化基本公共服务供给模式,探索多元主体共生、多种渠道共融的供给机制,提升基本公共服务供给效率和质量,更好地满足公民偏好。

2.3　基本公共服务高质量发展的理论框架

　　基本公共服务发展作为重大的政策取向和施政方向,从实践领域来看,是一个涉及多元主体协同、各类要素整合、各种能力集成以及多重机制联动的复杂系统;从理论研究来看,是一个涉及公共管理学、政治学、经济学以及法学、社会学等多学科、多维度、多层次的复杂范畴。本研究立足新时代背景,以"基本公共服务高质量发展"为研究对象,坚持以人民为中心,以供给侧结构性改革为主线,重点指向基本公共服务的标准化、均等化、可及性、治理现代化四大实践模块,认为基本公共服务高质量发展意味着从无标准到有标准再到高标准、从非均等化到总体均等化到全面均等化、从不可及到方便可及到高度可及、从运动式推进到治理现代化。辩证地看,基本公共服务高质量发展中,标准化、均等化、可及性既是循序渐进的社会嬗变和必经之路,又是互为条件的历史贯通和系统关联,而治理现代化是可靠保障,四者之间层层递进、环环相扣直至并驾齐驱。基于此,构建分析框架如图2-2所示。

　　第一,价值依归:以人民为中心。人民立场是中国共产党的根本政治立场。公共服务关乎民生,连接民心,其"公共性"本质要求坚持以人民为中心。坚持以人民为中心,明确了基本公共服务为谁提供、靠谁提供、由谁享有的根本问题,暗含着为了人民、依靠人民、人民共享,这正是基本公共服务公共性的根本体现,是基本公共服务高质量发展的价值依归。这就要求基本公共服务高质量发展应坚定不移坚持人民主体地位,积极回应人民需求变化,着眼于解决人民群众急难愁盼问题,努力提升人民群众获得感、幸福感和安全感。在这一过程中强调人民参与作用,重视人民群众在基本公共服务中的需求表达、过程监督、使用体验、质量评价,实现公共服务的供需契合和满足满意。

　　第二,主线索:供给端加力提效。在"十二五""十三五"基础上,进一步增加基本公共服务供给,提升基本公共服务供给的标准和均等化水平,并依据经济社会发展,合理动态实现基本公共服务资源扩容,在此基础上全面增强基本公共服务供给可及性,回应公共需求、实现公共利益。首先精准识别新形势下基本公共服务需求,围绕需求转型和升级的主线,坚持尽力而为、量力而行,建立动态调整的基本公共服务需求清单。其次优化基本公共服务供给,以回应需求为动力和导向,优化制度供给、内容供给,健全多元共治机制,强化财力保障

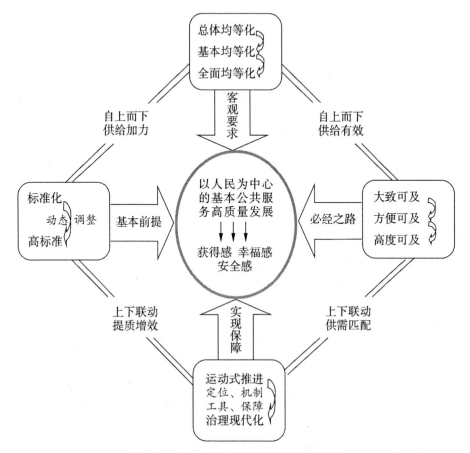

图 2-2　基本公共服务高质量发展理论框架

和技术赋能,使供给和需求在结构和质量上实现有效对接和动态平衡。最后厘清与供给侧结构关联的公共价值理念与实践、服务体系与能力、政府—市场—社会等的关系,确保顶层设计思路及其方案的实施,并且落到实处,持续推进基本公共服务高质量发展。

第三,四大维度:标准化、均等化、可及性和治理现代化。标准化是基本公共服务高质量发展的基本前提。作为公共服务理论和标准化理论相结合的产物,标准化是对基本公共服务的不同维度给出一个量纲值,用技术手段传达了公平性、公益性等价值属性。同时,作为一个动态机制,政府根据复杂多变的实践环境进行阶段性调整标准,呈现出往复循环、螺旋式上升的状态,为基本公共服务高质量发展奠定基础、提供参照和支撑。均等化是基本公共服务高质量发展的客观要求。根据公共物品理论,基本公共服务作为纯粹的公共物品,具有效用的不可分割性、受益的非排他性和消费的非竞争性,必须由政府干预、主导提供,而均等化关乎公平正义等价值理念,即全体公民都能公平可及地获得大致均等的基本公共服务,这有赖于基本公共服务标准化的手段和前提,又是高质量发展的应有之义和客观要求。可及性是基本公共服务高质量发展的必经之路。可及性突出了基本公共服务需求端的体验感。基本公共服务是满足人民美好生活需要的重要途径,最终落在公民的享有与获得。优化公众基本公共服务体验感受,既强调制度可及、空间可达,又重视内容可及、享用满意,是基本公共服务标准化、均等化基础上的高阶目标,是高质量发展的必经之路。治理现代化是基本公共服务高质量发展的实现保障。以标准化、均等化、可及性为特征和路径的基本公共服务高质量发展有赖于现代化的治理保障,着力体现为现代基本公共服务制度的建立健全和有效执行。其核心要素包括以人民为中心的治理定位,多元主体协同共治的治理机制,丰富且匹配尤其强调数智赋能的治理工具,以及强有力的财政保障。

第四,多重目标:基本公共服务标准化、均等化、可及性和治理现代化——基本公共服务高质量发展——增强人民群众获得感、幸福感、安全感。基本公共服务供给领域同样存在着"目的层级体系",某一手段可以用来达到某一目的,而这一目的又可以用来达到另一目的,这时,前一个目的即成为后一个目的的手段。本书中的研究旨在实现相互嵌套、分层递进的多重目标,其中,标准化、均等化、可及性和治理现代化,既是基本公共服务的发展目标,也是基本公共服务高质量发展的手段和过程,最终旨在增强人民群众获得感、幸福感、安全感。需要强调的是,新时代以人民为中心推进基本公共服务高质量发展意味着必须延伸至社会居民需求感知层面,以增强人民群众获得感、幸福感、安全感为根本,以创造高品质生活为目的,以人民满意为最终价值追求。这就必然要求基本公共服务未来发展,应在量的层面补齐关键核心领域的短板和不足,在质的层面更好地满足人民群众多样化、多方面、多层次需求,通过质的有效提升和量的合理增长,确保政府提供的基本公共服务类型、数量和质量能够满足人民真实需求,居民在使用和享受公共服务的高效、便捷、易得,从而全面增强人民群众获得感、幸福感、安全感。

综上,本研究构建了四位一体的基本公共服务高质量发展理论框架,并依此来研究我国基本公共服务发展问题,着眼于其整体改革轨迹、宏观绩效状况和四大具体实践模块,不仅从理论层面阐释基本公共服务高质量发展的最佳实践指导,还通过宏观统计数据和微观满意度数据实证分析供给质量现状,结合典型案例,开展基本公共服务高质量发展针对性系统化研究。

第3章 | 我国基本公共服务政策演进及其逻辑

　　"在社会科学问题上有一种最可靠的方法……那就是不要忘记基本的历史联系,考察每个问题都要看某种现象在历史上怎样产生、在发展中经过了哪些主要阶段,并根据它的这种发展去考察这一事物现在是怎样的。"①新中国成立以来,伴随着社会生产力的发展、经济制度和社会制度的变革,基本公共服务经历了一个从无到有、由点到面、从零散到系统的演进历程。1998年确立公共财政框架体系之后,我国财政支出逐渐转向以公共服务为主。2002年党的十六大将公共服务纳入政府基本职能,2005年首次提出基本公共服务均等化的概念,随后相继出台了一系列综合、专项规则和政策,特别是党的十八大以来,以人民为中心加快推动基本公共服务发展,取得了显著成效。因此,本章试图总结新中国成立以来基本公共服务政策的演进及逻辑,为未来深化基本公共服务发展改革提供借鉴经验。

3.1　我国基本公共服务政策的演进

　　在我国,公共服务长期属于社会事业范畴,直到1998年第九届全国人大一次会议,"公共服务"一词首次出现在官方文件中。依据我国经济社会体制改革和基本公共服务政策的内在特征,新中国成立以来的基本公共服务从起步到发展,大体上经历了四个阶段:计划经济时期的初入轨道,改革开放至党的十六大前的探索改革期,党的十六大至党的十九大之前的快速发展期,党的十九大以来的高质量发展期。在不同阶段,我国基本公共服务政策价值导向、供给模式、

---

　　①　中共中央马克思恩格斯列宁斯大林著作编译局.列宁专题文集·论辩证唯物主义和历史唯物主义[M].北京:人民出版社,2009:283.

供给内容均呈现出显著不同的特点,都是与经济社会整体性发展、国家治理体系和治理能力的发展相适应、相呼应的,总体上实现了从"无"到"有"到"优",逐步走向现代基本公共服务的制度构建。

3.1.1 初入轨道:1949—1977 年

新中国成立后,我国借鉴苏联公共服务供给模式,通过以中央政府包揽、省市县组织分配的形式,兴办一大批教育、科技、文化和卫生等社会事业,建立并保持了与计划经济体制相适应的、以平均主义为特征的高度统一的计划式基本公共服务制度,教育、文化和卫生等事业整体上得到了较大发展。

就政策导向与保障而言,1949 年《中国人民政治协商会议共同纲领》第五章"文化教育政策"强调,"人民政府的文化教育工作,应以提高人民文化水平……发展为人民服务的思想为主要任务""发展人民的戏剧电影事业""有计划有步骤地实行普及教育""提倡国民体育""推广卫生医药事业,并注意保护母亲、婴儿和儿童的健康"等。政务院于 1951 年 2 月发布了《劳动保险条例》,共 7 章 34 条,明确规定了职工在遇到生、老、病、死、伤、残等困难时有获得各项保险待遇的权利。1952 年,《中央人民政府政务院关于全国各级人民政府、党派、团体及所属事业单位的国家工作人员实行公费医疗预防的指示》《国家工作人员公费医疗预防实施办法》先后颁布,我国正式开始实施公费医疗制度。同年,我国开始了第一次大规模的扫盲运动,并颁布了系列政策文件,普及文化通识。1954 年我国颁布的第一部《中华人民共和国宪法》,在第三章"公民的基本权利和义务"中明确公民有平等享有劳动就业、文化教育、社会救济和卫生等服务的权利。1955 年文化部发布了《关于加强与改进公共图书馆工作的指示》,明确了公共图书馆、文化馆(站)等站馆的功能定位。1958 年发布《体育运动十年规划》,要求大力开展群众性体育运动。1958 年 11 月出台的《关于人民公社若干问题的决议》中指出,"公社适应广大群众的迫切要求,创办了大量的公共食堂、托儿所、幼儿园、敬老院等集体福利事业",我国农村集体福利制度开始形成。此后又建立了农村"五保"制度,发展了集体所有制的农村敬老院等。1965 年,毛泽东作出"把医疗卫生工作的重点放到农村去"的指示("626"指示),农村合作医疗制度在全国推行。村集体是农村基本公共服务供给主体,村集体经济状况决定了其基本公共服务供给水平,不同地区、不同条件的村之间基本公共服务供给存在着一定的差距。

这一时期的基本公共服务供给与计划经济体制相适应,内嵌于统一的计划安排之中,具有浓厚的计划经济特征,呈现由国家包办的高度集中、城乡分治、平均主义、相对简单的基本公共服务制度安排。其中,城乡分治是指基本公共服务供给是建立在单位制度、户籍制度和城乡二元结构之上的,城市主要实行"单位制",企事业单位兼具生产经营和公共服务供给的双重功能,承担着内部职工的住房、养老退休、医疗、子女教育等各项"单位制福利";而农村地区则实行福利集体制,在村集体经济支持下兴办集体养老、集体小学等保障项目,而国家直接提供的财政资金和资源支持相对较少,介入并不多,不过人民公社体制为农村基本公共服务的供给提供了制度保障,通过集体收益的分配方式,可以实现基本公共服务的免费供给。受制于计划经济体制和当时经济发展水平、国家财力限制,加之受到1966—1976年"文化大革命"等政治运动的影响,总体而言,这一时期各项社会事业发展较为缓慢、程度较低,虽然在资源相对匮乏的情况下实现了基本公共服务的普遍可及,但总体短缺、供给效率低下、城乡差异较大,特别是以城乡二元结构为基础的基本公共服务供给模式持续影响着后续发展与改革。

表3-1　1949-1978 年我国基本公共服务相关政策摘选

序号	政策文件名	政策要点	出台时间	出台部门
1	《中国人民政治协商会议共同纲领》	第五章明确规定了文化教育政策	1949年	人民政协
2	《中华人民共和国劳动保险条例》	明确规定了职工在遇到生、老、病、死、伤、残等困难时有获得各项保险待遇的权利	1951年	政务院
3	《关于改革学制的决定》	明确规定了中华人民共和国的新学制	1951年	政务院
4	《关于加强城市公有房产管理的意见》	提出了"以租养房"的方针和合理的租金标准	1952年	内务部地政司
5	《关于扫盲标准、学业考试等暂行办法的通知》	高度重视群众性识字教育	1953年	扫除文盲工作委员会
6	《中华人民共和国宪法》	第三章明确了公民有平等享有劳动就业、文化教育、社会救济和卫生等服务的权利	1954年	全国人大

续表3-1

序号	政策文件名	政策要点	出台时间	出台部门
7	《关于加强与改进公共图书馆工作的指示》	明确了公共图书馆、文化馆（站）等站馆的功能定位	1955年	教育部
8	《全日制中学暂行工作条例（草案）》和《全日制小学暂行工作条例（草案）》	明确贯彻执行教育为无产阶级的政治服务、教育与生产劳动相结合的方针	1963年	中共中央
9	《关于做好当前五保户、困难户供给、补助工作的通知》	规定了对五保户、困难户的生活照顾	1963年	内务部

3.1.2　探索改革：1978—2001年

　　以1978年党的十一届三中全会为标志，我国进入了改革开放的新时期。1992年，党的十四大明确我国经济体制改革的目标是建立社会主义市场经济体制。与此相适应，基本公共服务供给也开始了充满曲折的探索改革阶段，经历了政府或集体包办到社会化的过程。由于党的工作重心转向经济建设，一种发展主义意识形态逐渐形成，地方政府日益演变为一种"发展型政府"，基本公共服务职能不断弱化，社会事业发展受到一定程度的忽略。改革开放伊始，我国基本公共服务处于有步骤地恢复重建阶段，基本上沿袭计划经济时代的政府包揽、分级承担的方式，如1978年在恢复大学全国统一录取考试制度基础上，国务院批转教育部《关于加强中小学教师队伍管理工作的意见的通知》。

　　随着市场经济改革的推进和行政管理体制改革的加快，仍然保留计划经济惯性的社会事业体制已不再适用，单位制与集体制保障为主的旧体系开始瓦解，基本公共服务供给面临众多新的问题和挑战，如中央与地方的基本公共服务职责划分、国企改革中国营企业下岗工人的社会保障、市场化进程中事业单位改革，等等。其中：农村集体福利制度随着1982年家庭联产承包责任制的全面推行、农村集体经济的实际解体而逐渐瓦解，1986年7月国务院颁布的《国营企业实行劳动合同制暂行规定》标志着原有"单位办社会"模式成为历史。住房、教育、医疗等领域开始了收费改革，如在城市推进建立企业职工养老保险、卫生工作收费改革等，"公费""免费"逐渐退出历史舞台，毕业分配制度也随着计划经济体制的解体而终止。税外费用和劳务以及所谓的"制度外财政"是农村基本公共服务供给的主要筹资渠道①。以 1999 年国务院颁布的《农民承担费用和劳务管理条例》为例，乡村范围内的农田水利、道路等基础设施建设，以及医疗卫生、基础教育、优抚等社会事业仍需要由农户自行筹资解决。虽然出台了农村社会养老保险相关政策，由于国家财政投入乏力，因而农民参保积极性较低，至 20 世纪末，该项保障措施全面停滞。以教育领域为例，在幼儿教育方面，1988 年颁布的《幼儿园管理条例》明确了地方人民政府发展和管理学前教育的职责，1997 年发布的《全国幼儿教育事业"九五"发展目标实施意见》强调："积极稳妥地进行幼儿园办园体制改革，逐步推进幼儿教育社会化。"然而"社会化"被误读为"市场化"，原有企业办的幼儿园关、转、停，政府也逐步退出该领域。在义务教育方面，1985 年党中央召开改革开放以来第一次全国教育工作会议，发布和实施《中共中央关于教育体制改革的决定》，要求把发展基础教育责任交给地方，有组织、有步骤实施九年制义务教育，此后《中华人民共和国义务教育法》(1986 年)、《中国教育改革和发展纲要》(1993 年)、《中华人民共和国教育法》(1995 年)、《关于深化教育改革全面推进素质教育的决定》(1999 年)，确立了"分级办学"、教育经费的"三个增长"等教育管理原则的制度化、法制化地位。但在具体落实中，由于乡、村财政投入乏力，"基础教育由地方负责"难以实现，农村基础教育最主要的经费来源仍然是"最广大的农民群众"，而由于投入不足，农村基础教育发展难以为继。1987 年国家教委发布《关于社会力量办学的若干暂行规定》肯定了社会力量办学是我国教育事业的组成部分，是国家办学的补充，意味着开始突破政府的垄断。再如公共卫生领域，由于政府财政投入不足，随着财政"分灶吃饭"和分税制改革，卫生医疗机构则较多地依赖医疗服务收费和提供有偿的公共卫生服务，逐渐忽视了承担基本公共卫生服务职责，"重医轻防"与"重经济效益轻社会效益"成为县、乡、村三级卫生服务组织的普遍状况，导致我国农村公共卫生服务供给不足。

这一时期，我国政府将经济增长置于优先地位，对社会政策重视相对不够。改革取消了针对产业工人"从摇篮到墓地"的传统社会福利承诺，但并未成功设计出社会政策以适应经济社会体制转型②。而效率优先的理念、分级管办的体

---

① 林万龙.从城乡分割到城乡一体：中国农村基本公共服务政策变迁 40 年[J].中国农业大学学报(社会科学版),2018(6).

② 范逢春.建国以来基本公共服务均等化政策的回顾与反思：基于文本分析的视角[J].上海行政学院学报,2016(1).

制、公共服务责任的下移,致使有些地方政府无心且无力支付、承担兴办教育、医疗等基本公共服务的财政支出,基本公共服务缺少常态化、规模化投入,导致城乡之间、区域之间、群体之间基本公共服务供给水平差距较大,甚至呈现加重群众负担的现象。但应看到,以"多元化""社会化""市场化"和"地方化"为特征,我国基本公共服务体制改革逐步推动供给主体由一元向多元转变、供给产品由全部"免单"向部分付费转变,客观上促进了基本公共服务供给效率和质量的提高①。

表3-2　1978—2001年我国基本公共服务相关政策摘选

序号	政策文件名	政策要点	出台时间	出台部门
1	《关于加强卫生机构经济管理的意见》	提出医疗卫生单位开展增收节支,讲求经济效益	1981年	卫生部
2	《关于卫生工作改革若干政策问题的报告》	提出放宽政策、简政放权、多方筹资发展卫生事业,如计划免疫注射和妇幼保健服务可以适当收取劳务费	1985年	国务院批转卫生部
3	《中华人民共和国义务教育法》	规定了义务教育组织实施、筹资办法以及资金运用等	1986年	全国人大
4	《关于社会力量办学的若干暂行规定》	肯定了社会力量办学是我国教育事业的组成部分,是国家办学的补充	1987年	国家教委
5	《关于扩大医疗卫生服务有关问题的意见》	确认了推行各种形式的承包责任制,允许有条件的单位和医疗卫生人员从事有偿业余服务、改革医疗卫生服务收费标准等	1989年	国务院批转卫生部、财政部
6	《关于企业职工养老保险制度改革的决定》	逐步建立起基本养老保险、企业补充养老保险和职工个人储蓄性养老保险相结合的制度,标志着"国家—社会"保障制度的确立	1991年	国务院

---

① 郁建兴.中国的公共服务体系:发展历程、社会政策与体制机制[J].学术月刊,2011(3).

续表 3-2

序号	政策文件名	政策要点	出台时间	出台部门
7	《县级农村社会养老保险基本方案(试行)》	提出坚持资金个人交纳为主,集体补助为辅,国家予以政策扶持;坚持自助为主、互济为辅;坚持社会养老保险与家庭养老相结合	1992年	民政部
8	《关于深化企业职工养老保险制度改革的通知》	明确要求企业职工养老保险按照社会统筹与个人账户相结合的原则进行改革,并拟定了两个实施办法,由各地选择并组织开展试点	1995年	国务院
9	《关于建立统一的企业职工基本养老保险制度的决定》	将上个文件中两个办法归于统一,规定按本人缴费工资11%的数额为职工建立基本养老保险个人账户。标志着我国统一的企业职工基本养老保险制度建立起来	1997年	国务院
10	《关于建立城镇职工基本医疗保险制度的决定》	明确医疗保险制度改革的主要任务和原则,规定了覆盖范围和缴费办法、建立基本医疗保险统筹基金和个人账户、健全管理和监督机制等	1998年	国务院
11	《关于基础教育改革与发展的决定》	提出农村义务教育实行在国务院领导下,由地方政府负责、分级管理、以县为主的管理体制	2001年	国务院

3.1.3　快速发展:2002—2016 年

以服务型政府建设的提出以及"十一五"规划基本公共服务均等化的提出为标志,我国基本公共服务发展开始进入制度构建并逐步落实的阶段。2002年,党的十六大报告指出,要"完善政府的经济调节、市场监管、社会管理和公共服务的职能",公共服务概念开始兴起,并随着服务型政府建设、政府职能转变而得到深化。2005 年,"十一五"规划建议中首次明确了均等化原则,强调要"按照公共服务均等化原则,加大对欠发达地区的支持力度,加快革命老区、民族地区、边疆地区和贫困地区经济社会发展",此后政策直接聚焦到了"基本公共服务","均等化"成为我国基本公共服务供给的重要任务和目标,并率先开展了公共卫生基础医疗、义务教育、公共文化服务等单项服务均等化试点。2006年,党的十六届六中全会就提出要逐步形成惠及全民的基本公共服务体系。2007年,党的十七大报告进一步明确提出完善公共财政体系、推进基本公共服务均等化的任务,明确提出了加快推进和改善以民生为重点的社会建设的"五有"目标,即"努力使全体人民学有所教、劳有所得、病有所医、老有所养、住有所居"。2012年,国务院颁布了首部以基本公共服务为主题的规划——《国家基本公共服务体系"十二五"规划》,初步构建了覆盖全民、以国家基本公共服务项目及标准为核心的制度体系,确定了公共教育、劳动就业服务、社会保障、基本社会服务、医疗卫生、人口计生、住房保障、公共文化8大领域基本公共服务的服务目标、服务范围、服务对象、保障标准、支出责任和覆盖水平,标志着我国基本公共服务从基本理念上升为国家实践。同年,党的十八大提出,到2020年基本公共服务均等化总体实现。2014年,《中华人民共和国预算法》修订,第十六条指出"财政转移支付应当规范、公平、公开,以推进地区间基本公共服务均等化为主要目标",强调了政府责任、财政主导的法治保障。

在教育领域,城乡逐步全面实现义务教育,尤其推动农村义务教育快速发展,城乡基础教育发展失衡的趋势有所缓解。2006年,我国将"国家将义务教育全面纳入财政保障范围"写进了新修订的《中华人民共和国义务教育法》,西部农村率先实施农村义务教育经费保障机制改革。2007年春,我国中东部地区落实"免杂费、免书本费、逐步补助寄宿生生活费"的惠民政策,同年11月,教育部、财政部进一步调整、完善农村义务教育经费保障机制改革有关政策,明确了中西部地区农村义务教育阶段家庭经济困难寄宿生生活费基本补助标准,规定全国农村义务教育阶段学生全部享受免费教科书政策。从2008年秋季学期开始,在全国范围内全部免除城市义务教育阶段学生学杂费,进一步强化政府对义务教育的保障责任。

在就业领域,从初步探索到逐步完善,布局并落实公共就业服务。2002年,劳动和社会保障部发布《关于进一步加强劳动力市场建设完善就业服务体系的意见》,明确规定"十五"期间形成"集职业介绍、职业指导、职业培训、劳务派遣、创业指导、劳动保障事务代理、就业服务技术支持等多项功能为一体的就业服务体系","建立公共就业服务制度,为就业困难群体提供公益性就业服务"。此后相继印发了《关于加强就业服务制度化、专业化和社会化工作的通知》《关于印发金保工程劳动力市场信息系统指导意见的通知》等,还专门针对农民工这一重点就业群体发布了《国务院关于解决农民工问题的若干意见》。2006

年,《劳动和社会保障事业发展"十一五"规划纲要》中进一步明确,要"建立制度化、专业化、社会化的公共就业服务体系"。2007 年出台的《中华人民共和国就业促进法》强调"县级以上人民政府建立健全公共就业服务体系,设立公共就业服务机构"。针对高校毕业生的"就业难"问题,2008 年明确将高校毕业生纳入公共就业服务体系中来。2012 年,人社部、财政部联合印发《关于进一步完善公共就业服务体系有关问题的通知》,提出了"保基本、可持续、均等化"的服务原则,并将"提高公共就业服务专业化、标准化、信息化水平"作为提升公共就业服务水平的有效措施之一。2016 年印发了《关于切实做好就业扶贫工作的指导意见》,指出要帮助贫困县健全公共就业服务体系。

在社会保险领域,社会保险制度逐步由城镇向农村、由职工向居民扩展,城乡社会救助体系和社会福利体系基本形成。党的十六大提出,有条件的地方要"探索建立农村养老、医疗保险和最低生活保障制度",2003—2007 年开始进行地区试点。2005 年印发《国务院关于完善企业职工基本养老保险制度的决定》,要求完善社会统筹与个人账户相结合的基本制度,改革基本养老金计发办法,建立多层次养老保险体系等。2007 年 6 月,《中华人民共和国劳动合同法》颁布,为劳动者实现和保障自身权益提供了法律依据。2007 年 7 月,《国务院关于在全国建立农村最低生活保障制度的通知》要求将符合条件的农村贫困人口全部纳入保障范围,以稳定、持久、有效地解决农村贫困人口的温饱问题。2008年《中共中央关于推进农村改革发展若干重大问题的决定》要求加快健全农村社会保障体系,同时第一次提出"新型农村社会养老保险制度"的概念,2009 年开始在全国 10% 的县(市、区)实行"新农保"试点。2010 年 10 月通过了《中华人民共和国社会保险法》,规定国家建立基本养老保险、基本医疗保险、工伤保险、失业保险、生育保险等社会保险制度。2014 年印发《国务院关于建立统一的城乡居民基本养老保险制度的意见》,明确规定了城乡居民基本养老保险的参保范围、基金筹集、养老保险待遇及调整、领取条件、制度衔接、基金管理和运营等内容。国务院有关部门相继制定了城乡居民基本养老保险与职工基本养老保险制度的衔接办法,更好地保障参保城乡居民的老年基本生活。

在基本医疗卫生领域,2003 年 SARS 危机暴露了我国公共卫生供给的不足,引发对医疗卫生事业供给模式商业化、市场化倾向的反思,此后我国开始推进医药卫生体制改革,全面实施免费基本公共卫生服务项目,逐步建立健全城乡基层医疗卫生服务体系,初步建立国家基本药物制度。2002 年,中共中央、国务院《关于进一步加强农村卫生工作的决定》明确指出,要逐步建立以大病统筹为主的新型农村合作医疗制度,力争在 2010 年实现基本覆盖,并于 2003 年开始在全国范围内开展试点工作。2006 年 2 月,国务院印发《关于发展城市社区卫生服务的指导意见》,把发展社区卫生服务作为深化城市医疗卫生体制改革的重要环节。同年 8 月,卫生部、国家中医药管理局、国家发展和改革委员会、财政部联合印发《农村卫生服务体系建设与发展规划》,将其作为建设社会主义新农村的一项重要任务,提出到 2010 年要基本建立起适应我国经济发展水平的农村卫生服务网络,提高农村卫生机构的服务能力和效率,满足农民群众的初级卫生保健服务需求。2007 年 7 月,国务院又颁发了《关于开展城镇居民基本医疗保险试点的指导意见》,自此,城镇职工、农村居民、城镇非从业居民都纳入基本医疗保险的保障范围内。2016 年开始整合原有的城镇居民基本医疗保险和新型农村合作医疗两项制度,建立统一的城乡居民基本医疗保险制度(简称城乡居民医保),首次在福利问题上消除城乡区别,打破城市户籍制度。

在公共文化服务领域,2002 年党的十六大首次将传统的大文化事业分为公益性文化事业和经营性文化产业,并逐步重视且不断加大文化建设投入。2005 年党的十六届五中全会第一次正式提出要"加大政府对文化事业的投入,逐步形成覆盖全社会的比较完备的公共文化服务体系"。此后《国家"十一五"时期文化发展规划纲要》专辟一章阐述了公共文化服务体系的内容,具体阐述了"构建现代公共文化服务体系"的政策目标。2007 年 8 月,中共中央办公厅、国务院办公厅发布《关于加强公共文化服务体系建设的若干意见》提出了发展公共文化服务体系建设的具体要求。2010 年文化部、财政部下发了《关于开展国家公共文化服务体系示范区(项目)创建工作的通知》,于 2011 年联合开启了首批创建工作,运用"项目制"方式引导地方政府发展公共文化服务。在党的十八届三中、四中全会之后,中央政府部门制定了基本公共文化服务标准,逐步推进构建现代公共文化服务体系。

在住房保障领域,保障性安居工程加快建设,以廉租住房、公共租赁住房和农村危房改造等为主要内容的基本住房保障制度初步形成。2007 年国务院发布《关于解决城市低收入家庭住房困难的若干意见》,承担低收入住房困难群体政策保障功能的保障性住房建设开始进入实质性发展阶段。2011 年国务院出台《关于保障性安居工程建设与管理的指导意见》,公租房成为保障性住房的主要形式,建设 3600 万套保障性住房的任务目标于 2015 年完成。此外,2010 年住建部等七部委发布《关于加快发展公共租赁住房的指导意见》,解决新就业职工、稳定就业的外来务工人员等群体的住房困难问题。2014 年起又将各地公共租赁住房和廉租住房并轨运行。

　　这一时期我国基本公共服务被提上日程并得以稳步推进、快速发展,特别是党的十八大以来,习近平总书记先后就加强公共服务体系建设、保障和改善民生提出了一系列重要论述,建立了从制度体系到均等化规划、从中央到地方、从整体规划到专门规划的较为完整的制度体系。针对基本公共服务供给市场化进程中出现的政府缺位问题,强化政府责任,改革公共财政制度,加大对农村公共服务的投入,重点解决城乡基本公共服务供给失衡的矛盾,明确了基本公共服务均等化发展取向,基本公共服务发展取得了较为显著的成效,各级各类基本公共服务设施不断改善,国家基本公共服务项目和标准得到落实,保障能力和群众满意度进一步提升。但是与人民群众日益增长的需求相比,基本公共服务发展仍存在深层次的问题,出现规模不足、质量不高、发展不平衡等短板,公平性、可及性和精准性仍不够,城乡区域间资源配置不均衡,服务水平差异较大,一些服务项目尚未有效惠及全部流动人口和困难群体,硬件软件不协调,基层设施不足和利用不够并存,体制机制创新滞后,等等。

表 3-3　2002—2016 年我国基本公共服务相关政策摘选

类别	政策文件名	出台时间	出台部门
综合性	《国家"十一五"规划纲要》(国家层面首次提出基本公共服务均等化)	2006 年	全国人大
	《国家基本公共服务体系"十二五"规划》	2012 年	国务院
义务教育	《关于进一步加强农村教育工作的决定》	2003 年	国务院
	《2003—2007 年教育振兴行动计划》	2004 年	国务院
	《关于进一步推进义务教育均衡发展的若干意见》	2005 年	教育部
	《关于深化农村义务教育经费保障机制改革的通知》	2005 年	国务院
	《关于贯彻落实科学发展观进一步推进义务教育均衡发展的意见》	2010 年	教育部
	《关于深入推进义务教育均衡发展的意见》	2012 年	国务院
	《关于进一步完善城乡义务教育经费保障机制的通知》	2015 年	国务院
	《关于统筹推进县域内城乡义务教育一体化改革发展的若干意见》	2016 年	国务院

续表 3-3

类别	政策文件名	出台时间	出台部门
就业	《关于进一步加强劳动力市场建设完善就业服务体系的意见》	2002 年	劳动和社会保障部
	《关于加强就业服务制度化、专业化和社会化工作的通知》	2004 年	劳动和社会保障部
	《中华人民共和国就业促进法》	2008 年	全国人大
	《关于进一步加强公共就业服务体系建设的指导意见》	2009 年	人力资源和社会保障部
	《关于加快推进公共就业服务信息化建设和应用工作的指导意见》	2016 年	人力资源和社会保障部办公厅
社会保险	《关于完善企业职工基本养老保险制度的决定》	2005 年	国务院
	《关于在全国建立农村最低生活保障制度的通知》	2007 年	国务院
	《关于开展新型农村社会养老保险试点的指导意见》	2009 年	国务院
	《中华人民共和国社会保险法》	2010 年	全国人大
	《社会养老服务体系建设规划(2011—2015 年)》	2011 年	国务院办公厅
	《关于开展城镇居民社会养老保险试点的指导意见》	2011 年	国务院
	《关于进一步加强和改进最低生活保障工作的意见》	2012 年	国务院
	《关于建立统一的城乡居民基本养老保险制度的意见》	2014 年	国务院
基本医疗卫生	《关于建立新型农村合作医疗制度的意见》	2003 年	国务院办公厅
	《关于进一步做好新型农村合作医疗试点工作的指导意见》	2004 年	国务院办公厅
	《农村卫生服务体系建设与发展规划》	2006 年	卫生部等四部门
	《关于发展城市社区卫生服务的指导意见》	2006 年	国务院
	《关于开展城镇居民基本医疗保险试点的指导意见》	2007 年	国务院
	《关于推进医疗卫生与养老服务相结合的指导意见》	2015 年	国家卫生和计划生育委员会等九部委
	《关于整合城乡居民基本医疗保险制度的意见》	2016 年	国务院

续表 3-3

类别	政策文件名	出台时间	出台部门
公共文化服务	《关于开展国家公共文化服务体系示范区（项目）创建工作的通知》	2010 年	文化部、财政部
	《关于加强公共文化服务体系建设的若干意见》	2011 年	中共中央办公厅、国务院办公厅
	《关于加快构建现代公共文化服务体系的意见》	2015 年	
	《文化部"十二五"时期公共文化服务体系建设实施纲要》	2013 年	文化部
	《"十三五"时期贫困地区公共文化服务体系建设规划纲要》	2015 年	文化部等七部门
	《关于做好政府向社会力量购买公共文化服务工作的意见》	2015 年	国务院办公厅
	《中华人民共和国公共文化服务保障法》	2016 年	全国人大
住房保障	《关于解决城市低收入家庭住房困难的若干意见》	2007 年	国务院
	《关于 2009 年扩大农村危房改造试点的指导意见》	2009 年	住房和城乡建设部、国家发展改革委、财政部
	《关于加快发展公共租赁住房的指导意见》	2010 年	住房和城乡建设部等七部委
	《关于保障性安居工程建设和管理的指导意见》	2011 年	国务院办公厅
	《关于公共租赁住房和廉租住房并轨运行的通知》	2013 年	住房和城乡建设部、财政部、国家发展改革委

3.1.4 高质量发展：2017 年以来

2017 年，国家制定实施了《"十三五"推进基本公共服务均等化规划》与国家基本公共服务清单，成为"十三五"时期乃至今后更长一段时间我国基本公共服务发展的重要指导性文件。文件要求全面提升基本公共服务质量、效益及群众满意度。此外，教育、公共文化等领域也制定了专门规划。同年，习近平总书记在党的十九大报告中明确提出，中国特色社会主义进入新时代，我国社会主要矛盾已经转化为人民日益增长的美好生活需要和不平衡不充分的发展之间的矛盾。这一重大政治判断至关重要，也事关全局。新时代新阶段的发展必须贯彻新发展理念,必须是高质量发展,基本公共服务发展亦应如此。按照党的十九大报告提出的"到 2035 年基本公共服务均等化基本实现"的目标,我国基本公共服务供给与 2020 年全面建成小康社会的总体目标衔接,特别是与精准扶贫耦合发展保障公民基本公共服务权利。我国相继出台了《中共中央 国务院关于开展质量提升行动的指导意见》《基本公共服务领域中央与地方共同财政事权和支出责任划分改革方案》等文件推动基本公共服务高质量发展,同时陆续出台了医疗卫生服务、义务教育、基础设施、养老服务和文化服务等单项公共服务高质量发展政策文件,着力满足人民群众对美好生活的向往。特别是随着全面建成小康社会的目标实现,我国开启了"扎实推动共同富裕"新征程,基本公共服务发展进入历史新阶段。2021 年,国家发展改革委联合 20 个部门印发了《国家基本公共服务标准(2021 年)》。2021 年发布的《"十四五"公共服务规划》从服务供给的权责角度将公共服务划分为基本公共服务、普惠性非基本公共服务两大类,再次明确到 2025 年基本公共服务均等化水平明显提高的发展目标,进一步提出了持续推进基本公共服务和普惠性非基本公共服务发展的部署安排,从幼有所育、学有所教、劳有所得、病有所医、老有所养、住有所居、弱有所扶、文体服务有保障,到逐步实现幼有善育、学有优教、劳有厚得、病有良医、老有颐养、住有宜居、弱有众扶。

在教育领域,构建优质均衡的基本公共教育服务体系。围绕习近平总书记多次发表关于教育公平、基本公共教育服务的系列重要论述,针对我国教育的主要矛盾已经转化为社会对公平而有质量的教育需求与教育发展不平衡不充分之间的矛盾的现实语境,我国基本公共教育服务开启了高质量发展的政策布局。党的十九大提出,要"努力让每个孩子都能享有公平而有质量的教育"。2019 年 2 月,中共中央、国务院印发《中国教育现代化 2035》,围绕"普及有质量的学前教育""实现优质均衡的义务教育""全面普及高中阶段教育"等重点多方位进行细化部署。同年 6 月,中共中央、国务院印发《关于深化教育教学改革全面提高义务教育质量的意见》,回应人民群众的期盼,满足人民群众由"有学上"转向"上好学"的需求。针对学前教育,2017 年,教育部等四部门发布《关于实施第三期学前教育行动计划的意见》提出,"到 2020 年,基本建成广覆盖、保基本、有质量的学前教育公共服务体系"。2021 年印发《"十四五"学前教育发展提升行动计划》,进一步推进学前教育普及普惠安全优质发展。2023 年中共中央办公厅、国务院办公厅印发《关于构建优质均衡的基本公共教育服务体系的意见》,推动基本公共教育服务高质量发展。

在就业社保领域,实现更高质量和更充分就业。党的十九大报告将"提供全方位公共就业服务"作为重要举措之一。2018 年 12 月,人力资源和社会保障部等三部门联合印发《关于推进全方位公共就业服务的指导意见》,明确了公共就业服务范围、服务功能、服务体系、服务方式等方面措施。2021 年,人力资源和社会保障部等四部门印发《关于实施提升就业服务质量工程的通知》,提出突出需求导向和目标导向,坚持扩容与提质并重、均等与精准并举,持续巩固提升覆盖全民、贯穿全程、辐射全域、便捷高效的全方位公共就业服务。

在养老服务领域,适应人口老龄化趋势,不断完善基本养老保险制度等养老服务。2017 年我国启动实施了为期四年的养老机构服务质量建设专项行动,着力解决影响养老院服务质量的突出问题,建立以质量和效益为导向的养老院服务发展机制。2017 年 12 月,国家质检总局、国家标准委发布了《养老机构服务质量基本规范》,规定了养老机构服务的基本服务项目、服务质量基本要求、管理要求等内容,标志着全国养老机构服务质量迈入标准化管理的新时代。2018 年 6 月,国务院发布了《国务院关于建立企业职工基本养老保险基金中央调剂制度的通知》,决定建立养老保险基金中央调剂制度,作为实现养老保险全国统筹的第一步。2019 年,按照政府工作报告对养老服务工作的部署,印发了《国务院办公厅关于推进养老服务发展的意见》,确保到 2022 年在保障人人享有基本养老服务的基础上,有效满足老年人多样化、多层次养老服务需求。同时推动完善健康支撑体系,加快构建居家、社区、机构相协调,医养、康养相结合的养老服务体系,不断推进老有所养取得新进展。

在医疗卫生领域,党的十九大报告进一步对"实施健康中国战略"作出全面部署,要求"深化医药卫生体制改革"。2018 年国家卫生健康委、国家中医药管理局联合印发的《关于坚持以人民健康为中心推动医疗服务高质量发展的意见》指出,坚持以人民为中心的发展理念,坚持以人民健康为中心、以质量安全为底线、以保障权益为重点、以改革发展为动力,大力推动医疗服务高质量发展,实现医务人员满意度不断提升,群众获得感进一步增强。2020 年,在新冠疫情防控关键时期,中共中央、国务院发布了《关于深化医疗保障制度改革的意见》,并明确"继续加快建立多层次医疗保障体系,促进全社会共建共治共享"。同年 6 月,我国卫生与健康领域的第一部基础性、综合性法律——《中华人民共和国基本医疗卫生与健康促进法》公布施行,要求坚持以人民为中心、为人民健康服务,规定了医疗卫生事业应当坚持公益性原则。

在公共文化体育领域,推动高质量发展,让人民享有更加充实、更为丰富、更高质量的文体生活。2021 年文化和旅游部、国家发展改革委、财政部联合发布了《关于推动公共文化服务高质量发展的意见》，坚持以人民为中心和新发展理念，明确了推动公共文化服务品质发展、均衡发展、开放发展、融合发展的四条原则。随后印发了《"十四五"公共文化服务体系建设规划》，提出努力提供更高质量、更有效率、更加公平、更可持续的公共文化服务，助力建设文化强国。具体到体育方面，2019 年国务院办公厅印发《体育强国建设纲要》提出，2020 年公共体育服务体系初步建立、2035 年体育治理体系和治理能力实现现代化、2050 年全面建成社会主义现代化体育强国的阶段目标。2022 年中共中央办公厅、国务院办公厅印发《关于构建更高水平的全民健身公共服务体系的意见》，提出到 2025 年，更高水平的全民健身公共服务体系基本建立，政府提供的全民健身基本公共服务体系更加完善、标准更加健全、品质明显提升，社会力量提供的普惠性公共服务实现付费可享有、价格可承受、质量有保障、安全有监管，群众健身热情进一步提高。到 2035 年，与社会主义现代化国家相适应的全民健身公共服务体系全面建立。

在住房保障领域，超越应急式发展阶段，进入科学建立住房长效机制的新时期。坚持"房住不炒"定位被写入党的十九大报告，成为指导我国房地产市场发展的核心理念。2021 年，国务院办公厅发布《关于加快发展保障性租赁住房的意见》，针对新市民、青年人等群体住房困难问题仍然比较突出的现象，提出加快完善以公租房、保障性租赁住房和共有产权住房为主体的住房保障体系。另外，经过大规模的试点阶段，农村危房改造政策在全国范围内展开，并于 2020 年脱贫攻坚收官之年实现了农村危房静态清零。2021 年住房和城乡建设部等四部门印发了《关于做好农村低收入群体等重点对象住房安全保障工作的实施意见》，指出提升质量，巩固拓展脱贫攻坚成果，统筹提升农房居住功能和建筑风貌，改善农村低收入群体等重点对象住房条件和居住环境，接续推进乡村全面振兴。

这一时期我国基本公共服务开始了由"有"迈向"优"的新阶段，质量成为基本公共服务发展的核心词。在"十四五"迈上全面建设社会主义现代化国家新征程、向第二个百年奋斗目标进军的关键时刻，在扎实推动共同富裕的进程中，基本公共服务高质量发展已经从基本理念上升为国家实践，并将进入一个新的历史阶段。坚持以人民为中心的发展理念，聚焦人民群众"急难愁盼"问题，围绕人民群众对美好生活的需要，补短板、强弱项、提质量，着力提升卫生、文化等公共设施服务质量，推动基本公共教育提质扩容，着重城乡基层基本公共服务可及性,建立基本公共服务质量监测机制提升居民满意度。需要指出的是,尽管我国基本公共服务发展取得了显著的成效,但应看到我国人口众多,发展不平衡,基本公共服务仍存在一些短板弱项,均等化和可及性仍有待进一步提升,公民获得感和满意度仍有待进一步提升。基本公共服务高质量发展是一个动态的、发展的概念,在不同的发展阶段居民对美好生活的理解不同,从而产生对公共服务的各种新需求,这就必须结合我国实际持续优化基本公共服务体系,实现基本公共服务的制度安排、供给结构与居民的需求结构升级相匹配,不断缩小人群间、区域间基本公共服务差距,提高基本公共服务供给效率,实现基本公共服务标准化、均等化、可及性和治理现代化。

表 3-4　2017 年以来我国基本公共服务相关政策摘选

类别	政策	出台时间	出台部门
综合性	《"十三五"推进基本公共服务均等化规划》	2017 年	国务院
	《关于开展质量提升行动的指导意见》	2017 年	中共中央、国务院
	《关于印发基本公共服务领域中央与地方共同财政事权和支出责任划分改革方案的通知》	2018 年	国务院办公厅
	《关于建立健全基本公共服务标准体系的指导意见》	2018 年	中共中央办公厅、国务院办公厅
	《加大力度推动社会领域公共服务补短板强弱项提质量 促进形成强大国内市场的行动方案》	2019 年	国家发展改革委等 18 部门
	《关于进一步推动进城农村贫困人口优先享有基本公共服务并有序实现市民化的实施意见》	2019 年	国家发展改革委
	《国家基本公共服务标准(2021 年)》	2021 年	国家发展改革委等 21 部门
	《"十四五"公共服务规划》	2021 年	国家发展改革委、中宣部、教育部等 21 部门
	《国家基本公共服务标准(2023 年版)》	2023 年	国家发展改革委等 10 部门

续表 3-4

类别	政策	出台时间	出台部门
公共教育	《关于深化教育教学改革全面提高义务教育质量的意见》	2019 年	中共中央、国务院
	《关于进一步加强控辍保学工作健全义务教育有保障长效机制的若干意见》	2020 年	教育部等 10 部门
	《关于深入推进义务教育薄弱环节改善与能力提升工作的意见》	2021 年	教育部等 3 部门
	《义务教育质量评价指南》	2021 年	教育部等 6 部门
	《"十四五"学前教育发展提升行动计划》	2021 年	教育部等 9 部门
	《关于构建优质均衡的基本公共教育服务体系的意见》	2023 年	中共中央办公厅、国务院办公厅
就业社保	《关于推进全方位公共就业服务的指导意见》	2018 年	人社部等 3 部门
	《关于实施提升就业服务质量工程的通知》	2021 年	人社部等 4 部门
养老服务	《关于建立企业职工基本养老保险基金中央调剂制度的通知》	2018 年	国务院
	《关于推进养老服务发展的意见》	2019 年	国务院办公厅
	《关于建立健全养老服务综合监管制度促进养老服务高质量发展的意见》	2020 年	国务院办公厅
	《关于推进基本养老服务体系建设的意见》	2023 年	中共中央办公厅、国务院办公厅
医疗卫生	《关于坚持以人民健康为中心推动医疗服务高质量发展的意见》	2018 年	国家卫健委、国家中医药管理局
	《中华人民共和国基本医疗卫生与健康促进法》	2020 年	全国人大
	《关于深化医疗保障制度改革的意见》	2020 年	中共中央、国务院
	《关于建立健全职工基本医疗保险门诊共济保障机制的指导意见》	2021 年	国务院办公厅

续表 3-4

类别	政策	出台时间	出台部门
公共文化体育	《关于推动公共文化服务高质量发展的意见》	2021 年	文化和旅游部、国家发展改革委、财政部
	《"十四五"公共文化服务体系建设规划》	2021 年	文化和旅游部
	《全民健身基本公共服务标准(2021 年版)》	2021 年	国家体育总局等 5 部门
	《关于构建更高水平的全民健身公共服务体系的意见》	2022 年	中共中央办公厅、国务院办公厅
住房保障	《关于做好农村低收入群体等重点对象住房安全保障工作的实施意见》	2018 年	住房和城乡建设部等 4 部门
	《关于加快发展保障性租赁住房的意见》	2021 年	国务院办公厅

3.2　我国基本公共服务政策的演进逻辑

"让人民生活幸福是'国之大者'。"中国共产党一直致力于为中国人民谋幸福。总结新中国成立以来,尤其是改革开放以来我国基本公共服务发展历程,充分印证着中华民族从站起来、富起来到强起来的伟大飞跃,以人民为中心构成了基本公共服务政策演进的逻辑起点和根本遵循,其主要体现为:基本公共服务价值取向从平均导向走向功能实现,基本公共服务供给模式从政府包揽走向多元共治,基本公共服务内容从"无"到"有"再到"优",基本公共服务供给绩效从低水平到持续提升。

3.2.1　价值取向:从平均导向到功能实现

新中国是从一穷二白开始建设的,在面对经济凋敝和帝国主义的封锁、国家财政能力十分有限的情况下,我国在实施"重工业优先战略"的同时,重视解决民生问题,大力进行社会建设,发展教育,扫除文盲,创立"赤脚医生"制度等,在资源相对匮乏的情况下确实面向新中国全体公民配给了最为迫切的文化教育、医疗卫生、社会救济等基本公共服务,较低程度满足了城乡居民的基本公共需求,体现出了保障人民群众平等生存权利、平等发展权利的职责。纵观计划经济时期公共服务政策的制定与实施的价值取向,充分体现了平等主义、平均主义,更多强调人民对生产资料的"平均占有""共同占有",集中体现着"消灭剥削、消除两极分化"的社会主义平等原则。

在改革开放初期的发展主义意识形态主导下,党和国家的公共政策导向基本转向了"效率优先、兼顾公平",这客观上为基本公共服务供给提供了经济支撑,也促进了基本公共服务供给效率,但部分领域过度市场化改革导致基本公共服务实质性陷入"无"的困境,引发了一定程度的治理危机。对此,伴随着"服务型政府""以人为本""和谐社会"等理念的提出与贯彻,党和国家重新审视民生事业,开始重构与社会主义市场经济体制相适应的基本公共服务制度体系,明确了"均等化"发展共识和方向,指出"其核心是促进机会均等,重点是保障人民群众得到基本公共服务的机会,而不是简单的平均化"。但是在快速发展注重"数量"的初级阶段,基本公共服务供给内容主要立足于人们的生命权和生存权的需要,政策重点关注基本公共服务体系是否具有普惠性、能否全覆盖、发展是否均衡、享有公共服务是否实现了机会平等和权利均等。因此该阶段政策的价值取向侧重于技术理性,强调"量"扩张,效率是最重要的考量因素,主要通过技术理性从量纲上保证其全面性,确保基本公共服务全覆盖和"面"上的整体均等。

中国特色社会主义进入新时代,社会主要矛盾发生转化,基本公共服务发展进入高质量发展阶段,从外延扩张迈入内涵提升,公众不仅仅要求公共服务质量本身的提高,还要求公共服务具有较高的主观体验,"获得感、幸福感、安全感、公平感"是该阶段基本公共服务政策的取向。具体而言,在基本公共服务普惠性基础上强调基本公共服务的有效供给和便捷可及,在保证"起点均等"的同时,注重"过程均等"和"结果均等",并把"质量"摆在基本公共服务体系中最重要的位置,把公平、正义和群众满意作为基本公共服务政策效用的评价标准,从人人可获得转向人人都满意、人人都幸福,人的自我实现和全面自由发展成为基本公共服务政策的价值取向[①],即基本公共服务的功能实现。

3.2.2 供给模式:从政府包揽到多元共治

改革开放前,我国基本公共服务供给最显著的特征是由政府包揽,这是计划经济体制下"全能型政府"的必然产物。政府是基本公共服务供给的唯一主

---

① 杨波.论基本公共服务均等化的演进特征与变迁逻辑:基于2006—2018年政策文本分析[J].西南民族大学学报(人文社科版),2019(5).

体,既是生产者又是监管者,不仅负责基本公共服务制度的设计,同时包揽基本公共服务的生产与提供,基本公共服务供给缺乏竞争机制,导致供给效率与水平低下。

伴随着改革开放的不断推进,我国财政从计划经济时期"包揽一切"的体制逐步转向适应社会主义市场经济条件下的体制,进而向适应国家治理现代化的体制过渡,基本公共服务供给中,逐步打破政府包揽,建立健全政府、市场、社会互动协作的多元共治机制。改革开放初期,国家通过一系列的放权让利,从计划经济体制下全能型政府和国民经济中主动退让,鼓励企业或社会组织参与基本公共服务的生产与供给,以弥补国家财政基本公共服务投入不足,缓解基本公共服务供给短缺。总体而言,这一制度变迁使我国教育卫生体制、社会保障事业逐步摆脱统包统揽,初步形成以政府为主体,市场、社会、个人分担的机制,有效发挥市场的活力。但与此同时,由于政府职能尚未厘清,政府与市场、中央与地方的边界没有确认,"两个比重"的不断下降严重影响了财政功能发挥,一段时期内,教育、卫生市场化和社会化改革进程中,本应由政府负责的纯公共产品供给领域被政府以"卸包袱"的方式推向市场,致使教育、医疗、社会福利等基本公共物品供给不足。针对财政活动范围过大会越位、过小会缺位的发展新风险,财政活动的有效范围开始不断得以调整和重新界定①,公共财政框架形成共识并快速推进,在快速发展阶段基本公共服务被界定为纯公共物品,由财政兜底保障,供给模式也不断得以优化,逐步走向多元共治。在 2012 年《国家基本公共服务体系"十二五"规划》的第十四章"创新供给模式"中,明确阐述了建立多元供给机制、分类推进事业单位改革、鼓励社会力量参与的重要举措,从而推动基本公共服务提供主体和提供方式多元化,加快建立政府主导、社会参与、公办民办并举的基本公共服务供给模式。

近年来,我国持续推动基本公共服务供给侧改革,充分发挥市场的决定性作用,培育多元供给主体,加快事业单位分类改革的同时积极引导社会力量参与,且大力发展社会组织,积极推进政府购买服务、特许经营、委托服务外包、土地出让协议配套,通过投资补助、基金注资等多种方式优先支持 PPP 项目,鼓励发展志愿和慈善服务,实现基本公共服务多元供给和合作治理,从而扩大基本公共服务有效供给,提高服务质量和水平。

---

① 杨志勇.中国财政 40 年:观念与变革[J].财贸经济,2018(10).

3.2.3 服务内容：从"无"到"有"再到"优"

新中国成立后的计划经济时期，我国在单位制度、户籍制度和城乡二元结构基础上，建立起了一个相对简单、平均主义和国家包办（配给制）的公共服务体系，在资源匮乏的情况下实现了较低水平基本公共服务的公平可及。改革开放初期，在以分权为主题的行政管理体制和财政管理体制改革背景下，基本公共服务呈现"地方化"和"属地化"样态，由地方财政主要承担基本公共服务支出责任，多方面因素的叠加导致经济欠发达地区基本公共服务供给数量严重不足、质量水平较低，农村公共服务基本处于"真空"状态。1998 年提出公共财政概念之后，政府财政支出结构从增长导向的基础设施逐步转移到民生导向的教育、医疗、文化等公共服务支出，开始构建保障人民基本生存需要的基本公共服务体系。2005 年提出基本公共服务均等化战略构想，此后陆续开展公共卫生基础医疗、义务教育等单项政策实践，连续实施了"十二五""十三五"两个基本公共服务专项五年规划，构建了从出生到教育到劳动到养老各个阶段和贯穿一生的衣食、居住、健康、文体不同领域的基本公共服务供给体系，规划了八大领域八十多个具体项目，推动基本公共服务均等化与全面建成小康社会目标紧密衔接，特别是保障农村、欠发达地区、贫困弱势群体的基本公共服务需求，确保全体人民享受教育、医疗卫生、文化、社会保障、住房等基本公共服务，截止到"十三五"规划期末，我国实现了基本公共服务"面"上的全覆盖，即服务种类和服务对象的全覆盖，诸多民生基础设施项目从无到有，且进一步扩大布点铺面，助力第一个百年奋斗目标的顺利实现。

随着基本公共服务发展深入推进，尤其是小康社会的全面建成，我国基本公共服务供给正在从"有"转向"优"，从"保障生存需要"转向"保障美好生活需要"。党的十九大报告指出，完善公共服务体系，保障群众基本生活，不断满足人民日益增长的美好生活需要，必须把提高供给体系质量作为主攻方向。《"十四五"公共服务规划》将基本公共服务均等化推向更高水平、更高质量，使其与实现共同富裕、全面建设社会主义现代化国家相适应。党的二十大报告提出，健全基本公共服务体系，提高公共服务水平。这就要求构建高质量的基本公共服务供给体系，精准回应人民对基本公共服务的需求，满足人民对美好生活向往的追求，并在基本公共服务供给中关注公民权利的实现，将公民参与融入基本公共服务供给过程，以更加兼容开放的服务供给回应人民群众对幸福感、获得感、参与感的多层次诉求①。当前,在基本公共教育服务、基本医疗卫生服务、基本公共文化服务等领域均已部署了高质量发展的政策要求并展开实践探索,构建均衡可及、优质高效的高质量基本公共服务体系已在路上。

3.2.4　供给绩效:从低水平到持续提升

运用"绩效"概念来衡量公共服务活动的效果,它所指的不单纯是一个政绩层面的概念,还应包括政府成本、政府效率、服务效果、社会公平等在内的整体内涵②。从这个层面来看,新中国成立以来,更确切地讲,改革开放以来,我国基本公共服务供给绩效呈现出从低水平到持续提升的态势。从基本公共服务公平供给角度来看,计划经济时代以来的城乡二元结构使我国公共服务供给在较长时间内呈城乡分化状态,制度设计中先城镇后农村、重工人轻农民的思路导致农民在公共服务中受到歧视性待遇,处于边缘化地位,农村公共服务在较长时期内处于停滞甚至倒退状况,基本公共服务供给绩效无疑是较低水平的。伴随着公共财政发展的基本公共服务体系重构以及均等化水平的持续提升,基本公共服务供给绩效开始持续提升。从公共服务财政投入角度来看呈现出不断上升的趋势,财政投入的增加促进了基本公共服务供给水平提高。新中国成立以来关于公共服务支出占比的变化趋势,如图 3-1 所示③。在计划经济时代,除了新中国成立的前四年和 1968 年之外,公共服务支出(社会文教费)占比均在20% 以下,甚至连续四年低至 10% 以下。改革开放以来,社会主义市场经济体制的建立要求一般公共预算不应再直接对营利性国有企业注资,预算支出结构实现了从经济建设到对全社会提供公共服务的转变,预算支出的生产建设特征让位于公共服务均等化,1979 年之后公共服务支出(社会文教费)占比总体呈现上升态势,从 1979 年的 13.7% 增至 2006 年的 26.8%,增长 13.1 个百分点,其中,1978—2000 年呈持续上升趋势,随后保持相对稳定的状态。2007 年,统计口径发生变化,但可以看出公共服务支出占比呈现出缓慢上升趋势。

---

① 黄新华,何冰清.建立高质量的公共服务供给体系:提升公共服务供给质量的需求、障碍与路径[J].学习论坛,2020(11).

② 姜晓萍,郭金云.基于价值取向的公共服务绩效评价体系研究[J].行政论坛,2013(6).

③ 由于 2007 年起我国政府预算支出科目进行了全面调整,2007 年之前与之后的统计指标不具有可比较意义。对此,2007 年之前,笔者直接采用《中国财政统计》中的社会文教费的统计数值,将社会文教费视为公共服务支出。为了表现出整体趋势,2007 年及其后,笔者参考以往学者的做法,将教育、科学技术、文化体育与传媒、社会保障和就业等归为公共服务支出。

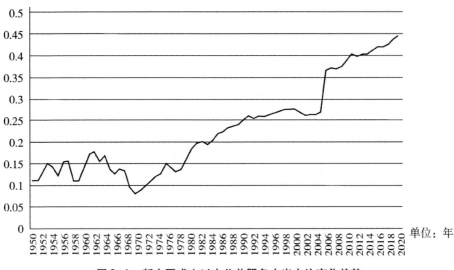

图3-1　新中国成立以来公共服务支出占比变化趋势

公共服务财政投入的持续增加带来公共服务产出的增加,表3-5展示了国家基本公共服务领域主要发展指标的进展状况,可以清晰看到我国基本公共服务供给水平在持续提升。可以预见,未来很长时间内我国仍将持续增加民生领域投入,公共服务支出占比仍在持续上升。与经济持续健康发展同步,预算收支规模不断迈上新台阶,各级政府所能使用的预算资金规模不断提升,保障和改善民生等社会、文化领域的建设得到加强,可以说在经济之外的其他领域也取得了系列进展,比如建立健全社会保障制度、完善城镇最低生活保障制度、建立农村居民最低生活保障、健全义务教育经费保障机制,等等。特别是党的十八大以来,财政政策发挥着宏观经济之锚的作用,坚持保基本、兜底线、促公平,以保障和改善民生为重点,提高精准性,注重可持续,加速提升基本公共服务保障水平,切实增强人民群众获得感、幸福感。此外,从综合评价角度来看,有学者基于2006—2015年29省(区、市)的面板数据测度基本公共服务均等化制度绩效,实证分析结果表明:我国城乡基本公共服务均等化水平得到显著提升,其中城乡基本社会保障均等化制度绩效最好,城乡基本公共教育和基本医疗卫生均等化制度绩效缓慢上升[1]。还有学者基于DEA-BCC模型对31个省级政府

① 范逢春,谭淋丹.城乡基本公共服务均等化制度绩效测量:基于分省面板数据的实证分析[J].上海行政学院学报,2018(1).

2013—2018年公共服务绩效进行了测算,结果表明:各省级政府公共服务综合效率的省际差异不大,且差距逐步减小;除吉林、黑龙江等少数省份外,各省级政府公共服务纯技术效率值都很高,说明公共服务的运作与管理水平都很高[①]。

表3-5 国家基本公共服务领域主要指标统计

领域	指标	2000年	2005年	2010年	2015年	2020年
基本公共教育	九年义务教育巩固率(%)	–	–	91.1	93	95.2
	普查文盲率(%)	6.72	–	4.08	–	2.67
基本劳动就业创业	城镇登记失业率(%)	3.1	4.2	4.1	4.05	4.24
基本社会保险	基本养老保险参保人数(万人)	13 617.4	17 487.9	35 984.1	85 833.4	99 864.9
	基本医疗保险参保人数(万人)	3 786.9	13 782.9	43 262.9	66 581.6	136 131.1
基本医疗卫生	监测地区孕产妇死亡率(1/10万)	53	47.7	30	20.1	16.9
	监测地区婴儿死亡率(‰)	32.2	19	13.1	8.1	5.4
	监测地区5岁以下儿童死亡率(‰)	39.7	22.5	16.4	10.7	7.5
	每千人口医疗卫生机构床位(张)	–	–	3.6	5.11	6.46
基本社会服务	每千名老年人口拥有养老床位数(张)	–	10.97	17.79	30.31	31.1
	每千人口社会服务床位数(张)	0.89	1.38	2.61	5.33	6.01
基本公共文化体育[②]	公共图书馆年流通人次(亿)	1.89	2.33	3.28	5.89	5.41
	公共图书馆总藏量(亿件册)	4.1	4.8	6.2	8.4	11.8
	电视节目人口综合覆盖率(%)	93.7	95.8	97.6	98.8	99.6

---

① 李方毅,郑垂勇.我国省级政府公共服务绩效评估研究[J].南京社会科学,2020(7).
② 受到新冠疫情突发事件的影响。

第4章 | 以人民为中心的基本公共服务质量综合评价

对公共服务的评价一直是公共管理领域研究的重要问题,但目前国内学界相关研究主要集中在均等化水平、供给效率等领域,专门针对基本公共服务质量的实证评价却相对少见。本章首先基于以人民为中心的理念构建基本公共服务质量评价框架,然后从供给侧出发,将视野聚焦于教育、医疗卫生、文化等关键领域的基本公共服务,宏观评价我国2012—2021年省际基本公共服务质量,然后兼顾需求侧,将视野聚焦于人民群众对基本公共服务供给的主观感受,以河南省为例,结合公民满意度问卷调查综合评价基本公共服务质量,从而为未来深化改革提供指导方向和实现路径。

4.1 评价指标体系的构建

科学、合理的指标体系是综合评价准确可靠的基础和保证,也是正确引导未来发展方向的重要手段。以人民为中心的基本公共服务质量评价指标具有时间、空间、层次、数量等特点与功能,其选取与体系构建涉及大量复杂因素的处理,既要全面反映基本公共服务供给规模、标准和结果,又要体现基本公共服务供给的主观评价。在借鉴现有研究成果基础上,本研究基于以人民为中心的理念,遵循科学性与关联性、可比性与精确性、系统性与层次性等原则,构建了兼顾宏观和微观、客观和主观的基本公共服务质量评价指标体系。

4.1.1 评价理念:以人民为中心

评价是一项技术手段,服务于特定的价值目标。本文选择将以人民为中心作为基本公共服务质量评价的价值取向,同样认为基本公共服务供给必须坚持以人民为中心的价值理念,服务供给过程及效果应体现出公民参与度和满意度。正如杰夫·马尔根(Geoff Mulgan)所指出的,"所有的公共战略都旨在将纳税公众辛苦的劳动所得以及让渡出的自由权利转化为更有价值的内容,例如安全、更好的教育或医疗服务"①。有效的基本公共服务供给必须反映和表达全体公民的价值观,以满足社会公共需要为核心,主要源于公共部门的公共性要求和公共服务的公共性本质。因而所构建的基本公共服务质量评价指标体系应按照公共的规则、公共的理念,突出反映政府职能的公共化,将涉及满足社会公共需要的各种要素收入视野,并据此归纳、提炼、整合,进而筛选指标。在现代经济社会条件下,社会公共的需要主要表现为对于政府供给公共服务的需要,既表现在预算支出必须反映公众的普遍共识,从整体上掌握教育、文化等民生支出占比等指标,也表现为政府对公民需求的有效回应,重点关注基本公共服务供给整体所带来的产出及效益,从而充分体现公共性。

将以人民为中心理念导入基本公共服务质量评价框架中,还需解决价值导向下的标准选择问题。考虑到基本公共服务质量评价的本质特点,设定指标维度必须包括效率、效益与公平方面。其中,效率是指对公共资源的投入与利用情况,并非简单的投入产出比和成本效益分析,不能仅以经济作为量化的衡量标准,"很大程度上还需要兼顾机会成本的最小化"②,立足于公共资金的分配和使用特性,特别强调公共服务支出的最优结构以及与政策设定目标的符合程度等;效益是指公共资金投入所达到的预期结果与社会影响,政府的施政行为依靠预算资源的使用得以实施并达到最终目标,与公民的生活质量、幸福指数直接相关;公平是分配领域的焦点,也是基本公共服务本质决定的价值追求,要求资源配置及结果都尽可能实现公平,这在实践中是最重要的也是最难以定义的,结合以人民为中心理念与基本公共服务均等化等政策实践要求,可根据基本公共服务底线标准的实现程度、公民获得感和满意度等进行评价。

①　Benington J. & Moore M. H. Public Value Theory and Practice[M]. New York Palgrave Macmillan,2011:203.

②　李金珊,王倩倩.财政支出绩效评价体系刍议:3E 维度的引入与改进[J].财政研究,2018(3).

4.1.2　指标体系的构建原则

基本公共服务质量评价指标的选择要符合以下基本条件：要有扎实的理论基础，可以准确地体现以人民为中心的理念；要具有现实基础，能够清晰地反映我国基本公共服务的区域差异及现实与理想的差距；要能获得相关数据和技术手段的支持。

根据综合评价的基本特性，结合综合评价技术的特点，构建指标体系遵循的具体原则有：第一，科学性与关联性原则。基本公共服务涉及面极其广泛，构建其指标体系应是建立在对评价对象充分认识、深入分析的基础上且具备充分的理论支撑。在选择具体指标时，应以描述、判断、评价基本公共服务功能实现为导向，着重筛选相关指标，而非面面俱到，也须避免重大遗漏。第二，可比性与精确性原则。从我国基本公共服务供给的实际情况出发选取指标，突出我国经济社会发展转型时期的特点，使指标设置具有相对可比性，既符合地区间的可代表性和通用性，又要体现出一个历史形态的动态发展过程，还要求客观指标定义准确、来源可靠，在时间、空间上能进行有效衔接。第三，系统性与层次性原则。在一个多层次、多要素的绩效评价指标系统中，具体指标的设置必须遵循系统论的思想，按照层次高低和利用大小形成明确的层次结构，在整体上把握评价理念与目标，确保各指标间的相辅相成、协调统一。第四，可操作性原则。充分考虑指标的可取性、可测性、可控性，立足现状，区分反映对象的重要程度来选择具体指标。

此外，还应兼顾基本公共服务供给的宏观结构和需求满足的微观感受，对于供给侧的宏观评价，还应充分考虑数据取得和指标量化的难易程度，采取客观指标，且能够通过各类统计年鉴、官方网站、政府工作报告等途径获得，既节约数据采集成本，又增强数据可信度，还能够在未来较长一段时间内连续获得以便于纵横向比较。对于需求侧的微观评价，可通过问卷调查人民群众对基本公共服务供给的满意度，以期得到的评价结果更贴合实际。

4.1.3　指标的选取与数据来源

关于基本公共服务质量的指标选取和设计，从现有研究文献来看，存在一定分歧和出入。虽然学者们普遍认为,基本公共服务质量是具有层次之分的①,至少涉及指向服务供给产出数量及标准的客观技术维度和服务供给过程及效果的主观功能维度,既涉及宏观统计数据也离不开微观满意度数据。其中,"满意度"已经被证实在公共服务质量评价中与定量的评价指标相比同样准确、有效,并且更加直观,甚至被一些学者认为是衡量公共服务质量的最高标准②。

　　由于多方面的限制,目前很少有学者同时开展兼顾宏微观、主客观的实证评估,大多数是从公共教育服务、公共文化服务、医疗卫生、社会保障等重要领域选取具有代表性的指标,基于宏观统计数据进行纵横向的综合评价,还有学者从"需求侧"展开的某一特定领域或者某一地区基本公共服务满意度测评。本研究遵循以人民为中心的理念,从技术(供给水平)与功能(公民满意度)两个维度界定基本公共服务质量,借鉴已有相关研究成果,从基本公共教育、基本劳动就业创业、基本社会保险、基本社会服务、基本医疗卫生、基本住房保障、基本公共文化体育、基础设施八大领域构建兼顾主客观的评价指标体系,具体如表4-1所示。每一领域均选取供给侧的具有代表性的统计指标和需求侧的公民满意度指标,其中,文盲率和城镇居民人均居住面积这两个指标属于普查数据,仅有2010年和2020年的数据。统计数据主要来源于《中国统计年鉴》《中国社会统计年鉴》《中国城市统计年鉴》《中国劳动统计年鉴》《中国人口和就业统计年鉴》等。普查数据来源于《中国人口普查年鉴》(2020)。调查数据主要是关于公众满意度数据,本研究设计了河南省基本公共服务满意度问卷,随机抽取调查对象发放问卷收取数据。其中,对个别省市以及个别年度数据缺失的问题,以线性拟合方式加以补全修正,对部分无法直接获取的数据运用计算加工处理。

---

① 谢星全.基本公共服务质量:一个系统的概念与分析框架[J].中国行政管理,2017(3).

② 邓剑伟,郭轶伦,李雅欣,等.超大城市公共服务质量评价研究:以北京市为例[J].华东经济管理,2018(8).

表4-1 基本公共服务质量评价指标体系

维度	基本公共服务领域	评价指标	指标性质	数据来源
基本公共服务供给水平	基本公共教育	文盲率(%)	正	普查数据
		普通小学生师比(%)	负	统计数据
		初中生师比(%)	负	统计数据
		每十万人口小学平均在校生数(人)	正	统计数据
		每十万人口初中阶段平均在校生数(人)	正	统计数据
	基本劳动就业创业	城镇登记失业率(%)	负	统计数据
		劳动人事争议调解成功率(%)	正	统计数据
	基本社会保险	基本医疗保险参保率(%)	正	统计数据
		基本养老保险参保率(%)	正	统计数据
	基本社会服务	每万人拥有各类社会组织单位数(个)	正	统计数据
		每千名老年人养老床位数(张)	正	统计数据
	基本医疗卫生	每千人医疗机构床位数(个)	正	统计数据
		每千人卫生技术人员数(人)	正	统计数据
	基本住房保障	城镇居民人均居住面积(平方米)	正	普查数据
	基本公共文化体育	人均拥有公共图书馆藏书量(册)	正	统计数据
		广播人口综合覆盖率(%)	正	统计数据
		电视节目人口综合覆盖率(%)	正	统计数据
	基础设施	人均城市道路面积(万平方米)	正	统计数据
		燃气普及率(%)	正	统计数据
		建成区绿化覆盖率(%)	正	统计数据
基本公共服务居民满意度	基本公共教育居民满意度		正	调查问卷
	基本劳动就业创业居民满意度		正	调查问卷
	社会保障居民满意度		正	调查问卷
	基本社会服务居民满意度		正	调查问卷
	基本医疗卫生居民满意度		正	调查问卷
	基本住房保障居民满意度		正	调查问卷
	基本公共文化体育居民满意度		正	调查问卷
	基础设施居民满意度		正	调查问卷

4.2　我国省际基本公共服务质量的综合评价

本节利用改进熵值法对我国 31 个省、自治区、直辖市（不包括香港特别行政区、澳门特别行政区以及台湾省）2012—2021 年基本公共服务质量的供给侧统计数据测算，由于数据的难以获得性，暂不考虑文盲率和城镇居民人均居住面积这两个指标，也不考虑需求侧的公民满意度指标。公民满意度数据对调查问卷设计、抽样方法选取、样本量、调研技巧等均具有较高要求，近年来国家市场监管总局每年度均在进行全国公共服务质量监测，但并未对外公开，中国人民大学中国调查与数据中心主持实施的中国综合社会调查仅在 2013 年涉及了"公共服务"板块，数据太早且仅有一年度致使参考性不足。

4.2.1　权重的确定：改进熵值法

基本公共服务质量指标体系构建的目的是对不同领域的多种类别服务质量状况总水平进行评价，因此一般采用综合评价方法。利用综合评价方法，运用多个指标对多个参评单位相关经济或社会活动进行评价，构建相应的评价体系可以有效地评估各个地区之间该项经济或社会活动的发展水平，进行横向和纵向比较，避免以单项指标进行衡量造成分析结果的偏倚。学术界已有许多综合评价方法，根据权数产生方法的不同，可以分为主观赋权评价法和客观赋权评价法，前者如德尔菲法、层次分析法，后者如主成分分析法、动态因子法、离差权法、熵值法、纵横向拉开档次法等。要全面把握我国多个地区基本公共服务质量状况以及发展趋势，选取的评价方法必须满足"横向"和"纵向"可比，既可以进行省份之间的横向比较，又可以对各省（区、市）不同年份之间作纵向比较。

熵值法是根据各项指标观测值所提供的信息大小来计算指标权重，信息论中"熵"是对不确定性的一种度量，根据指标值之间的差异或离散程度得以刻画，差异程度越大，不确定性就小，则熵也就越小，意味着该项指标信息量就越大，权重也越大；反之亦然。因此，根据各项指标的离散程度利用信息熵计算出各项指标权重。但基本的熵值法采用横截面数据而缺少时间维度。为动态反映基本公共服务质量发展变化，本文参照学界已有做法，加入时间维度，使之适用于多变量、多时间跨度、多样本的面板数据分析，使其在保留客观赋权法客观性和科学性的基础上克服了其在进行动态评价时纵向比较不一致的弊端，满足面板数据综合评价的系统性要求。改进的熵值法评价模型如下：

步骤1：形成初始数据矩阵。假设有 T 年 m 个省 n 个评价指标形成的数据，x_{ij}^t 表示第 i 个省第 j 项指标第 t 年数据值，初始评价矩阵为 $X = \{x_{ij}^t\}_{mT \times n}$。

步骤2：标准化处理。各项指标量纲、数量级和正逆取向不同，为避免其影响，对初始评价矩阵进行标准化处理。本文采取极值法，正向指标采取公式：

$$(x_{ij}^t)' = \frac{x_{ij}^t - x_{j\min}}{x_{j\max} - x_{j\min}} \times 99 + 1 \quad (i = 1, 2, \cdots, m; j = 1, 2, \cdots, n; t = 1, 2, \cdots, T)$$

逆向指标采取公式：

$$(x_{ij}^t)' = \frac{x_{j\max} - x_{ij}^t}{x_{j\max} - x_{j\min}} \times 99 + 1 \quad (i = 1, 2, \cdots, m; j = 1, 2, \cdots, n; t = 1, 2, \cdots, T)$$

其中，$(x_{ij}^t)'$ 为标准化处理后的指标数据值，数值在 $1 \sim 100$ 之间，$x_{j\max}$ 为第 j 项指标最大值，$x_{j\min}$ 为第 j 项指标最小值。

步骤3：计算信息熵。第 j 项指标信息熵计算公式为 $e_j = -K \sum_{t=1}^{T} \sum_{i=1}^{m} y_{ij}^t \ln y_{ij}^t$，其中，$y_{ij}^t = \frac{(x_{ij}^t)'}{\sum_{t=1}^{T} \sum_{i=1}^{m} (x_{ij}^t)'}$，常数 $K = \frac{1}{\ln mT}$，K 与省份数目和年份相关。

步骤4：计算权重。测算公式为 $w_j = \frac{1 - e_j}{n - \sum_{j=1}^{n} e_j}$，其中，$w_j$ 为第 j 项评价指标的权重。

步骤5：计算综合评价值。测算公式为 $F_i = \sum_{j=1}^{n} w_j (x_{ij}^t)'$。

4.2.2 评价结果：整体状况

根据上述评价方法，对我国31个省（区、市）2012—2021年基本公共服务质量予以测度，计算得到的综合评价值如表4-2、图4-1所示。总体来看，2012年到2021年我国省际基本公共服务质量呈现改善趋势，由2012年的31.41上升至2021年的48.96；标准差呈现出不同程度的下降趋势，从6.03下降到4.30，表明地区间基本公共服务质量的差异正在变小。下面根据测度结果进行详细分析，一方面，静态分析2012—2021年十年间我国基本公共服务质量综合得分的省际特征;另一方面,动态分析2012—2021年十年间我国基本公共服务质量的变化趋势。

表4-2 我国各省(区、市)基本公共服务质量综合评价值(2012—2021)

地区	2012	2013	2014	2015	2016	2017	2018	2019	2020	2021	均值
北京	46.56	50.18	49.48	48.91	52.53	55.15	56.99	58.90	57.37	55.83	53.19
天津	35.08	37.07	35.51	37.30	37.92	37.78	40.11	40.46	43.89	46.03	39.11
河北	26.01	28.39	29.65	30.94	37.27	38.86	40.76	42.66	44.15	46.62	36.53
山西	29.54	30.42	30.16	30.01	32.70	39.20	40.14	42.75	44.12	46.95	36.60
内蒙古	29.28	31.41	35.06	36.81	39.20	44.27	46.42	46.47	47.06	49.23	40.52
辽宁	32.48	33.52	33.08	33.29	35.02	36.29	39.79	40.67	41.44	44.00	36.96
吉林	29.57	29.87	30.91	30.40	33.12	33.47	39.35	41.45	43.97	45.61	35.77
黑龙江	26.52	26.41	25.76	26.88	28.73	33.64	35.27	37.29	41.16	43.80	32.55
上海	49.39	50.10	49.10	50.17	53.08	54.47	56.73	58.11	58.55	61.18	54.09
江苏	37.33	39.48	40.90	43.12	45.29	50.85	53.03	55.10	56.09	56.56	47.78
浙江	38.64	42.90	46.96	48.62	51.11	53.76	55.32	58.69	57.56	55.39	50.89
安徽	28.42	28.79	30.24	31.21	32.24	35.05	41.62	43.89	46.58	48.96	36.70
福建	29.85	30.83	32.46	33.52	34.47	43.12	44.01	47.76	48.85	52.35	39.72
江西	30.16	29.15	30.03	31.20	32.68	40.73	41.59	44.46	47.11	50.65	37.78
山东	34.49	36.39	36.49	42.39	42.99	44.23	44.60	46.15	48.15	50.35	42.62
河南	28.39	28.83	29.72	30.60	32.04	40.52	41.83	43.27	44.87	46.29	36.64
湖北	28.24	29.49	30.42	32.49	34.87	40.81	41.61	43.95	44.06	46.55	37.25
湖南	25.23	25.75	25.83	27.84	30.15	38.05	39.49	43.79	46.66	50.40	35.32
广东	35.23	37.20	38.94	41.26	43.74	45.62	46.18	47.19	47.07	47.49	42.99
广西	23.87	26.28	27.59	29.57	31.98	41.05	41.47	44.18	47.16	48.95	36.21
海南	35.53	32.37	33.23	33.76	35.61	38.07	43.56	45.01	45.32	46.52	38.90
重庆	35.11	35.33	34.66	36.60	38.07	39.56	41.73	43.64	41.08	46.13	39.19
四川	26.97	27.56	27.09	28.97	32.72	37.13	39.86	42.07	42.70	43.59	34.86
贵州	23.73	25.76	27.58	31.05	33.33	35.39	41.69	43.74	44.14	43.71	35.01
云南	24.38	25.59	26.72	28.16	31.14	38.22	38.41	40.24	41.45	42.55	33.69

续表 4-2

地区	2012	2013	2014	2015	2016	2017	2018	2019	2020	2021	均值
西藏	25.66	27.17	29.33	35.34	31.60	33.18	40.39	43.67	44.17	47.96	35.85
陕西	29.15	29.99	30.32	31.69	33.30	36.03	42.89	45.22	45.47	46.87	37.09
甘肃	29.81	32.33	33.80	36.87	38.93	46.70	47.32	48.87	50.06	52.40	41.71
青海	27.85	31.19	31.47	34.89	37.19	46.66	47.95	51.26	52.95	54.46	41.59
宁夏	37.50	38.65	40.85	43.91	47.56	47.77	47.79	49.56	49.78	49.60	45.30
新疆	33.72	34.40	36.32	37.36	39.99	41.45	46.11	48.89	50.39	50.89	41.95
均值	31.41	32.67	33.54	35.33	37.44	41.52	44.00	46.11	47.21	48.96	—
标准差	6.03	6.33	6.30	6.34	6.57	6.06	5.31	5.35	4.83	4.30	—
最大值	49.39	50.18	49.48	50.17	53.08	55.15	56.99	58.90	58.55	61.18	—
最小值	23.73	25.59	25.76	26.88	28.73	33.18	35.27	37.29	41.08	42.55	—
中位数	29.57	30.83	31.47	33.52	35.02	40.52	41.73	44.18	46.58	47.96	—

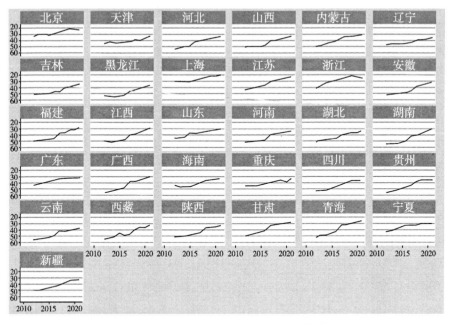

图 4-1　我国各省(区、市)基本公共服务质量综合评价值的动态变化(2012—2021)

从综合评价值来看,2012—2021 年十年间的基本公共服务质量均值排名前三位的省(区、市)是上海、北京和浙江,综合评价值分别为 54.09、53.19、50.89,

其各年度排名也基本均在前三位；均值排名最后的三个省份分别是黑龙江、云南、四川，其综合评分分别为32.55、33.69、34.86。为深入了解基本公共服务质量的省际特征，在兼顾综合评价值和省域个数的基础上，按照分值从高到低，把31个省（区、市）分为四个梯队，空间分布如表4-3所示。可以发现，第一梯队中，除了宁夏，均是东部地区，分别为上海、北京、浙江、江苏、广东、山东；第二梯队中，既有东部地区的天津、海南、福建，也有西部地区的新疆、甘肃、青海、内蒙古和重庆；处在第三、四梯队的省（区、市），除了河北之外，都属于中部、西部、东北地区，中部地区仅有湖南处在第四梯队。整体来看，基本公共服务质量呈现出一定的区域阶梯发展格局，除个别省（区、市）外，东部地区整体优于中西部地区，中部地区大多数省（区、市）处于中等偏下，西部地区分布差异较大，而东北和西南地区较差。经济发展越发达的地区基本公共服务质量越好，但经济发展水平落后的地区基本公共服务质量不一定差，如宁夏、内蒙古、青海等。究其原因，基本公共服务与经济发展水平有关，经济发达的地区包括公共财政在内的各项制度体制相对较为完善，基本公共服务能力越强，此外还与地理、人口及中央转移支付制度等存在显著的关联，"西部大开发"过程中西部地区基本公共服务水平稳步提升。

表4-3　我国各省（区、市）基本公共服务质量综合测度空间分布

评分 地区	第一梯队 （42.6~54.1）	第二梯队 （38.9~42）	第三梯队型 （36.2~37.8）	第四梯队 （32.5~35.8）
东部地区	上海、北京、浙江、江苏、广东、山东	福建、天津、海南	河北	—
中部地区	—	—	江西、湖北、安徽、河南、山西	湖南
西部地区	宁夏	新疆、甘肃、青海、内蒙古、重庆	陕西、广西	西藏、贵州、四川、云南
东北地区	—	—	辽宁	吉林、黑龙江

　　从纵向动态发展来看，2012—2021年，大多数省（区、市）政府预算绩效都得到不同程度的改善，即便是出现过下降的省（区、市）在大多数年份中仍处于改善状态。就增长率而言，广西、湖南、青海的年均增长率最高，分别为105.03%、99.79%、95.50%；最低的三个省（区、市）是海南、上海、北京，分别是

30.94%、23.86%、19.91%,大多数省(区、市)年均增长率都集中在50.00%~80.00%。纵向考察表明随着党和政府对民生保障和改善力度的持续加强,各地基本公共服务质量得到显著改善。但值得注意的是,各地增幅却存在较大差异,北京、上海等地基本公共服务供给基础较好,增速空间相对有限,而基础较差的地区随着近些年基本公共服务政策的强力推进得到较快的发展。为进一步区别体现省际基本公共服务质量的变化趋势,采取最大序差 r[①],通过排序比较进行分析。本文定义,当 $0 \leqslant r_{max} \leqslant 3$ 时,称该省(区、市)基本公共服务质量为稳步发展型;当 $4 \leqslant r_{max} \leqslant 8$ 时,称该省(区、市)基本公共服务质量为亚稳步发展型;当 $r_{max} \geqslant 9$ 时,称该省(区、市)基本公共服务质量为跳跃发展型。由此得出我国 31 个省(区、市)2012—2021 年基本公共服务质量的发展变化情况如表4-4所示。可以看出:2012—2021 年我国大部分省(市)基本公共服务质量排名发生了比较大的波动,稳步发展型省(区、市)中,东部沿海地区占有绝对优势,大多数省(区、市)发生了跳跃式发展,其中,天津、广东、重庆、宁夏、山东等属于明显的向后跳跃发展,呈现排名逐步落后的趋势,而安徽、福建、湖南、广西、甘肃、青海等属于明显的向前跳跃发展。同时,虽然各省(区、市)基本公共服务质量势头良好,均呈逐渐增长趋势,但排名较前的相对位置逐渐固化,依然是北京、上海、浙江等经济发达地区。

表4-4　我国各省(区、市)基本公共服务质量发展变化分类情况(2012—2021)

	稳步发展型 ($0 \leqslant r_{max} \leqslant 3$)	亚稳步发展型 ($4 \leqslant r_{max} \leqslant 8$)	跳跃发展型 ($r_{max} \geqslant 9$)
东部地区	北京、上海、浙江、江苏	山东	福建、广东、海南、天津、河北
中部地区	—	湖北	山西、河南、安徽、江西、湖南、
西部地区	—	新疆、四川、宁夏	甘肃、内蒙古、云南、陕西、贵州、西藏、青海、广西、重庆
东北地区	—	黑龙江	吉林、辽宁

[①] 记 r_{it} 为某省(区、市)基本公共服务质量综合评价结果的排序,则称 $r_{max\,t} = \max_t\{r_{it}\} - \min_t\{r_{it}\}$,$t = 2012,2013,\cdots,2021$;$i = 1,2,\cdots,31$ 为该省(区、市)基本公共服务质量综合评价值的最大序差。

4.2.3　评价结果：分领域状况

根据上述指标和评价方法，我国 31 个省（区、市）2012—2021 年基本公共教育、基本劳动就业创业、基本社会保险、基本社会服务、基本医疗卫生、基本公共文化体育、基础设施分领域测算结果如表 4-5 所示[①]。下面依次展开简要分析。

表 4-5　我国省际分领域基本公共服务质量综合评价值(2012—2021)

分领域		2012	2013	2014	2015	2016	2017	2018	2019	2020	2021
基本公共教育	均值	10.20	10.07	10.03	10.03	10.07	10.20	10.38	10.61	10.80	11.05
	标准差	2.22	2.12	2.09	2.07	2.04	2.04	2.12	2.19	2.26	2.10
	最大值	14.26	14.14	14.23	14.14	14.05	14.26	14.43	14.98	15.23	15.14
	最小值	5.02	5.11	5.34	5.51	5.73	5.97	6.22	6.50	6.67	6.66
	中位数	9.80	9.75	9.91	9.98	9.98	10.17	10.30	10.59	10.65	11.08
基本劳动就业创业	均值	3.75	3.70	3.58	3.61	3.74	4.03	4.30	4.58	4.11	4.56
	标准差	1.15	1.18	1.19	1.18	1.13	1.11	0.99	1.01	0.98	1.19
	最大值	7.20	7.37	7.10	6.78	6.74	6.95	7.09	7.11	6.33	7.01
	最小值	2.36	1.64	0.90	0.96	1.42	1.61	2.00	2.33	1.75	2.29
	中位数	3.66	3.57	3.44	3.46	3.59	3.87	4.11	4.38	3.95	4.42
基本社会保险	均值	4.14	4.48	4.69	5.06	5.51	8.02	9.51	9.68	9.97	10.04
	标准差	3.23	3.39	3.57	3.76	3.80	3.16	2.18	2.20	2.25	2.03
	最大值	13.21	13.99	14.71	15.38	16.29	16.99	18.70	19.11	19.72	18.23
	最小值	0.20	0.58	0.73	0.92	1.11	1.97	7.16	7.19	7.37	7.48
	中位数	3.94	3.07	3.18	3.31	3.83	8.57	8.95	9.16	9.34	9.50
基本社会服务	均值	3.32	3.86	4.57	5.33	5.60	5.80	5.75	6.10	6.31	6.36
	标准差	1.48	1.53	1.74	1.84	2.10	2.15	2.31	2.25	2.16	1.73
	最大值	6.50	8.17	9.55	10.08	10.72	11.16	11.14	12.52	12.56	10.45
	最小值	0.88	1.56	2.47	2.71	1.25	1.56	0.41	2.10	1.68	3.85
	中位数	3.30	3.84	4.60	5.45	5.66	5.86	5.80	6.21	6.39	6.42

[①]　本次综合评价中，基本住房保障领域因数据不可获得而暂不涉及。

续表 4–5

分领域		2012	2013	2014	2015	2016	2017	2018	2019	2020	2021
基本医疗卫生	均值	2.34	2.92	2.59	3.00	3.83	4.30	4.70	5.10	5.48	5.87
	标准差	0.88	1.17	0.85	0.81	0.87	0.90	0.93	0.97	0.92	0.94
	最大值	4.71	7.26	4.89	5.16	5.76	6.13	6.52	6.99	6.88	7.26
	最小值	0.10	1.11	0.53	1.41	2.22	2.75	3.12	3.26	3.18	3.45
	中位数	2.23	2.82	2.49	2.92	3.76	4.22	4.62	5.01	5.33	5.71
基本公共文化体育	均值	4.21	4.08	4.33	4.55	4.81	5.10	5.39	5.70	6.01	6.34
	标准差	2.93	2.87	2.89	2.97	3.00	2.99	3.04	3.10	2.99	3.04
	最大值	17.96	17.79	18.01	18.51	18.72	18.94	19.22	19.55	19.16	19.44
	最小值	0.92	1.14	1.62	1.80	1.89	2.21	2.42	2.69	2.80	3.12
	中位数	4.43	4.30	4.55	4.77	5.02	5.33	5.60	5.89	6.13	6.44
基础设施	均值	3.44	3.57	3.75	3.74	3.87	4.07	3.97	4.34	4.53	4.74
	标准差	0.96	0.98	0.98	0.98	0.98	1.01	0.99	1.03	1.03	1.03
	最大值	5.87	6.02	6.11	6.10	6.03	6.00	6.09	6.15	6.26	6.27
	最小值	1.44	1.45	1.45	1.45	1.51	1.57	1.47	1.55	1.54	1.58
	中位数	3.36	3.48	3.68	3.68	3.80	4.01	3.88	4.27	4.45	4.67

1. 基本公共教育服务

基本公共教育领域的主要任务是完善基本公共教育制度,加快义务教育均衡发展。本研究运用文盲率、中小学生师比、每十万人口中小学平均在校生数进行考察,其中文盲率由于数据难以获取,在进行综合评价时并没有纳入。基于 2010 年和 2020 年的普查数据来看,十年间除新疆之外,所有省(区、市)的文盲率均有所降低,其中北京、辽宁、浙江、重庆的文盲率下降了 50% 以上,2020 年绝大多数省(区、市)的文盲率在 5% 以下,可见我国义务教育普及程度之有效。测算结果发现,基本公共教育服务质量近十年总体上呈现不断增长趋势,各省(区、市)的差距缩小不太明显,东部地区的优势依然明显。具体而言,31 个省(区、市)得分均值由 2012 年的 10.20 增长至 2021 年的 11.05,年均增速为 8.33%,但是 2012—2016 年呈现下降趋势,随着"十三五"基本公共服务均等化的推进,又呈现增长趋势。相较"十二五"时期,"十三五"时期基本公共教育服务发展速度更快。

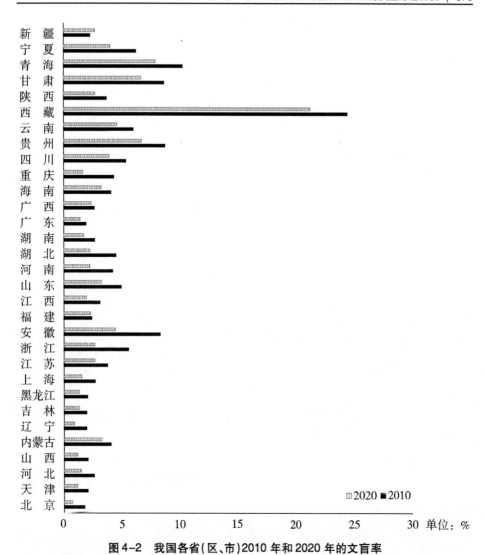

图4-2 我国各省(区、市)2010年和2020年的文盲率

2.基本劳动就业创业服务

基本劳动就业创业领域的主要任务是健全覆盖城乡的公共就业创业服务体系,推动实现比较充分和更高质量的就业。近年来,我国各地区各级政府着力健全服务体系,提升服务质效,为社会经济发展提供优质高效的公共就业和人才服务。其中,2021年我国各级公共就业人才服务机构平台提供的服务情况如表4-6所示。面向企业、行业、重点人群送政策、送岗位、送技能、送服务,助力扩就业保民生。

表4-6　2021年我国公共就业服务工作情况　　　　单位:万人

项目	本期单位登记招聘人数	本期登记求职人数	本期接受职业指导人次	本期接受创业服务人次
市(地、州)及以上公共就业人才服务机构	2589.98	1152.65	573.63	157.72
区(县)公共就业人才服务机构	3247.74	1895.68	1358.63	350.47
街道(乡镇)公共就业和人才服务平台	681.21	434.378	363.00	65.75
社区(行政村)公共就业服务窗口	209.01	130.84	217.05	30.84
总计	6727.94	3613.54	2512.30	604.80

本研究运用城镇登记失业率和劳动争议调解成功率两个指标对基本劳动就业创业领域的发展情况进行考察,其中,城镇登记失业率考察实现比较充分的就业维度,劳动争议调解成功率主要考察维护职工合法权益与构建和谐劳动关系维度。由于指标较少,且就业率和劳动争议调解成功率除了与基本劳动就业创业服务相关,还与经济发展状况、行业调整等多种因素有关,各省份的动态发展变化趋势并无规律可循。此处运用十年平均值从静态角度介绍各地区发展状况,发现东部地区在基本劳动就业创业服务方面相较其他地区存在差距,究其原因可能为经济不发达地区的劳动力向东部经济发达省市流出,使本地城镇登记失业率相对较小。我国绝大多数地区劳动争议调解成功率基本上在40.00%~60.00%,大多数案件在仲裁阶段结案,实质化解了劳动争议,助力构建和谐劳动关系。

3.基本社会保险服务

基本社会保险领域的主要任务是构建全覆盖、保基本、多层次、可持续的社会保险制度,保障公民在年老、疾病、工伤、失业、生育等情况下依法获得帮助。对基本社会保险领域的考察指标主要为基本养老保险参保率和基本医疗保险参保率,但公开的统计年鉴、数据库尚未对参保率进行统计,仅统计了两类保险的参保人数。本研究运用各省(区、市)两类保险实际参保人数与目标参保人数之比进行测算,近似衡量两类保险的参保率,测算结果与各省(区、市)统计值可能存在差异,但结果可以基本反映各省(区、市)基本社会保险领域的发展程度。结果显示,基本社会保险服务质量均值逐年增长,从4.14升至10.04,中部及西部省(区、市)对增幅的贡献度大,各省(区、市)差距明显缩小。此外,统计数据

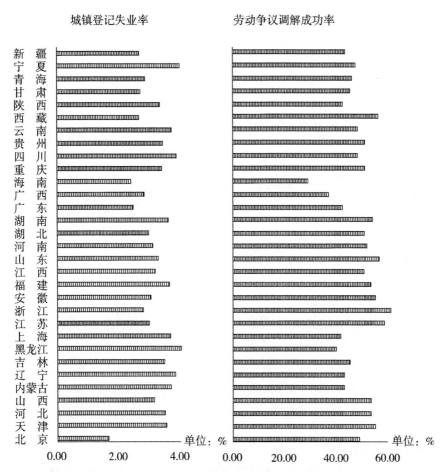

图 4-3 2012—2021 年各省（区、市）城镇登记失业率和劳动争议调解成功率的平均值

显示 2022 年城乡居民医保参保人数较上年下降 2517 万人。其原因在于：一方面，新产业、新业态、新模式不断涌现，放开灵活就业人员在就业地参加职工医保的户籍限制，推动了部分城乡居民转为参加职工医保；另一方面，统一的医保信息平台建成后，利用信息化手段推进治理重复参保无效数据。但是不排除还有些居民认为自己身体健康，不用医保，就退出参保，特别是在居民医保参保费连年上涨的情况下。未来仍需持续改革基本社会保险制度，不断提高医疗保障水平，给予居民特别是农村居民更多获得感。

4. 基本社会服务

基本社会服务领域的主要任务是建立完善基本社会服务制度，为城乡居民提供相应的物质和服务等兜底帮扶，重点保障特定人群和困难群体的基本生存权与平等参与社会发展的权利。本研究以每万人拥有各类社会组织单位数和每千名老年人养老床位数为测算数据,前者用来考察社会服务的完善程度,后者用来考察老年人群体的物质和服务的兜底帮扶情况。测算结果表明,基本社会服务质量均值在研究所选期间逐年增长,从 2012 年的 3.32 增至 2021 年的 6.36,增幅达 91.57%,各省(区、市)差距大体上呈现缩小趋势,但不明显。总体看来,东部地区得分普遍高于中、西部地区,浙江、上海等地的分值是云南等地区的 3 倍,可见区域之间仍存在着较大的差距。

5. 基本医疗卫生服务

基本医疗卫生领域的主要任务是建立健全覆盖城乡居民的基本医疗卫生制度,推进健康中国建设,提高人民健康水平。本研究运用每千人医疗机构床位数、每千人卫生技术人员数进行测算,结果发现,基本医疗卫生服务质量均逐年增长,从 2012 年的 2.34 升至 2021 年的 4.01,年均增速为 7.14%。变异系数从 2012 年的 0.38 下降到 2021 年的 0.16,总体上省际基本医疗卫生服务差距在缩小,主要表现为中西部地区、东北地区的基本医疗卫生服务在大幅提升,以河北省为例,从 2012 年的 1.71 增长至 2021 年的 5.05,增长 2.95 倍之多。可见深化医改以来,以群众公平享有为导向,积极推进基本公共卫生服务均等化,服务内涵逐步丰富,受益人群不断扩大,取得了积极成效。调研中也发现,只要是辖区的常住居民,不论性别、年龄、职业、民族、户籍等,均可机会均等地获得相应的基本公共卫生服务。

6. 基本住房保障服务

基本住房保障服务主要涉及公租房、棚户区改造和农村危房改造。其中,公租房是我国住房保障体系中最基础的部分,属于政府兜底的住房保障范畴,解决城镇住房、收入困难家庭的住房问题是地方政府义不容辞的责任。截至 2021 年底,3800 多万困难群众住进公租房,累计 2200 多万困难群众领取了租赁补贴,城镇低保、低收入住房困难家庭基本实现了应保尽保,其他住房、收入困难家庭住房条件得到有效改善。同时,大力改造提升 2000 年底前建成的城镇老旧小区,加快改善居民居住条件。2019—2021 年,全国累计新开工改造城镇老旧小区 11.4 万个、惠及居民 2000 多万户。全面实施脱贫攻坚农村危房改造以来,全国 790 万户、2568 万贫困群众的危房得到改造;同步支持了 1075 万户农村低保户、分散供养特困人员、贫困残疾人家庭等贫困群体改造危房;2341.6 万户建档立卡贫困户实现住房安全有保障[①]。从城镇居民人均居住面积来看,相比于 2010

---

① 国务院新闻办就《"十四五"公共服务规划》有关情况举行发布会[EB/OL]. https://www.gov.cn/xinwen/2022-01/13/content_5668468.htm

年,2020 年各省(区、市)均有显著的改善,具体如图 4-4 所示。

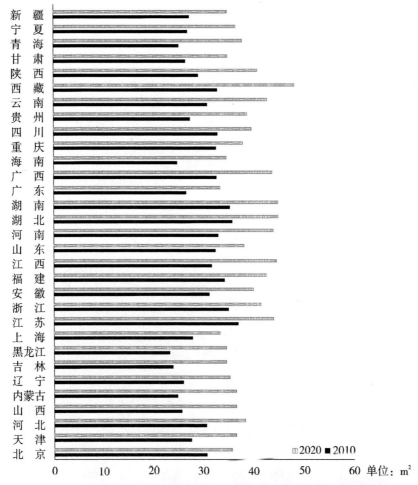

图 4-4 我国各省(区、市)2010 年和 2020 年的城镇居民人均居住面积

7. 基本公共文化体育服务

基本公共文化体育领域的主要任务是构建现代公共文化服务体系和全民健身公共服务体系,更好地满足人民群众精神文化需求和体育健身需求,提高全民文化素质和身体素质。《"十三五"推进基本公共服务均等化规划》对基本公共文化体育领域的考察指标为公共图书馆年流通人次、文化馆(站)年服务人次、广播、电视人口综合覆盖率、国民综合阅读率、经常参加体育锻炼人数。由于部分指标数据的不可获得性,本研究运用人均拥有公共图书馆藏书量和广播节目人口综合覆盖率、电视节目人口综合覆盖率进行测算。结果显示,2012—

2021 年十年间基本公共文化服务质量综合得分基本呈现逐年上升趋势,除 2013 年相比 2012 年下降 0.13 外,之后逐年上升至 2021 年的 6.34,年均增长率为 5.06%。地区之间的差距也在缩小,变异系数从 2012 年的 0.70,逐年下降至 2021 年的 0.48,基本公共文化服务均等化水平得到一定程度的提升。可见,随着现代公共文化服务体系"四梁八柱"的制度框架基本建立,基本公共文化服务标准化、均等化建设取得了明显成绩,服务能力和水平明显提高。但是应当看到地区之间的差距仍较大,如上海在 2012—2021 年十年间基本公共文化服务质量均值为 17.96,而河北、山西、安徽等不少地区的均值在 3 以下。

8. 基础设施

基础设施是指为社会生产和居民生活提供公共服务的物质工程设施,是用于保证国家或地区社会经济活动正常进行的公共服务系统,同时也是我国经济的重要组成部分,持续发挥稳增长带动作用,长期视角下还有助于提高全要素生产率,促进落后地区脱贫致富。本研究将其纳入综合评价模型中,运用人均城市道路面积、燃气普及率和建成区绿化覆盖率三个指标,评价地区道路、用气、生态环境等方面情况。测算结果显示,2012—2021 年间我国基础设施综合得分从 3.44 升至 4.53,除个别年份有轻微下降之外,总体呈现上升趋势。地区间差距也在缩小,基础设施变异系数从 2012 年的 0.28 逐步下降至 2021 年的 0.23。相比于人民群众对美好生活的向往,当前我国基础设施仍存在不少短板,如公共交通难以适应社会发展,环境和噪声污染严重,垃圾分类处理设施缺乏等,特别是中小城镇,仍有待加快完善民生领域公共服务设施,改善当地居民生活水平。此外,2020 年后新基建的概念普及,如 5G 基站、大数据中心、人工智能、新能源汽车充电桩、城际高速铁路等领域。党的二十大报告中提出"优化基础设施布局、结构、功能和系统集成,构建现代化基础设施体系""加强城市基础设施建设""统筹乡村基础设施和公共服务布局"等,这给新时代我国基础设施建设提供了规划思路和发展要求。

4.3 河南省基本公共服务质量的综合评价

本节基于统计数据和问卷调查数据,利用主观赋权法设计权重,对 2021 年河南省基本公共服务质量进行全面综合评价,既包括整体评价也包括区域评价,既包括客观评价也包括主观评价,从而全方位地揭示基本公共服务质量。

4.3.1 研究设计

1. 数据来源

本部分的数据主要由以下三个方面组成:

一是统计数据。本部分通过查找《河南省统计年鉴》、河南省及各地市统计公报、统计局官网等途径,收集 2021 年河南省 18 个地市不同领域基本公共服务的相关统计数据。

二是公众满意度。本部分设计了河南省基本公共服务公众满意度调查问卷(与问题设计与评价指标中的"基本公共服务满意度"维度相对应),以长期生活和工作在河南省的人员为调查对象,随机抽取调查对象发放问卷,收集公众满意度数据。课题组在 2022 年 8—9 月采取随机拦访、入户调查、现场发放与网络发放相结合的渠道,发放问卷 900 份,回收问卷 860 份,回收率为95.56%,经过剔除无效样本后共获取有效问卷 840 份,有效率为 97.67%。由于受到疫情防控影响,难以在全省开展实地调查,主要依靠课题组成员、招募的调研员的关系网发放问卷。因而在样本区域分布上,郑州市相对偏多(10%),但其他 17 个地市样本占比均达 5% 以上,男性占 41%,女性占 59%;年龄主要介于 26~45 岁,占比 59%;大多数接受过高等教育,从事不同的职业。

三是访谈资料。随机抽取 30 位左右的居民,围绕河南省基本公共服务成效和问题进行半结构式访谈,用以验证统计分析得出的结论。

2. 权重的确定

考虑研究对象的特征及操作的可实施性,采用主观赋权法设计权重。首先,选取 12 名相关领域的专家,采用德尔菲法的方式赋予"基本公共服务供给水平""基本公共服务居民满意度"两个维度权重。经过三轮讨论,专家一致认同按照 6:4 的比例进行权重划分,即分别占 60%、40%。其次,针对基本公共服务供给水平,采用熵值法客观赋予评价指标权重。针对基本公共服务居民满意度,专家认为基本公共服务八大领域的重要性相同,即各占八分之一的权重值。通过以上步骤,河南省基本公共服务质量评价指标和权重如表 4-7 所示。

表4-7 河南省基本公共服务质量评价指标体系①

维度	基本公共服务领域	评价指标	指标权重
基本公共服务供给水平	基本公共教育	普通小学生师比(%)	0.019
		初中生师比(%)	0.026
		每十万人口小学平均在校生数(人)	0.037
		每十万人口初中阶段平均在校生数(人)	0.043
	基本劳动就业创业	城镇登记失业率(%)	0.037
	基本社会保险	基本医疗保险参保率(%)	0.016
		职工养老保险参保率(%)	0.057
	基本社会服务	每千人社区养老床位数(张)	0.047
	基本医疗卫生	每千人医疗机构床位数(个)	0.059
		每千人卫生技术人员数(人)	0.047
	基本住房保障	农村住房钢筋混凝土和砖混材料的户数占比	0.015
	基本公共文化体育	人均拥有公共图书馆藏书量(册)	0.045
		广播人口综合覆盖率(%)	0.015
		电视节目人口综合覆盖率(%)	0.027
	基础设施	人均城市道路面积(万平方米)	0.053
		燃气普及率(%)	0.031
		建成区绿化覆盖率(%)	0.027
基本公共服务居民满意度	基本公共教育居民满意度		0.05
	基本劳动就业创业居民满意度		0.05
	社会保障居民满意度		0.05
	基本社会服务居民满意度		0.05
	基本医疗卫生居民满意度		0.05
	基本住房保障居民满意度		0.05
	基本公共文化体育居民满意度		0.05
	基础设施居民满意度		0.05

① 与前文构建的指标体系相比,根据地市级基本公共服务供给实际情况,考虑到数据的可获得性,删除了文盲率、劳动人事争议调解成功率、每万人拥有各类社会组织单位数三个指标,用"农村住房钢筋混凝土和砖混材料的户数占比"替换"城镇居民人均居住面积",表示对农村危房改造的成效。

4.3.2　评价结果:满意度分析

1.总体满意度

基本公共服务居民满意度测量采用五级量表,由八个分量表组成,回答"非常不满意、不太满意、无感、比较满意、非常满意"依次赋值 1~5[①]。研究通过加总题项得分求平均值,进行百分制转化作为居民满意度测量结果。经计算,2021 年河南省基本公共服务居民满意度得分为 75.99,具体如图 4-5 所示。其中,按照得分排名前三的依次为基础设施(79.53)、基本公共教育(79.47)、基本社会保险(77.82),得分最低的是基本住房保障(70.80)。可见,河南省基本公共服务满意度达到了中等以上,但各领域发展不均衡。从侧面反映了近些年河南省保障和改善民生、基本公共服务发展的成效,同时也表明了与人民美好生活向往相比仍存在不充分、质量低的问题,公民满意度仍有待进一步提升,特别是在基本住房保障、基本养老服务、基本劳动就业领域。

"十三五"时期,河南省坚持以增进人民福祉、促进人的全面发展为目标,聚焦民生重点领域和关键环节,积极推动公共服务供给侧改革,公共服务体系不断健全。各级财政五年累计投入 3.64 万亿元用于增进民生福祉,占财政支出的 80% 左右。学前教育毛入园率、义务教育巩固率分别由 2015 年的 83.2%、94%、提高到 2020 年的 90.3%、96%,全省每千常住人口医疗卫生机构床位数、执业(助理)医师数、注册护士数比"十二五"末分别增长了 30%、32.4% 和41%。2020 年各类养老服务设施达到 1.4 万个,全省村级综合性文化服务中心的建成率达到 99%,人均体育场地面积超过 2 平方米,公共服务供给能力明显增强。但是,基本住房保障、基本社会服务、基本劳动就业领域满意度得分较低。一方面,与当前经济转型以及政策环境变化有关,经济社会形势虽然向好发展,但就业创业情况依然严峻。另一方面,基本社会服务(主要是养老服务)、基本住房保障相比其他领域而言,发展相对较为缓慢,整体尚处于建设阶段。2022 年,河南省印发《河南省"十四五"公共服务和社会保障规划》,指出将着力健全公共服务和社会保障体系,推出一系列惠民举措,不断满足群众对更高品质公共服务的需求,让群众获得感成色更足、幸福感更可持续、安全感更有保障。这也

---

① 鉴于问题的专业性和覆盖面,受访者在回答时可能存在不理解的情况,因而本问卷还设置了"不清楚"选项。对此,问卷分析时只考虑相应题项的有效数据,即剔除选填"不清楚"的样本。

带给人民群众更多的信心和期盼,当问及"您对本地的基本公共服务质量提升有信心吗?"时,55.36%的受访者表示有信心,33.33%的受访者表示不好说。

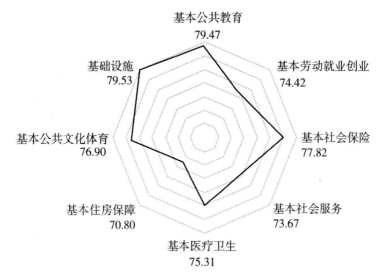

图4-5 河南省基本公共服务满意度雷达图

2.分领域满意度

经测算,河南省各领域基本公共服务的满意度构成如表4-8所示。

在基本公共教育领域,幼儿就近入园情况满意度最高,这是由于近年来河南省连续实施学前教育三年行动计划,扩大城乡普惠性学前教育资源规模,有效解决了入园难、入园贵的问题。但是访谈得知,城市仍存在入公立园难、农村仍存在入园远的问题。中小学教学情况(包括设施、师资等)随着多年持续推进义务教育均等发展得到了较大改善,然而其短板在农村且难以得到根本性解决。高中教育补助有效减轻了家庭经济困难学生的负担,但有受访者表示希望提高补助标准,扩大补助范围,将高中教育纳入义务教育范畴。学校餐饮安全的满意度最低,不少人反映对服务质量与体验不满意。访谈中有学生反映学校饭菜难吃,班上不少学生都不吃,可见各地、各学校仍有待加强中小学食堂管理,高质量办好师生满意的学校食堂,确保全校师生的食品安全和身体健康。

在基本劳动就业创业领域,虽然近些年河南省不断健全基本公共就业创业服务制度,加强就业创业服务和职业培训,维护职工和企业合法权益,构建和谐劳动关系,但是基层普遍存在组织机构不健全、经费投入不足、人员编制偏少、工资待遇较低、业务素质参差不齐以及信息网络功能不强等问题,该领域相比较而言满意度偏低。其中,就业机构的信息发布、查询等服务的满意度相对较高，而政府提供的职业技能培训、劳动关系防范化解的满意度都相对较低，这除了与政府提供的基本公共就业服务不充分、不匹配有关系之外，还与结构性就业矛盾显现、新业态催生就业新问题等外部环境有较大的关联。

在基本社会保险领域，河南省着力建立更加公平、可持续的社会保险制度，促进城乡基本社会保险服务均等化，持续深化医疗保障制度改革，2021年将扩大医院门诊异地就医直接结算范围作为省定民生实事之一，该领域的满意度相对较高，特别是医疗保险报销范围、大病医疗保障水平，但养老金的发放满意度相对偏低，可能与发放方式、发放标准有关。此外，访谈中不少人反映居民基本医疗保险成年居民个人缴费金额连年上涨，越来越贵，身边不少人不想缴费、不缴费。有被访者感叹："这也不能报，那也不能报，我们家没那么多钱。""小病靠扛、大病靠拖，能不去医院就不去了。"有一村干部反映："村里有一多半不缴的，之前还催一催，但确实费用高，现在我们也不催了。"

在基本社会服务领域，对于最低生活保障，各地政府根据城乡差别分别确定、执行不同的最低生活保障标准，并根据经济、社会发展进行适时调整，基本上实现了"应救尽救、应保尽保"，且与过往相比，认定和调整程序趋于规范、公平，居民满意度得分达到了76.04，但政策执行流程规范性要求与困难群体特定需求之间的矛盾客观存在，满意度仍有待提高。对于养老机构、社区养老服务设施配置，满意度偏低，调研村没有养老院或集中供养点，镇区有公办的养老院，符合条件的特困供养老人可以免费到养老院集中供养，其他老人则需要收费，农村老年人绝大多数有抵触心理。对于农村留守儿童关爱保护，河南省成立省级农村留守儿童关爱保护工作协调小组，各级民政部门多措并举落实落细关爱保护措施，重点面向农村留守儿童精心设计关爱项目，该项满意度得分为75.5。

在基本医疗卫生领域，近年来河南省深入贯彻以基层为重点的卫生健康工作方针，着眼于"县强、乡活、村稳"，促进基层医疗卫生服务能力和基本公共卫生服务水平不断提升，加强经办服务下沉工作，乡村居民在家门口就能享受医保经办服务，对于社区卫生服务中心（乡镇卫生院）或村卫生室医疗服务范围，居民满意度分数达到了78.09。新冠疫情发生以来，村、社区作为疫情防控的基础性环节和前沿阵地，承担了原有工作任务外的人员摸排、隔离场所管理、核酸采样、疫苗接种等工作，突发公共卫生事件应对能力得以提升，群众安全感明显提升，满意度分数为77.38。支持中医药传承创新发展，将符合临床必需、安全有效、使用方便、费用适宜等条件的210种中药饮片和1190种院内制剂纳入省药品目录。但是，中医药发展扶持需要财政大力支持，当前仍显不足。

在基本住房保障领域,一方面近年来,河南省不断扩大保障性租赁住房供给,着力解决新市民、青年人等群体住房困难问题,持续实施城市更新计划,统筹推进棚户区和城镇老旧小区改造、农村危房改造,但是与人民群众的需求相比仍显不足;另一方面政策制定不尽完善,政策执行存在一定的偏差,该领域满意度最低。比如,农村危房改造虽然切实解决了五保户、低保户、贫困残疾人家庭和特困户的房屋安全问题,但也存在审核把关不严谨、资金拨付模式单一、资金管理不科学等问题,导致政策很难有效实施。

在基本公共文化体育领域,河南省委、省政府高度重视公共文化体育建设,加大财政支持力度,公共文化基础设施建设不断健全,加快乡村文化合作社建设,公共文化设施实现免费开放,持续开展全民健身设施补短板工程,公共文化活动异彩纷呈,积极传承弘扬传统文化,大力推进河南省公共数字文化服务,完成和国家文化云对接,实现了与省辖市、直管县(市)互联互通。因而,该领域的满意度相对较高。不过,调研中也发现农村基本公共文化服务仍相对较差,文化设施利用率偏低,农闲时大部分人选择看手机、刷抖音,夏天还跳跳广场舞,其他时间都不去。农家书屋大门紧闭现象很常见,文化活动和内容缺乏、单一。

在基础设施领域,通过供水、供电、供气,公园、绿地覆盖情况,公共厕所布局,垃圾收运和处理四个方面进行衡量,满意度最高,反映了我国在基础民生保障、生态环境保护方面的成效。其中,对于垃圾收运和处理的满意度相对不高,主要在于城乡垃圾分类的问题,调研中发现实施程度较低。

表4-8 河南省各领域基本公共服务满意度

基本公共服务领域(平均分)	具体题项	满意度得分
基本公共教育 79.47	中小学教学情况(包括设施、师资等)	80.71
	幼儿就近入园情况	82.43
	高中教育补助	77.70
	学校餐饮安全	77.03
基本劳动就业创业 74.42	就业机构的信息发布、查询等服务	76.26
	政府提供的职业技能培训	73.92
	劳动关系的防范化解	73.09

续表 4-8

基本公共服务 领域(平均分)	具体题项	满意度得分
基本社会保险 77.82	医疗保险报销范围	79.69
	大病医疗保障水平	78.95
	养老金的发放	74.81
基本社会服务 73.67	最低生活保障	76.04
	养老机构、社区养老服务设施配置	69.46
	农村留守儿童关爱保护	75.50
基本医疗卫生 75.31	社区卫生服务中心(乡镇卫生院)或村卫生室医疗服务范围	78.09
	突发公共卫生事件的报告与处理	77.38
	中医药发展扶持	70.45
基本住房保障 70.80	公共租赁住房(公租房等保障性住房)	70.11
	城镇棚户区改造、老旧小区改造	71.00
	农村危房改造	71.30
基本公共 文化体育 76.90	图书馆、文化馆、文化站等设施建设水平	79.30
	公共文化设施免费开放	77.57
	全民健身、体育场地设施建设	75.08
	各类型文体活动开展情况	76.52
	数字文化服务提供情况	76.01
基础设施 79.53	供水、供电、供气	81.39
	公园、绿地覆盖情况	80.26
	公共厕所布局	78.71
	垃圾收运和处理	77.75

4.3.3 评价结果:综合分析

收集河南省基本公共服务供给侧的统计数据并对数据进行无量纲化处理、计算,综合需求侧的满意度数据进行综合测算与评价。结果显示,2021 年河南省 18 个地市基本公共服务质量的得分在 50.89~62.47,与前文中省际评价结果整体相符,这说明河南省基本公共服务质量整体处于中等水平,仍有待提升,具体得分如表 4-9 所示。

表4-9 河南省18个地市基本公共服务质量综合评价

地市	基本公共教育	基本劳动就业创业	基本社会保险	基本社会服务	基本医疗卫生	基本住房保障	基本公共文化体育	基础设施	合计
郑州市	7.10	5.99	9.52	4.30	14.30	5.41	8.36	5.57	60.54
开封市	10.06	5.98	6.51	4.45	7.63	5.19	9.09	11.76	60.67
洛阳市	8.68	4.44	6.85	6.13	10.38	5.30	7.37	6.31	55.45
平顶山市	10.52	7.46	5.90	4.69	6.48	4.96	5.78	8.98	54.77
安阳市	10.71	3.75	6.98	4.07	4.89	4.52	8.61	10.19	53.72
鹤壁市	9.54	5.42	6.56	5.17	6.21	4.75	10.38	12.09	60.12
新乡市	9.92	3.85	6.74	5.05	6.98	4.84	8.57	6.35	52.30
焦作市	8.26	4.72	6.95	8.41	10.31	5.16	8.36	10.31	62.47
濮阳市	12.49	4.83	5.36	4.70	7.70	3.94	9.09	9.55	57.66
许昌市	10.59	5.95	6.39	5.72	4.63	5.44	9.74	10.14	58.59
漯河市	8.72	5.77	6.13	6.29	9.76	5.10	9.23	10.52	61.53
三门峡市	8.70	4.87	6.47	4.85	11.33	4.54	11.28	7.84	59.89
南阳市	14.01	4.38	5.54	3.90	8.60	5.17	5.54	8.42	55.57
商丘市	11.90	4.54	5.50	4.16	4.37	4.62	8.30	7.50	50.89
信阳市	13.15	5.93	6.21	5.26	5.27	4.33	8.80	9.31	58.27
周口市	12.17	4.88	5.61	5.60	4.05	4.73	8.01	9.24	54.27
驻马店市	13.58	4.79	5.14	3.62	6.79	5.03	8.03	12.74	59.73
济源市	6.64	5.49	9.72	5.54	6.48	3.60	12.71	9.59	59.77
均值	10.38	5.17	6.56	5.10	7.55	4.78	8.73	9.24	57.50
标准差	2.09	0.91	1.23	1.07	2.73	0.52	1.63	1.99	3.71
最大值	14.01	7.46	9.72	8.32	14.30	5.44	12.71	12.97	63.68
最小值	6.64	3.75	5.10	3.78	3.83	3.60	5.54	5.57	48.98
中位数	10.29	5.10	6.36	4.88	6.89	4.90	8.59	9.43	58.43

从综合得分来看,得分最高的是焦作市,主要原因在于指标"每千人社区养老床位数(张)"①的贡献度较大。其后依次为漯河市、开封市、郑州市、鹤壁市,得分在 60 以上。得分最低的为商丘市,主要原因在于一方面没有特别优势指标,另一方面"每千名老年人养老床位数""每千人医疗机构床位数""每万人卫生技术人员数"和"人均拥有公共图书馆藏书量"等指标得分均在倒数。一般认为,经济与基本公共服务供给水平之间存在高度耦合关联,但从本次评价结果来看并非绝对如此,除了评价指标选择、评价方法等因素之外,基本公共服务质量与城市规模、人口结构、政府治理理念等也具有直接的关系。比如,郑州市作为省会城市,虽然本次评价得分为 60.54,位列第四,但实际上与其资源禀赋、经济发展等状况并不匹配,也就是说尚未达到与其城市定位相匹配的高度,仍有很大的提升空间。大城市的辖区面积、居住人口要远超一般的城市,面临的基本公共服务问题也更加复杂,需要提供的基本公共服务的种类和数量往往是呈几何倍数增长。也就是说,为 1000 万居民提供公共服务的难度和支出并不仅是 500 万人的 2 倍,而有可能是 4 倍甚至更多②。访谈中,不少人表明对郑州市的基本公共服务不满意,"教育、社保、医疗、社区服务等,与杭州等地差距不是一丁半点儿,真的需要很大提升","现在郑州很多公共服务还停留在形式主义,看着光鲜亮丽,但当你遇到事儿时,服务人员大多是选择性处理"。

从各领域得分来看,基本公共教育领域得分最高,然后依次为基础设施、基本公共文化体育、基本医疗卫生、基本社会保险、基本劳动就业创业,得分较低的为基本住房保障、基本社会服务领域。这与基本公共服务满意度调查结果基本相符,既与我国对不同领域基本公共服务的侧重发展次序相关,也与不同领域基本公共服务本身的发展特性有关。比如基本公共文化服务,虽然"文化权利的内容和价值并没有受到应有的重视,常常被称为人权中的'不发达部分'……在范围、法律内涵和可执行性上最不成熟"③,文化事业在我国一度被认为发展停滞乃至倒退,但自 2005 年党的十六届五中全会第一次正式提出要

---

① 根据《河南省统计年鉴 2022》显示,焦作市社区养老服务机构和设施床位数为 12691 张,按常住人口测算,每千人拥有数为 3.60 张,其他地市的平均值则为 1.08 张。

② 邓剑伟,郭轶伦,李雅欣,等.超大城市公共服务质量评价研究:以北京市为例[J].华东经济管理,2018(8).

③ 雅努兹·西摩尼迪斯.文化权利:一种被忽视的人权[J].国际社会科学杂志(中文版),1999(4).

"加大政府对文化事业的投入,逐步形成覆盖全社会的比较完备的公共文化服务体系"后,公共文化服务相关政策密集出台,建立健全公共文化服务体系成为各届各级政府的关注点,随着财政投入的增加,发展成效突显。2021 年年底,河南省共有国家级公共文化服务体系示范区 4 个、示范项目 8 个,省级示范区 24个、示范项目 24 个,且近些年每年度开展全省现代公共文化服务体系建设绩效考核工作,推动了公共文化服务高质量发展。需要注意的是,得益于基本公共文化服务标准化建设的推进,从供给侧来看确实数据"好看",但是供需不匹配是不容忽视的问题,多位受访干部发出这样的感叹和疑问:"村民们感受到了国家对基层文化建设的重视,农家书屋建得很漂亮,但里面的书是农民需要的吗?农民有积极性去看吗?"对于一些空心化严重的村庄,是否有必要建设标准化的文化中心,成为不少人的疑惑。

从区域发展来看,2021 年河南省 18 个地市基本公共服务供给侧的质量得分在 30.53 ~ 37.48,标准差为 1.98。但加上公民满意度得分,标准差为3.71。地区间差距最小的是基本住房保障领域,可能与所选标准有关。此外,各地区基本住房保障的公民满意度普遍偏低,这与供给不足、供给不透明不公平等有很大关联。差距较大的有基本医疗卫生、基本公共教育、基础设施领域,这些领域还有待进一步提升均等化水平。如焦作市的基本社会服务领域得分最高,主要得益于基本养老服务供给水平相对较好。近年来,焦作市高度重视、积极落实应对人口老龄化国家战略,从机制化、源头化、体系化着手,统筹立法、规划、资金、项目、人才、机构培育和社会资源,通盘谋划,整体推进,先后成功创建国家第五批居家和社区养老服务改革试点等,入选 2023 年国家居家和社区基本养老服务提升行动项目试点城市等,县乡村三级衔接的农村养老服务网络基本形成,居家社区养老服务设施覆盖所有城市社区,较好地满足老年人多样化、个性化养老服务需求。

4.4 评价结论与建议

本章基于以人民为中心的评价理念构建了兼顾技术(供给水平)与功能(公民满意度)两个维度的基本公共服务质量评价指标体系,进而运用改进熵值法对我国 31 个省(区、市)2012—2021 年供给侧的基本公共服务质量技术维度进行综合评价,不仅实现省际的横向比较,而且实现各省对自身基本公共服务质量的纵向比较。结果显示,绝大多数省(区、市)整体或各领域的基本公共服务都得到相对明显的逐年改善,但整体上仍有待进一步提高,同时存在一定的地区差异,东部地区明显优于中、西部地区。然后,基于统计数据和问卷调查数据,利用主客观赋权法设计权重,对 2021 年河南省基本公共服务质量进行全面综合评价,从而尽可能全面而系统地刻画基本公共服务质量。结果显示,河南省 18 个地市基本公共服务质量的综合得分值在 50.89~62.47,处于中等水平,其中满意度得到了中等以上(75.99)的评价,但各领域发展不均衡,基本公共教育领域得分最高,得分较低的为基本住房保障、基本社会服务领域(主要是基本养老服务)。当然,要确定能够全面科学反映基本公共服务质量的指标体系并不是一件容易的事情,一方面基本公共服务领域涉及面极其广而复杂,指标选取具有挑战性,另一方面又与其他体系甚至经济环境之间存在错综复杂的关系,面临其他改革的制约和影响,这必然会带来"功劳到底属于谁"的问题。近年来,我国基本公共服务质量取得的巨大进展是不能否认的,但是总值仍普遍偏低、省际差距显著等问题的存在传达出一个有力信息:改革仍需深化,还必须采取新措施来推动基本公共服务高质量发展。

根据理论分析,基本公共服务高质量发展有赖于标准化、均等化、可及性和治理现代化的四位一体式推进。在问及"您认为哪些因素主要影响您对基本公共服务的评价"时,64.1% 的受访者表示"服务数量充足",52.7% 表示"城乡之间、人群之间服务大致公平",78.4% 表示"服务获取便利、可及",73.5% 表示"服务信息透明,能获取、能参与",这大体上也显示了从数量转向质量、从管理转向治理的趋势,彰显出我国基本公共服务标准化、均等化取得成绩的同时,突出表明人民群众对基本公共服务可及性、治理现代化的追求。对此,新时代推动基本公共服务高质量发展,应当坚持以人民为中心,紧紧抓住人民群众最关心最直接最现实的利益问题,处理好局部和全局、当前和长远、重点和非重点的关系,着重解决人民群众急难愁盼的现实问题,持续推进基本公共服务标准化、均等化,增强基本公共服务可及性,加快推进治理现代化,兼顾量的积累和质的保证,补齐关键核心领域的短板和不足,更好地满足人民群众多样化、多方面、多层次需求,进而实现质的有效提升和量的合理增长,使人民群众的获得感、幸福感、安全感更加充实、更有保障、更可持续。

第5章 | 基本公共服务标准化实践现状与发展策略

"标准决定质量,有什么样的标准就有什么样的质量,只有高标准才有高质量。"标准就是一把尺子,标准化是实现基本公共服务可及性和均等化的技术基础和现实路径,也是提高基本公共服务质量水平的重要抓手。基本公共服务标准化有利于强化公共资源配置,促进基本公共服务公平、稳定、高效供给,更好地实现区域间、城乡间及人群间基本公共服务的大致均等、便捷可及。近年来,我国基本公共服务的快速发展在某种程度上正是得益于标准化的实践,从教育、医疗卫生、文化等不同领域的基本公共服务标准制定,到2021年国家发展改革委联合20个部门印发《国家基本公共服务标准(2021年)》,再到2023年进行的动态调整,我国基本公共服务标准化为高质量发展提供了基本前提。本章在对基本公共服务标准化进行理论阐释的基础上,结合典型案例探讨基本公共服务标准化的实践现状,进而提出针对性的发展策略。

5.1 标准化:基本公共服务高质量发展的基本前提

标准是可量化、可监督、可比较的规范,是配置资源、提高效率、推进治理现代化的工具,是衡量工作质量、发展水平和竞争力的尺度,是一种具有基础性、通用性的语言。"标准"概念起源于工业管理,随后被推广至政府管理、社会治理领域。特别是新公共管理理论强调将企业生产管理的科学方法引入公共服务领域,其中重要的一点就是通过公共服务的标准化提升公共服务的品质,极大地促进了政府公共服务标准化的发展。根据 GB/T 20000.1—2002《标准化工作指南 第1部分:标准化和相关活动的通用词汇》,对标准化的定义是:为了在一定范围内获得最佳秩序,对现实问题或潜在问题制定共同使用和重复使用的条款的活动。作为公共服务理论和标准化理论相结合的产物,公共服务标准化是对基本公共服务的不同维度给出一个量纲值,更重要的是在于其动态的提供机制和实现机制,它用技术手段传达了公平性、公益性等价值属性,从而成为国家治理的重要实践手段。在这一理念引导下,西方政府逐步在公共服务中引入全面质量管理、标杆管理、平衡计分卡等定量化管理方法,积极探索公共服务标准化的可行路径。如英国于 1991 年和 1994 年分别颁布的《公民宪章》和《新公民宪章》、美国于 1994 年出版的《顾客至上:服务美国民众的标准》、1998 年瑞典议会批准的《公民服务法》、德国的标杆管理、日本的全面质量管理,等等。

基本公共服务标准化是指政府为满足公民基本公共需求、取得最佳秩序与社会效益,在公共服务实践中对于重复性的行为、技术和产品通过制定、颁布、实施标准,达到统一的活动过程①。首先,基本公共服务标准化是一个体系,既包括服务种类、场地设施、服务半径要求等服务内容标准化,也包括提供服务方法、步骤、操作规范等管理流程标准化,既包括中央与地方支出责任及方式标准化,也包括本级政府财政保障标准化。其次,基本公共服务标准化是一个动态机制,标准体系是趋于稳定的,但又必须根据复杂多变的实践环境进行阶段性调节,因而呈现出制定标准、执行标准、评估标准、提升标准往复循环、螺旋式上升的状态。标准化尽可能具有一定的弹性,与经济社会发展水平相适应,达到公共资源充分利用的最佳程度。在基本公共服务领域运用标准化的原则和方法,能够使服务供给过程程序化、手段规范化、目标指标化,进而确保公民获得优质的服务体验。可见,基本公共服务标准化是推进基本公共服务高质量发展的重要手段和必要条件,是促进基本公共服务公共价值最大化实现的技术保证,是公共资源优化配置和提升使用效益的有效途径。具体而言,有助于促进基本公共服务均等化、提高基本公共服务供给效率、推动国家治理现代化。

首先,基本公共服务标准化有助于促进基本公共服务均等化。基本公共服务具有公共性、公益性的基本特征,涉及公平、正义的社会价值,标准化作为前提性的技术价值,必须围绕社会价值实现。标准化以技术理性的形式传达基本公共服务的公益性、公平性价值,为基本公共服务供给明确价值指引,规定目标指南和行为规范。由于我国地区之间经济发展阶段存在差异,有些基本公共服务项目保障标准的名称和内涵不尽统一,地区间实际保障水平差异较大,基本

---

① 张启春,山雪艳.基本公共服务标准化、均等化的内在逻辑及其实现:以基本公共文化服务为例[J].求索,2018(1).

公共服务均等化不仅成为一个突出的经济问题,也是一个社会问题,更是一个政治问题。标准化作为政府规制的一种政策形式,为基本公共服务供给传递一定的政治化功能,即以人为目标,力图克服地域之间的差别,可以通过制定共通的、广泛的、相对统一的标准的形式,从量纲上保证其全面性和可及性,特别是欠发达地区、偏远地区及人群,实现全体公民无论身处何地都能公平可及地获得大致均等的基本公共服务,切实体现以人民为中心的发展思想。可以说,标准化建设、标准体系的编制、实施和绩效考核是贯彻均等化理念和原则、实现各阶段具体均等化目标的直接有效手段。需要注意的是,基本公共服务的标准化建设不会影响到服务本身的多样化。因为标准化建设的核心是全国基本(最低)标准的确定,是为基本公共服务规定"必选动作",只要在服务标准化建设中坚持供需对接,着眼于保障公民基本权益,充分考虑公民需求,基本公共服务本身完全可以在标准化框架下实现产品和服务供给自身的多样化。

其次,基本公共服务标准化有助于提高基本公共服务供给效率。基本公共服务所面临的对象是公共群体,其需求具有共同性、普遍性和广泛性,服务供给内容本身就是一个相对固定的服务范围,其服务水平的层次也是相对统一的,服务、产品的供给流程具有重复应用性,符合标准化的本质要求。作为一种政府工具,基本公共服务标准化通过计划理性和组织理性的结合,统一和协调组织间复杂的分工运作,实现基本公共服务供给的有序性、规律性。一方面,针对公共医疗卫生、公共文化服务等重点领域制定并实施一定时期内较为稳定、一致、普遍适用的标准和规范,运用标杆管理、全面质量管理等标准化方法明确各领域公共服务供给的质量标准和评价体系,划分各部门对相关服务供给的管理责任和财政事权与支出责任,实现基本公共服务供给在顶层设计的统一标准①,确保基本公共服务的有效供给。另一方面,地方结合各地区的地域特点、城镇化程度、公共服务资源、居民群体特点等实际情况制定相对差别化的标准,明确各地区各部门服务供给的具体程序,保证地方政府可以按照中央政府所制定的国家标准和地方标准相结合实施,更突出基本公共服务供给的针对性和精细度,最大限度提高基本公共服务的供给效率。从政府监管的视野来看,标准化是一种干预强度相对较弱的、覆盖全部流程和环节的政府监管工具,最大程度上确保基本公共服务得以有效供给。

---

① 刘银喜,赵子昕,赵淼.标准化、均等化、精细化:公共服务整体性模式及运行机理[J].中国行政管理,2019(8).

最后,基本公共服务标准化有助于推动国家治理现代化。标准是经济活动和社会发展的技术支撑,标准化在推进国家治理现代化中发挥着基础性、引领性作用。基本公共服务标准化是国家向人民群众做出的庄严承诺,是健全完善国家基本公共服务体系的基础性工作,有利于实现基本公共服务体系建设的最佳秩序,有利于推动统筹城乡的民生保障制度更加成熟定型,进而推动国家治理现代化。具体而言,基本公共服务虽然具有一定的共性,但是由于地区之间在政治、经济、社会之间的差异性,这就要求其提供的方式需要具体对待,具备与具体情境的内生性。标准化的内生性在于其标准的制定过程,即一个归纳化、客观化的过程。一旦将基本公共服务的提供方式和目标进行切合实际的理论化、客观化,抽象到标准层次,标准将获得内生性的制度化价值。这无疑将从规范上保障并提升基本公共服务的全面性和可持续性[1],把有限的财力用到人民群众最关心的领域、人民生活最关键的环节,增强人民群众的获得感、幸福感和安全感。

5.2 我国基本公共服务标准化的实践现状

5.2.1 国家层面

1. 基本公共服务标准化的整体进展

1978 年,我国恢复国际标准化组织(ISO)成员身份,标准化事业从开放发展步入全面提升阶段。1988 年,颁布《中华人民共和国标准化法》,并于 2017 年得以修订,2001 年成立国家标准化管理委员会,发展至今我国标准数量和质量大幅提升,标准体系日益完善,对于提升产品和服务质量、提高经济社会发展水平意义重大。公共服务标准化是伴随着我国标准化建设、服务型政府建设和规范化建设等改革进程发展的,严格意义上而言,始于 2010 年 10 月国家标准委发布《公共服务标准化指南》(征求意见稿),内容包括公共服务标准化的范围、类型、制定、实施以及评价和改进等。这份文献可以看成是在国家层面为构建

---

① 郁建兴,秦上人.论基本公共服务的标准化[J].中国行政管理,2015(4).

公共服务标准化整体性的通用框架做热身准备①。随后,我国国家层面紧锣密鼓地推出基本公共服务相关政策。2011 年 12 月,国家标准委发布《标准化事业发展"十二五"规划》,将社会管理和公共服务标准化作为一项重要内容。2012 年 7 月,国务院印发《国家基本公共服务体系"十二五"规划》,首次明确"十二五"时期我国公民有权享受政府提供的八大领域基本公共服务 44 类 80 个基本公共服务项目、服务对象、保障标准、支出责任、覆盖水平等国家基本标准,同时要求建立健全 9 个领域的国家标准体系,要求各省级人民政府以国家基本标准为依据制定本地基本公共服务标准体系。同年 8 月,国家标准委会同国家发展改革委、教育部、科技部等 27 个部门联合发布了《社会管理和公共服务标准化工作"十二五"行动纲要》,密切配合《国家基本公共服务体系"十二五"规划》目标,充分吸纳了各行业、各部门的标准化需求,强调要大力开展基础通用、公共教育、公共就业服务、社会保险、基本社会服务、公共医疗卫生、人口和计划生育、公共基础设施管理与服务、公共文化体育、公共交通、司法行政与服务、公共安全、生态保护和环境治理、社会组织管理、社会公益科技服务等领域的公共服务标准化研究,有针对性地提出了在社会管理和公共服务领域标准化工作的指导思想、工作目标、重点任务和保障措施。2013 年 4 月,正式确立由 27 个部门组成的社会管理和公共服务标准化联席会议制度。7 月印发《社会管理和公共服务综合标准化试点细则(试行)》,指出试点采用综合标准化方法,以制定标准、组织实施标准、对标准实施进行监督为主要内容,旨在实现管理规范、服务质量良好、公众满意度高,从而提高社会管理科学化水平、推动基本公共服务均等化、加强保障和改善民生。2015 年年底,国务院办公厅印发的《国家标准化体系建设发展规划(2016—2020 年)》中,明确了公共教育、劳动就业和社会保险、基本医疗卫生、基本社会服务等社会领域标准化重点、文化领域标准化重点、政府管理领域标准化重点,并将"基本公共服务标准化工程"列为十大重大工程之一。2018 年国家标准委会同 26 部委共同印发《社会管理和公共服务标准化发展规划(2017—2020 年)》,2021 年中共中央、国务院印发《国家标准化发展纲要》,2022 年国家标准委等 10 部门印发《"十四五"推动高质量发展的国家标准体系建设规划》,等等,有力地推进我国公共服务标准化改革的顶层战略设计。

① 卓越,张世阳,兰丽娟.公共服务标准化顶层设计的战略思考[J].中国行政管理,2014(2).

　　具体到基本公共服务标准化的完整制度体系构建,则当属 2017 年国务院印发的《"十三五"推进基本公共服务均等化规划》,对公共教育、劳动就业创业、社会保险、医疗卫生、社会服务、住房保障等 8 个领域列出了 81 个基本公共服务清单,明确了各级政府应当提供的国家基本公共服务项目和保障标准,指出 2020 年标准体系全面建立。2018 年年底,中共中央办公厅、国务院办公厅印发《关于建立健全基本公共服务标准体系的指导意见》,指出要求从国家、行业、地方、基层 4 个层面构建基本公共服务标准体系,并要求到 2025 年全面建立基本公共服务标准体系。2019 年,市场监管总局联合国家发展改革委、财政部启动国家基本公共服务标准化试点建设,下达第一批 51 个基本公共服务标准化试点项目,为建设基本公共服务标准体系探索经验。2021 年,国家发展改革委等 20 个部门联合印发《"十四五"公共服务规划》强调健全完善基本公共服务标准体系,开展重点领域基本公共服务标准化工程,推动基本公共服务标准动态调整常态化、制度化。2021 年,国家首次出台基本公共服务标准,明确了幼有所育、学有所教、劳有所得、病有所医、老有所养、住有所居、弱有所扶、优军服务保障、文体服务保障 9 个领域 22 大类 80 个基本公共服务项目的对象、内容、标准、支出责任和牵头负责单位,坚决兜住兜牢基本民生底线,成为政府履行公共服务职责和人民享有相应权利的重要依据。2023 年,国家发展改革委会同有关部门,及时对标对表国家新决策新部署,对国家基本公共服务标准进行动态调整,形成了新版国家基本公共服务标准。对于政府而言,国家基本公共服务标准界定了政府民生兜底保障的范围和程度,是政府向人民群众做出的、必须予以兑现的"硬承诺",是各级政府必须履行的"责任状";对于群众而言,国家基本公共服务标准明确了人民群众可以依法享有的基本公共服务事项,是一份服务事项清晰、服务标准明确的"福利单",更是一份保障自身权益的"明白卡"[①]。

　　表 5-1 为《国家基本公共服务标准(2021 年版)》(以下简称《国家标准 2021》)与《国家基本公共服务标准(2023 年版)》(以下简称《国家标准 2023》)内容的对比情况。

---

　　①　国家发展改革委负责同志就《国家基本公共服务标准(2023 年版)》答记者问[EB/OL]. https://www.ndrc.gov.cn/xxgk/jd/jd/202308/t20230810_1359272.html

表 5-1　国家基本公共服务标准 2021 年版和 2023 年版的主要对比①

	涉及领域	《国家标准 2021》	《国家标准 2023》
幼有所育	孕产妇健康服务的服务内容	免费为孕产妇规范提供 1 次孕早期健康检查、1 次产后访视和健康指导等服务	免费为孕产妇规范提供 1 次孕早期健康检查、2 次孕中期健康检查、2 次孕晚期健康检查、1 次产后访视和健康指导、1 次产后 42 天健康检查等服务
	增补叶酸预防神经管缺陷服务	—	新增项目
学有所教	义务教育阶段免除学杂费的服务标准	义务教育阶段生均公用经费基准定额为小学 650 元,初中 850 元;寄宿制学校公用经费按寄宿生数年生均增加 200 元	义务教育阶段生均公用经费基准定额为小学 720 元,初中 940 元;寄宿制学校公用经费按寄宿生数年生均增加 300 元
	农村义务教育学生营养膳食补助的服务标准	国家基础标准为每生每天 4 元	国家基础标准为每生每天 5 元
病有所医	计划生育家庭特别扶助的服务标准	独生子女死亡家庭夫妇每人每月发放 450 元;独生子女伤残家庭夫妻每人每月发放 350 元;一级、二级、三级计划生育手术并发症人员每人每月分别发放 400 元、300 元、200 元	独生子女死亡家庭夫妇每人每月发放 590 元;独生子女伤残家庭夫妻每人每月发放 460 元;一级、二级、三级计划生育手术并发症人员每人每月分别发放 520 元、390 元、260 元

---

① 相比于《国家标准 2021》,《国家标准 2023》除该表所示外,还涉及对孕产妇健康服务、生育保险等 41 项服务的服务内容、标准和支出责任的规范完善,国家疾控局等新机构设立和职能划转的影响导致的预防接种、健康教育与健康素养促进等 10 个项目的牵头负责单位的调整。

续表 5-1

涉及领域		《国家标准 2021》	《国家标准 2023》
住有所居	农村危房改造的服务对象	居住在危房中的农村易返贫致贫户、农村低保户、农村分散供养特困人员、因病因灾因意外事故等刚性支出较大或收入大幅缩减导致基本生活出现严重困难家庭以及其他符合条件的农村低收入群体	居住在危房中的农村易返贫致贫户、农村低保户、农村分散供养特困人员、因病因灾因意外事故等刚性支出较大或收入大幅缩减导致基本生活出现严重困难家庭,农村低保边缘家庭和未享受过农村住房保障政策支持且依靠自身力量无法解决住房安全问题的其他脱贫户
优军服务保障	特殊群体集中供养的服务对象	老年、残疾或者未满 16 周岁的烈士遗属、因公牺牲军人遗属、病故军人遗属和进入老年的残疾军人、复员军人、退伍军人,无法定赡养人、扶养人、抚养人或者法定赡养人、扶养人、抚养人无赡养、扶养、抚养能力且享受国家定期抚恤补助待遇的	老年、残疾或者未满 16 周岁的烈士遗属、因公牺牲军人遗属、病故军人遗属和进入老年的残疾军人、复员军人、退伍军人,无法定赡养人、扶养人、抚养人或者法定赡养人、扶养人、抚养人无赡养、扶养、抚养能力且享受国家定期抚恤补助待遇的,退出现役的一级至四级残疾军人需要长年医疗或者独身一人不便分散安置的

总体而言,近年来我国加快推进基本公共服务标准化,随着国家基本公共服务标准的制定与动态调整,31 个省(区、市)均对标对表国家标准和本地区的实际需要制定出台了本地区基本公共服务实施标准,各部门对照国家基本公共服务标准进一步细化完善现有标准规范并制定了一批急需短缺的行业标准,目前涵盖国家、行业、地方和基层服务机构的基本公共服务标准制度框架已基本搭建完成,各领域各类标准化试点示范项目的开展积累了一批可复制可推广的经验做法,有效促进了基本公共服务均等化、普惠化、便捷化,为保障和改善民生水平发挥了积极作用。

2.基本公共服务标准化的分领域实践

当前,我国面向公共教育、公共就业创业、基本社会保险、医疗卫生、公共文化体育、残疾人服务等基本公共服务领域,组织制定基本公共服务具体业务标准,标准数量持续增加,标准体系初步形成,标准管理体制逐步完善,为基本公共服务高质量发展提供了重要支撑。

(1)基本公共教育标准化。早在 1996 年,国家就启动义务教育学校标准化建设工程,制定了《农村普通中小学建设标准(试行)》。2010 年发布的《国家中长期教育改革和发展规划纲要(2010—2020 年)》指出,"推进义务教育学校标准化建设",2012 年《国务院关于深入推进义务教育均衡发展的意见》进一步提出,要"遵循教育规律和人才成长规律,积极推进义务教育学校标准化建设。"2014 年教育部印发《义务教育学校管理标准(试行)》,从学生与教师发展、现代学校制度等 6 个方面提出 92 条要求,并在全国选取了 8 个实验区进行学校管理标准的系统推进。2017 年对试行的管理标准作了进一步修改完善,正式印发并在各省(区、市)全面实施。2023 年《关于构建优质均衡的基本公共教育服务体系的意见》强调,加强基本公共教育服务标准化建设,明确其基础性标准是前提,坚持问题导向,确定科学合理的关键标准,协调多方资源达成教育标准,建立健全基本公共教育服务标准化制度设计规范。此外,制定了《学校安全与健康设计通用规范》《义务教育学校音乐教室建设与装备规范》等多项国家标准、行业标准。

(2)人力资源和社会保障服务标准化。2007 年国家标准委批准设立全国社会保险标准委员会。2012 年编制印发《人力资源和社会保障标准化规划(2011—2015 年)》明确到 2015 年底,制(修)订一批重要标准。制(修)订 146 项国家标准和行业标准,标准覆盖所有重点领域,与人力资源和社会保障法律、法规、制度体系相辅相成的标准体系初步建立。2021 年,人力资源和社会保障部开展人力资源和社会保障领域基本公共服务标准化试点工作,重点围绕《国家基本公共服务标准(2021 年版)》确定的人社领域 18 个基本公共服务项目以及人社系统基本公共服务事项清单,开展国家和部颁标准规范的落地实施,细化完善服务标准。截至目前,制定了《社会保险服务 总则》《社会保险经办业务流程 总则》《职工基本养老保险个人账户管理规范》《公共就业服务 总则》《就业援助服务规范》《职业介绍服务规范》《公共创业服务规范》等多项社会保险、公共就业服务国家标准。

(3)基本医疗卫生服务标准化。近年来我国卫生健康标准化工作快速发展,标准体系初步形成。2019 年,国家卫生健康委成立第八届国家卫生健康标准委员会,下设卫生健康信息、医疗卫生建设装备等 21 个标准专业委员会,先后印发《国家卫生健康标准委员会章程》《卫生健康标准管理办法》等标准管理制度。"十三五"时期,国家卫生健康委共发布卫生健康标准 597 项,广泛应用于监督执法、业务指导、技术服务、安全保障各方面,同时启动强制性标准及重要推荐性标准的实施评估工作。2023 年,国家卫生健康委编制出台了《"十四五"卫生健康标准化工作规划》,明确到 2025 年,基本建成有力支撑健康中国建设、具有中国特色的卫生健康标准体系。

（4）基本公共文化体育标准化。2007 年,文化部印发了《文化标准化中长期发展规划（2007—2020）》明确目标：2010 年以前,初步建立起文化领域标准体系,2020 年以前,建立起较为完善的标准体系。2011 年,文化部、财政部共同开展了"国家公共文化服务体系示范区（项目）创建工作",《创建标准》针对东、中、西部分别在公共文化网络设施、公共文化服务供给、公共文化服务组织支撑、资金、人才和技术保障以及评估等方面做了全面的规定,通过示范区创建,公共文化服务体系建设逐步走向制度化,进而走向标准化建设。2013 年,党的十八届三中全会明确提出要"构建现代公共文化服务体系,实现基本公共文化服务的标准化、均等化"。2014 年,文化部开展关于公共文化服务标准化等试点工作,以加快构建现代公共文化服务体系。2015 年,中共中央办公厅、国务院办公厅印发了《国家基本公共文化服务指导标准（2015—2020 年）》。2017 年 3 月 1 日起实施的《中华人民共和国公共文化服务保障法》第五条和第二十八条以法律形式确立了基本公共文化服务标准制度。2022 年 1 月,国家体育总局等 5 部门印发了《全民健身基本公共服务标准（2021 年版）》,从"公共体育设施开放""全民健身服务"两个方面划定了服务范围及底线,提出公共体育设施开放时间、收费标准、社会体育指导员配备、群众健身活动或比赛等九条具体内容。同年 12 月,国家体育总局印发《公共体育场馆基本公共服务规范》,对公共体育场馆基础设施、基本管理、基本服务、满意度等方面提出了 10 方面指标、37 项标准。目前,已制定出台了《公共图书馆统一服务业务统计数据规范》《乡镇综合文化站服务标准》《体育场馆智慧化标准体系建设指南》《数字文化馆资源和技术基本要求》等多项国家标准、行业标准。

（5）残疾人服务标准化。2011 年制定发布《残疾人残疾分类和分级》国家标准,为科学服务残疾人、准确实施残疾人福利救助政策提供支持,制定发布《精神卫生社会福利机构基本规范》《精神障碍社区康复服务工作规范》等国家和行业标准,规范促进精神卫生福利事业发展。目前,167 项服务和产品国家标准,涵盖残疾人康复服务、残疾人文化体育、盲文与盲人服务、无障碍建设等领域[①]。

5.2.2 地方层面

1.政策制定

2021年,《国家基本公共服务标准(2021年版)》印发之后,各地结合实际,本着"尽力而为、量力而行,兜住底线、保障基本"的原则,同时考虑自身财政保障能力,制定了本地区基本公共服务具体实施标准,大体上根据国家标准的"七有"和优军、文体服务"两保障"9大领域展开,对于已有国家统一标准的基本公共服务项目,均按照不低于国家标准执行,对于暂无国家统一标准的服务项目,各地按照国家有关要求和本地区实际情况明确相关标准,纳入本地区具体实施标准,从而加快补齐基本公共服务短板,不断提高基本公共服务的可及性和便利性,织密扎牢民生保障网。比如,北京市坚持尽力而为、量力而行,首善标准、结合实际,落实落细、注重实效的原则编制出台《北京市基本公共服务实施标准(2021年版)》,涵盖"七有"和优军、文体服务"两保障"9大领域、22个方面,共计89项服务,重点突出保基本、兜底线、优服务;《河南省基本公共服务实施标准(2021年版)》从幼、学、劳、病、老、弱、军、文、体九大板块制定实施标准,共涵盖了22个方面82项服务项目;《四川省基本公共服务标准(2021年版)》涵盖"七有"和优军、文体服务"两保障"9大领域、22个方面,共计83项服务,在国家标准80个服务项目的基础上,增加了义务教育免费提供作业本、民族自治地区普通高中免费提供教科书、计划生育特殊家庭住院护理保险补贴3个服务项目;2021年,天津除制定公布了《天津市基本公共服务实施标准(2021年版)》,还制定了《天津市基本公共服务标准体系建设"十四五"规划》,明确坚持以人民为中心、新发展理念、问题导向、体现天津特色,规定了"十四五"时期基本公共服务标准体系建设的总体要求和主要目标、重点任务、保障工程。《国家基本公共服务标准(2023年版)》印发之后,要求各地对照该标准,结合本地实际,抓紧调整本地区基本公共服务实施标准,确保不低于国家标准。

再以上海市为例,2016年年底,上海市政府印发《上海市基本公共服务体系"十三五"规划》,明确建立健全"3+5"的基本公共服务管理制度。其中,"基本

---

① 皮磊.民政部:推动残疾人事业标准化工作不断迈上新台阶[N].公益时报,2022-03-01(004).

公共服务项目清单制度"是三项基础制度之一。2017 年,正式发布《上海市基本公共服务项目清单》(以下简称《清单》),并在全国率先建立清单动态调整机制,每年对《清单》进行调整更新。2021 年,《上海市基本公共服务"十四五"规划》出台,明确提出持续完善基本公共服务项目清单制度。同年,根据国家标准,结合上海实际,发布《上海市基本公共服务实施标准(2021 年版)》,2022 年又更新形成了 2022 年版,基本公共服务标准化建设成效突显。主要做法体现在:一是建立工作机制,统筹制定清单。依托多轮基本公共服务五年规划的实施,上海建立了市发改委、市财政局牵头,各部门共同参与的基本公共服务统筹推进工作机制,《清单》的制定和更新便是重要内容。二是强化制度建设,动态调整清单。专门制定《上海市基本公共服务项目清单管理办法》,对服务项目的提出、评估、决策、调整,对项目要素的动态调整、信息备案等程序,提出了全流程的管理要求。还建立了基本公共服务项目联络员制度,每个项目主管部门确定一名联络员,具体负责《清单》动态调整相关工作。三是匹配支出责任,夯实财政保障。上海市根据国家统一部署,制定《基本公共服务领域市与区财政事权和支出责任划分改革方案》,明确了每个服务项目的市与区财政事权划分,规范了市与区的支出责任及分担方式。同时,以清单动态调整机制为手段,逐步提高基本公共服务项目支出标准和保障水平。

此外,部分地方政府行业主管部门组织编制了本行业基本公共服务实施标准,发布了服务事项清单或指南,如湖北省相继制定的《湖北省基本公共文化服务实施标准(2015—2020 年)》《湖北省基本公共文化服务实施标准(2021 年版)》;河北省制定的《河北省村卫生室公共医疗服务规范》《河北省社区卫生服务站公共医疗服务规范》;上海市形成的《上海市基本养老服务清单(2023 年版)》。山东省、福建省、山西省等制定并发布了《县乡基本公共服务标准体系建设指南》《基本公共服务标准体系总体框架》等地方标准以完善顶层架构。

2. 政策试点

基于我国国情,政策试点这一工具被频繁运用,基本公共服务领域亦然。政策试点行为既包括自上而下的任务压力,也包含自下而上的改革动力,其中蕴含着央地政府间的博弈与试点方因地制宜、因时而异的具体探索[1],从小范围内的优先试验到由此产生经验而形成的政策及推广,有效地发挥了其对治理的

---

[1]　贺芒,闫博文.政策试点推动国家治理现代化:何以可能与何以可为:基于"试点—推广"的方法论视角[J].求实,2023(2).

推动作用。2014年,文化部开展了国家公共文化服务标准化试点工作,确定内蒙古自治区鄂尔多斯市等10个地区为国家公共文化服务标准化试点地区。2019年,国家市场监管总局联合国家发展改革委、财政部共同组织51个地区开展国家基本公共服务标准化试点项目,包含11个综合试点、37个专项试点和1个区域协调联动试点"通武廊医疗卫生协调联动基本公共服务标准化试点",涉及公共教育、劳动就业创业、社会保险、医疗卫生、社会服务、住房保障、公共文化体育、优抚安置、残疾人服务9个领域。试点市、县按照政策要求,结合国家基本公共服务清单以及相关行业标准规范,梳理本地区基本公共服务事项,编制基本公共服务标准规范,建立基本公共服务标准实施监测、动态调整等长效机制。2021年,人力资源和社会保障部启动人社领域基本公共服务标准化试点工作,在吉林、浙江、湖北、海南、重庆、四川、云南7个省(市)先行开展,试点实施周期为一年。2022年,国家广电总局印发了《关于开展广播电视基本公共服务县级标准化试点建设工作的通知》,要求学习借鉴前期国家广播电视总局在5省12个县(市)开展基本公共服务标准化试点的经验做法,全面部署推进基本公共服务县级标准化试点建设,试点实施周期为一年,2023年批复86个市、县作为第二批广播电视基本公共服务县级标准化试点地区。通过开展基本公共服务标准化试点建设,试点地区在基本公共服务标准制定、实施、应用以及标准水平城乡均衡、动态调整、监测评估等方面,形成了可复制、可推广的经验做法,通过充分发挥试点地区的示范带动作用,有效提升了基本公共服务能力和水平,增强人民群众的获得感、幸福感和安全感。

(1)关于综合试点。国家基本公共服务标准化综合试点项目涵盖了东中西11个地区,其具体情况和主要做法如表5-2所示。

表5-2　国家基本公共服务标准化综合试点项目实施情况

试点项目名称	典型做法
泰州市基本公共服务标准化综合试点	出台《泰州市标准化条例》,编制《泰州市基本公共服务事项实施标准》,围绕"10有4保障",创新构建"儿童—少年—青中年—老年"全链条、全生命周期的基本公共服务标准体系,涵盖国家、行业标准112项、省地方标准50项、市地方标准48项、部门自编标准90项,形成了特色鲜明、成效突出的"泰州模式""泰州经验"

续表 5-2

试点项目名称	典型做法
海盐县基本公共服务标准化综合试点	搭建起"一张清单+一系列标准+一套评价指标"的基本公共服务标准体系,推动基本公共服务"软要求"转向可量化可测算的"硬指标"。其中,"一套评价体系",是指在全国率先编制了县域标准《县域基本公共服务均等化实现度评价指标体系》
日照市东港区基本公共服务标准化综合试点	围绕幼有所育等服务项目明确具体标准建设任务,形成覆盖 9 个领域 85 个服务项目的东港区基本公共服务标准体系,在全区营造更加浓厚的全域标准化建设工作氛围
青岛市城阳区基本公共服务标准化综合试点	搭建以"通用基础标准体系""基准指标标准体系"和"实施提供标准体系""绩效评价标准体系""管理运营标准体系"为支撑的"2+3"基本公共服务标准体系。着力打造"阳光普惠"品牌,在全省率先开发建成城阳智慧标准平台
长岛综合试验区基本公共服务标准化综合试点	紧扣海洋生态文明综合试验区建设主题,实施全域标准化应用"亮标惠民"工程、标准文化品牌传播工程等"五项工程",打造"六个第一"着力推动长岛标准化工作先行先试、创新发展
许昌市基本公共服务标准化综合试点	把标准化建设作为"一把手"工程,建立了全国首套"城市治理标准体系",因地制宜制定"15 分钟休闲健身圈""15 分钟智慧阅读圈"等 10 个城市国家基本公共服务地方标准,构建起城市基本公共服务"15 分钟标准体系",对应选取 9 类基本公共服务场所建设独具许昌特色的基本公共服务标准化体验场景
常德市基本公共服务标准化综合试点	按照"横向全覆盖、纵向全融合、环节全链接"要求及"一事一标准"原则,搭建常德市基本公共服务标准体系,面向基层基本公共服务机构开展培训,打造"现场样板"
深圳福田区基本公共服务标准化综合试点	形成幼有善育、学有优教、劳有厚得、病有良医、老有颐养、住有宜居、弱有众扶、优军服务保障、文化体育保障九大标准化服务,开创独具特色的"福田基本公共服务"LOGO 标识。打造基本公共服务数据库,依托"i 福田"打造移动端,汇集并打通"社康通""文体通"等九大领域应用小程序,实现公共服务一键查询、一网办理
广东越秀区基本公共服务标准化综合试点	成立工作专班,建立"创建办+试点单位+技术机构"三方协调机制,构建出涵盖 140 个基本公共服务事项、351 项服务标准的特色标准体系框架

续表 5-2

试点项目名称	典型做法
成都高新区基本公共服务标准化综合试点	聚焦需求，划定"11415"技术路线，实施基本公共服务"九心"工程，从设施建设、设备配置、人员配备、服务管理等方面建立标准体系，着力构建基本公共服务信息平台和数据库
海晏县基本公共服务标准化综合试点	创新"民生九有"，并列入基本公共服务标准化清单，梳理 85 项基本公共服务事项，建立健全标准体系，开发服务标准信息平台

（2）关于分领域试点。国家基本公共服务标准化专项试点重点围绕"七有"和优军、文体服务"两保障"领域开展，专项试点数量分别为 10、10、7、8、1、3、3、8、1 项。除此之外，不少地区在教育、文化、养老、人社等领域积极探索推进基本公共服务标准化建设。

其一，幼有所育领域。2022 年，上海出台《关于加强本市社区托育服务的指导意见》，提出推进嵌入式、标准化的社区托育点"宝宝屋"建设，为 1～3 岁的幼儿家庭提供便捷的临时托、计时托服务，每年为每位孩子提供 12 次免费服务，之后可以按公益价格继续享受服务；2022 年，成都印发《关于试点建设"蓉易托"社区智慧托育中心的实施意见》，建立涵盖土地、财税、人才等托育服务政策支持体系，如对示范性托育机构一次性奖补 20 万元，普惠托育机构每个托位每年补贴 3600 元等；深圳在社区全龄服务中心开展试点，聚焦区域群众民生服务需求，提供在家门口的平价幼儿托育；重庆市创建婴幼儿托育服务标准化试点项目，开发了"慧带娃"在线托育管理 App，与托育服务管理全过程融合，创新实施了"1+N"智慧托育数字信息化管理。

其二，学有所教领域。北京和上海依托雄厚的经济实力与行政统筹能力走在城市学校标准化建设的前列，从 20 世纪末开始制定中小学办学标准并不断修订；2015 年江苏省政府办公厅印发《江苏省义务教育学校办学标准（试行）》，制定了 17 张图表和近 70 条标准，被认为在国内率先建立了全面完整、成体系的义务教育学校办学标准；合肥市聚焦"城乡义务教育、普惠性学前教育、高中阶段教育、终身教育、学生资助"五大领域，形成具有合肥市特色的"标准化+公共教育"的工作模式，基本建成公共教育基本公共服务标准体系；北安市印发了教育基本公共服务标准 2023 年版，构建了一套系统涵盖基础通用标准 33 项、服务提供标准 117 项、服务保障标准 151 项的标准体系。

其三，劳有所得领域。海南省对标自贸港建设要求和人民群众需求，构建实施《海南省公共就业服务标准体系(2022 年)》,2022 年以来在全省全面部署开展就业驿站建设工程;江苏溧阳市人社部门和村、社区协调联动,打造家门口就业服务站,送政策、送培训,促进高质量充分就业;成都温江区探索就业创业一站式公共服务,创新提出服务资源一门式融合,服务信息一体化管理,服务事项一站式提供,借助标准化手段逐步实现就业创业公共服务信息公开共享,助力加快构建温江区基层"15 分钟就业创业服务圈"。

其四,病有所医领域。清远市按照高标准、全覆盖、成体系的要求构建了医疗卫生服务标准体系,率先探索实施"数字公卫",依托"AI+互联网医疗"的建设理念,建设基层一体化智能信息平台,快速提升基层医疗服务能力、健全完善公共卫生管理体系;北京通州区、天津武清区和河北廊坊市联合开展"'通武廊'医疗卫生协调联动基本公共服务标准化试点"项目,以通州区潞河医院代谢性疾病管理"一个中心、一站式服务"成熟模式为基础,确定代谢性疾病基本公共服务关键协同标准目录,编制协同标准体系表,构建三地代谢性疾病基本公共服务协同标准体系,三地的代谢性疾病患者的诊疗工作将实现跨地区标准统一、一站式服务管理。

其五,老有所养领域。苏州市吴江区搭建起一个要素齐全的养老服务标准化运行体系,明确困难老年人保障、普惠型养老服务等重点领域、37 个养老基本公共服务事项的服务内容、标准和责任部门,分批形成 160 项吴江区域自用项目标准,推动全区 319 家日间照料中心"依标建设""依标管理";荥阳市不断优化资源配置,打造了"1+2+2"养老基本公共服务标准化模式,20 项养老基本公共服务及相关事项不出村、镇就可办理;佛山市南海区制定本地化的养老服务规范、推行服务监督和评价机制、建设养老服务信息化平台等措施,形成"体系完善、标准规范、执行有力、标杆带动"的养老服务新模式,实现了养老基本公共服务城乡均等、全民共享。

其六,住有所居领域。福田区梳理"住有宜居"事项清单,包括公共居住服务、住房改造服务、公共设施改造服务三大块内容,构建"住有宜居"标准体系,制定 8 个公共住房服务规范,将基本住房保障服务工作纳入流程化、规范化轨道,明确服务的流程、要求、材料等,大大提高了服务效率。

其七,文体服务领域。浙江全面实现全省基本公共文化服务标准化,不断创新"信阅借书""你选书我买单"机制和"点单式""订单式"等个性化服务模式,强化数字赋能,全力打造"浙江智慧文化云",使其成为全省统一的网上公共文化服务平台和大数据中心;迁安市以"大标准"理念打造县域基本公共文化服务样板,在全市范围内建立起文体服务保障标准体系,围绕迁安市文化馆、图书馆等重要文化服务载体,打造数个基于标准的场景;重庆南岸区制定并启动实施《南岸区公共文化服务标准化管理指南》《社区综合文化服务中心建设规范》等41项具有鲜明地域特色的标准,为成功创建第四批国家公共文化服务体系示范区提供了重要的标准技术支撑。

综上,试点地区创新思路、积极探索基本公共服务标准化改革创新,通过创新工作模式、创新服务模式、打造品牌等,同时强化数字赋能,搭建信息化平台,补齐重点领域基本公共服务供给短板,保障基本公共服务公平供给、优质供给、稳定供给[①],同时增强基本公共服务标准化成果示范推广,总结提炼可复制、可推广的经验模式,以点带面加快基本公共服务标准化建设,进一步提升全国范围内的基本公共服务能力和水平。

5.3 新时代基本公共服务标准化的发展策略

标准化是贯穿国家治理实践的重要制度工具,具有程序性、统一性、规范性等特征,力图最大限度地避免政策目标的偏离[②]。近年来,我国基本公共服务标准化工作快速发展,标准体系初步形成,标准管理体制逐步完善,标准质量持续提升。然而,当前仍处于相对起步阶段,还存在基本公共服务标准价值偏离、标准领域覆盖不全和重要环节标准缺失、统一性和规范性有待提升、标准效能发挥有限等问题。一方面,一定的发展阶段必须达到一定的基本标准,否则就谈不上高质量发展。另一方面,现代化的标准又是相对的,并且是与发展阶段相适应的,超越发展阶段提出过高要求反而会带来各种扭曲。新时代推进基本公共服务标准化,首先应当明确标准化工具理性和价值理性的融合,推动完善各领域各环节标准体系,优化基本公共服务标准供给,健全标准全周期管理机制,强化标准化保障举措,从而充分发挥标准化治理效能,为保障基本公共服务稳定、高效、优质供给提供支撑。

---

① 李明洋,贾雁翔.我国基本公共服务标准化试点建设现状与思考[J].中国标准化,2023(13).

② 袁方成,郭夏坤.从"标准化"到"再标准化":理解基层治理的行动转向:基于H镇村级工程流程再造的案例分析[J].行政论坛,2022(6).

5.3.1　坚持标准化工具理性和价值理性的融合

　　新时代坚持以人民为中心的基本公共服务标准化,最本质上反映的是追求工具理性与价值理性的融合与统一。标准化本身属于技术范畴,基本公共服务标准化工具理性固然重要,但随着公共行政从现代性向后现代性的过渡,价值理性的重要作用也应值得高度重视。在现代及后现代化社会中,基本公共服务标准化必须同时兼顾工具理性与价值理性,要将价值理性作为公共服务的永恒主题,要体现对公平、责任与回应性等价值理性的关注,可以减少基本公共服务的地域、人群、性别等的分配差异,促进社会公平正义、增进人民福祉、共享社会发展成果。

　　一方面,坚持工具理性的优先前提。工具理性关注手段选择,价值理性强调理念追求,“任何价值理性的实现必然要求一定工具理性的有效支撑”①。基本公共服务标准化的实现与功能的发挥,在实际操作中需要以科学规范的技术工具作为支撑。基本公共服务标准化正是通过程序化、清晰化、统一化、技术化、规范化的标准确保基本公共服务的稳定有序供给的,这一过程中是决策、组织、协调、控制等功能性因素的组合,那么通过精确计算功利的方法达到最有效的管理目的,亦显得十分重要。这就要求以科学技术为依据,追求效率的最大化与形式的合理性,以追求基本公共服务有效供给为导向,依靠科学合理的方案设计、程序规则和实施手段,充分发挥标准化的效率工具和控制工具作用。继续增强基本公共服务标准的工具理性,防止标准建设工作存在形式化、功利化倾向而沦为达标工具,提升标准化治理能力。此外,网络化治理时代的到来,政府、市场和社会的关系以及各自的角色分工也将随之重新界定,必然出现“工具理性”发挥作用的巨大空间和平台,基本公共服务标准化的改革和创新需要在方法、手段、技术上更加科学、理性。

　　另一方面,坚持价值理性的本质保障。工具理性的改革势必要求价值理性的变革,失去价值理性约束的工具理性通常导向行为异化,而价值理性也只有在适应工具理性时才具有最大的正当性②。基本公共服务涉及社会制度、经济发展、文化背景等综合因素,基本公共服务标准化区别于一般性的服务标准化,

---

① 涂一荣,鲍梦若.超越工具理性:我国户籍制度改革的实践反思[J].华中师范大学学报(人文社会科学版),2016(4).

② 俞可平.论国家治理现代化(修订版)[M].北京:社会科学文献出版社,2015:159.

最重要的就是公共性问题。这就需要对基本公共服务标准化的价值理性具有完备认知,理应确保基本公共服务标准化活动及结果符合公共利益,达到公平、公益、可及的社会期望。基本公共服务标准化建设是一个公开与参与的过程,标准的制定需要广泛征求主体和对象各方的意见,反复磋商、认真讨论;在标准化具体实施过程中也不可能离开提供对象,需要人民群众的充分参与。因而,基本公共服务标准化可以成为合作共识和公共理性的"培育场",在国家治理中充分发挥社会安全阀功能,促进价值和利益整合,培育现代公民意识和能力等。特别是对于地方政府而言,政府官员与其辖区内公民联系更为紧密,通过基本公共服务标准化,建立统筹协调、系统管理、府际沟通的标准化推进机制,促进公共服务提供者、监管部门以及公众代表的相互配合与共同参与,更能够有效培育辖区内的公共理性传递,民主参与价值显得更加重要。

5.3.2 完善基本公共服务标准体系的全面性

基本公共服务标准化是一个立体体系和系统工作,涉及提供的具体服务和具体环境、提供的主体以及多元的参与者,涵盖提供机制、评估机制、服务提供标准的量纲设置等①。当前,我国基本公共服务标准体系已初步得以建立,应尽快全面建立系统完善、层次分明、衔接配套、科学适用的基本公共服务标准体系。

首先,实现基本公共服务全领域的标准化。着力解决制度范围内所有基本公共服务"提供什么、谁来提供、怎么提供"的问题。通过对服务项目的供给范围、供给质量、供给主体以及供给过程的识别、过程的输入和输出信息的收集与利用、资源转换活动,使服务对象对事项的办理要求、流程、进度一目了然。聚焦人民群众最关心最直接最现实的利益问题,围绕国家基本公共服务体系规划,聚焦城乡一体化发展中的基层组织和特殊人群保护等重点领域的标准化,如农村、社区等基层基本公共服务,老年人、残疾人等特殊人群的基本公共服务。加快公共教育、社会保险、公共文化体育、残疾人服务、全民健身等重点领域国家标准、行业标准制修订,建立与国家基本公共服务标准相配套的支撑标准体系。适应国家人口发展战略和适龄儿童变化情况,制定完善义务教育学位配置标准,保障足够的公办学校学位供给,系统推进义务教育学校标准化建设

---

① 郁建兴,秦上人.论基本公共服务的标准化[J].中国行政管理,2015(4).

"内涵发展"。完善医疗卫生服务标准体系,以标准化推动优质医疗资源扩容下沉、均衡布局。建立残疾人服务标准体系,开展残疾人康复、托养照护、就业服务、无障碍和残疾人服务资源管理、信息化服务平台建设等方面的标准试点。加快制定国家基本养老服务标准,科学界定基本养老服务对象,细化服务项目和标准,完善设施建设、功能布局、设备配置、人员配备、服务流程、管理规范等软硬件标准和质量要求。

其次,实现基本公共服务全方位的标准化。着力构建覆盖国家、行业、地方和基层服务机构四个层面的基本公共服务标准体系。国家标准体系宜定位于对各行业、各地区的建设标准、管理标准和服务标准具有适用性和指导性的最高层级和效力的纲领性文件,体系要全面覆盖清单内的所有项目。与国家标准体系相衔接,建立涵盖省、市、县三级基本公共服务标准体系,以省级地方标准解决全省共性问题,以市县级服务规范解决个性问题,以行业标准解决市场创新和特定问题,增强标准有效供给。

最后,实现基本公共服务全流程的标准化。着力围绕基本公共服务的资源配置、运行管理、绩效评价、监督反馈、信息化等环节的标准化实现资源互联与质量检测。针对当前重硬件轻软件、重建设轻服务的现状,加强对基本公共服务流程、服务规范、服务质量等标准化建设,同时加强基本公共服务供给模式、标准实施评价、政府购买公共服务等基础标准研究。可以借鉴美国、欧盟等的有益做法,加快构建与公共服务市场化紧密相关的准入、监督、考核及评价等方面的标准,即主要通过健全完善的法律法规,由公共服务协调部门依据具体业务标准,通过政府采购、服务外包等市场化形式为全社会提供公共服务。

5.3.3　健全基本公共服务标准全周期管理机制

全周期管理已成为公认的先进管理理念和管理模式,注重从系统要素、结构功能、运行机制、过程结果等层面进行全周期统筹和全过程整合,以确保各个环节均能运转高效、系统有序、协同配合,具有可管控性、可追溯性、可纠偏性等诸多优势。在基本公共服务标准化领域,同样适用。建立健全基本公共服务标准全周期管理机制,可以实现:全局性,即用整体视角代替局部视角,避免分散化、碎片化和片面化管理;长期性,即在管理过程中充分考虑不同阶段之间的联系,加强前瞻性研究,充分预测未来可能发生的问题,以此完善初始阶段决策;动态性,即加强全过程控制,针对生命周期中出现的新情况新问题灵活应对,保证阶段性目标与长期综合目标相一致,从而切实有效地推动基本公共服务高质量发展。

首先,健全标准体系的制定机制,即提供服务前的需求征集、项目评审与确定机制。基本公共服务标准化条款需语言规范,逻辑清晰,内容通俗易懂,语言表述简明扼要。夯实标准前期研究基础,制定明确可衡量的基本公共服务标准是标准化体系的基础。在制定标准时,需对各公共部门的现实供给能力进行评估、对各部门当前的系统和流程进行审查、对管理者和工作人员进行培训,通过前期准备减少后期阻力。同时,标准需公开明确,不能模糊不清,使用肯定性承诺用语,但也不要一味承诺,需量力而行,在达到标准之后,可逐步提高服务水平,设立新标准①。此外,还应加强标准审查,确保技术内容的科学性、合理性和可操作性。

其次,健全标准体系的推广机制。积极开展面向基层公共服务机构、面向公众的标准宣贯培训活动。以通俗易懂的文字简要直白地阐述基本公共服务的内涵,并结合传统文化,采用多种语言、多种方式宣传标准化的内容,如标准化征文活动等,为标准化建设营造良好的社会环境。政府部门除向市民免费发放基本公共服务标准化宣传手册、制作网页版内容外,各服务单位可将基本公共服务标准化内容张贴在服务部门的显眼位置,如服务单位入口、各办公室门口,或树立告示牌。此外,逐步建立具备查询、公开、宣传、共享等一体化功能的基本公共服务标准信息资源库,集中公开各级各类基本公共服务标准,并逐步将基本公共服务标准信息资源库纳入全国公共数据服务体系,加快推进数据深度挖掘与共享开放。

再次,健全标准体系的动态调整机制。根据经济社会发展情况变化,聚焦人民群众的“急难愁盼”,及时更新完善国家标准,实现基本公共服务范围和保障标准的常态化动态调整,是健全基本公共服务体系的必然要求。标准体系必须根据经济社会发展水平进行阶段性调整,这类调整建议依托行业主管部门,根据行业发展需要逐步完善,及时修订或废止陈旧老化标准,增强标准的及时性、针对性、有效性。坚持尽力而为、量力而行,确保各领域各类基本公共服务标准调整,在充分考虑经济发展状况和财政负担能力的基础上,既要积极回应群众期盼,也要避免吊高胃口、过度承诺,确保新标准能落实、可持续和服务的“承诺必达”。

最后,健全标准体系的监督激励机制。完善的内外监督是基本公共服务标

---

① 宋林霖,李晓艺.全球视野下公共服务标准化模式比较研究:基于国外市民公约模式的理论探索与改革实践[J].国外理论动态,2019(1).

准化可持续发展的保障。我国对标准化的监督主要由政府负责完成,对此应进一步加强政府自我监督,探索创新社会公众监督、媒体监督等方式,强化基本公共服务标准实施的监督,畅通投诉、举报渠道。外部监督中评估者的选择很重要,可以由非政府组织、专业机构、学术机构、研究机构等其中一个或多个机构来承担,外部机构需得保证其独立、公正与专业性。一方面,无论是内部监督还是外部监督,都需制定评分表,即选取标准化制定的关键流程,并赋予其不同的分值。另一方面,建立健全激励补偿机制,对服务达标、表现优秀的部门应实施奖励,以促进各部门之间的内部竞争,不断提高服务质量。而在服务未达标时,应向公民提供金钱或实物补偿,以此加强问责制。可以建立申诉补救机制,一旦公民对服务质量感到不满或公共服务部门没能达到承诺标准,公民有权进行投诉并要求赔偿①。

5.3.4　强化基本公共服务标准化的保障举措

任何一项制度安排都不是独立存在的,它都是"嵌在"整体制度结构中的。往往一项制度的效率很大程度上取决于其他制度安排的配合程度,因而很难单独评价,必须放在制度结构背景中去判断(林毅夫,1999)。基本公共服务标准化必须有相应的配套制度安排来创造适宜的环境和条件,降低新制度运行和维持成本,确保改革成效。

首先,强化财力保障。基本公共服务自身的标准化离不开财力保障,有赖于构建以均等化为导向的公共财政制度,主要通过财政预算标准化和中央与地方共担机制标准化两个途径解决。一方面,从预算支出角度来看,公共服务体系建设所需财力可以划分为经常性支出和资本性支出两个大类,从支出功能分类来看,要分别纳入类、款、项三级预算支出科目才能予以保障。从支出经济分类来看,则涉及工资福利支出、基本建设支出、其他资本性支出以及转移性支出等多类。以政府预算支出的标准化建设来保障基本公共服务的标准化建设,需要探索基于新的政府收支分类、以公共财政预算为主、包含政府性基金预算的全口径基本公共服务财政预算支出标准体系。另一方面,从财政分权体制视角看,基本公共服务涉及全国性和地方性公共品提供,存在中央和地方事权和支出责任的划分,亟须制定政府间事权划分清单,明确各级政府的基本公共服务

---

① 宋林霖,李晓艺.全球视野下公共服务标准化模式比较研究:基于国外市民公约模式的理论探索与改革实践[J].国外理论动态,2019(1).

财政支出责任及对各项基本公共服务的具体财政分摊比例,确保基本公共服务标准能落实、可持续。

其次,强化技术保障。构建基本公共服务标准化技术支撑体系,加强基本公共服务标准化前沿分析、理论探索和应用研究。尤其应高度重视技术革新,强化数字化技术对基本公共服务标准化的赋能作用。探索利用基于物联网、BIM、人工智能、大数据、云计算、混合现实等新一代信息技术,实现全过程标准化管理新模式,以科技创新驱动基本公共服务标准化。此外,构建标准数字化平台,开发新型标准化服务工具和模式,比如通过数字技术赋能标准化工作全流程和标准文献全生命周期,扩展标准智能化信息服务的边界。

最后,强化人才保障。人才是第一资源,标准化人才是推动标准化创新发展的重要基石。政府层面强化基本公共服务标准化组织保障,建议成立标准化领导机构,将试点涉及的相关行业部门纳入标准化领导机构,明确标准化专/兼职工作机构,规定标准化工作职责,提供必要的工作场所和工作条件,加强培训、学习与交流,等等。社会层面加强基本公共服务标准化人才队伍建设,创新标准化人才培养机制,完善标准化人才教育培训体系,优化标准化人才发展环境,打造一支具备多方面知识和技能的高素质复合型人才队伍,从而为基本公共服务高质量发展提供强有力的标准化人才支撑。

第6章 | 基本公共服务均等化实践现状与实现策略

"治天下也,必先公,公则天下平矣。"公平正义是中国特色社会主义的内在要求,实现公平正义是我们党的一贯主张。习近平总书记反复强调,要把促进社会公平正义、增进人民福祉作为一面镜子,审视我们各方面体制机制和政策规定。要下大力气完善公共服务体系,通过基本公共服务均等化、社会政策托底、保护弱势群体等方式保障基本民生,让改革发展成果更多更公平惠及全体人民。促进基本公共服务均等化,既是落实以人民为中心理念、保障公民基本权益的应有之义,同时也是政府提供公共服务的出发点和归宿,对促进社会公平正义、增进人民福祉、实现全体人民共同富裕具有十分重要的意义。本章在对基本公共服务均等化进行理论阐释的基础上,结合典型案例探讨基本公共服务均等化的实践进展,进而提出针对性的政策建议,服务于2025年基本公共服务均等化水平明显提高,到2035年基本公共服务实现均等化的政策目标。

6.1 均等化:基本公共服务高质量发展的客观要求

公共服务具有层次之分,其中基本公共服务是保障全体人民生存和发展基本需要、由政府承担供给保障主要责任的公共服务,是公共服务中基础性和兜底性的层次,主要由国家以公共资源来承担供给和保障,供给的数量与质量都应该实施基本统一的标准,均等化是其内在必然要求。所谓均等化,学术界普遍认为与公平、正义等价值理念密切相连,但均等化绝不等于平均化、无差异化,而是在保证最低水平全国均等的基础上允许存在地区差异,不仅是结果均等,更应该是机会均等、过程均等。基本公共服务均等化是公正平等价值理念在公共领域的延伸和体现,是由其纯公共物品属性所决定的,就是指全体公民都能公平可及地获得大致均等的基本公共服务,其核心是促进机会均等,重点是保障人民群众得到基本公共服务的机会,包括城乡之间、区域之间和群体之间。作为基本公共服务制度体系总目标,其一,均等化的主体是城乡居民,内容是基本公共服务,以现阶段国家基本公共服务清单中确定的基本公共教育、基本劳动就业创业等领域为主,兜牢基本民生底线,为所有公民提供最低标准的公共服务,而不是广义的公共服务。其二,均等化的核心是促进城乡居民享有基本公共服务的机会均等,而不是指数量上简单、绝对的平均化,供给数量上追求均衡,强调人人都具有公平享受公共服务的机会,所享有的基本公共服务质量和数量不能因户籍制度、财政制度等而存在显著差异。其三,均等化本质还是一个"政策过程",以一定时期的经济社会发展水平为主要约束条件,具有动态性、转化性和阶段性的特征,必然随着时间、地域的变化而有所差别,集中表现为某一段时期的基本公共服务保障标准,这也决定了均等化实现的分步走路线,是从基本公共服务总体均等化走向基本均等化,再走向全面均等化的渐进过程。

基本公共服务均等化,作为政府提供纯公共物品的内在要求,是建设让人民满意的服务型政府的基本内容,是公共性的充分体现。新时代人民对美好生活的要求不断提高,对公共服务的需求也从满足最低保障向较高水平保障发展。这就需要基本公共服务供给从有转向优,走向高质量发展。均等化作为基本公共服务高质量发展的客观要求,既是落实以人民为中心理念、保障公民基本权益、实现人的尊严的应有之义,也是政府提供公共服务的出发点和归宿,既是党坚持底线思维保障和改善民生、处理好发展不平衡不充分问题的重要举措,同时也是扎实推进共同富裕的基本内容和先决条件。

首先,基本公共服务均等化是政府履行公共服务职责的根本遵循。从社会契约论的观点来看,国家和政府的合法性不仅仅来自普遍同意和授权委托,还在于甚至更主要地在于其对自身承诺的信守、对自身所负义务的承担和对自身职责的忠诚。政府及其公共权力也只是因其对权利的保护才获得其存在的合法性,保护公民基本权利是政府行使权力的重要归属。享有基本公共服务是公民的基本权利,保障人人享有基本公共服务是政府的重要职责。政府作为社会公共事务的管理者,拥有人民赋予的权力,掌握着大量公共资源,维护、促进和实现社会公平正义是其不可推卸的责任。公平正义是人类社会发展进程中永恒的主题和价值取向,是中国特色社会主义的内在要求,更是中国共产党人的一贯主张。服务型政府职能的公共性和有限性决定了政府职能的公共性和正义性,应从"权力理性"走向"权利理性",更看重执政机制中内在向心力与凝聚力的建立,将最大化实现公共价值作为公共行政的参照系和出发点,将"人民拥护不拥护、赞成不赞成、高兴不高兴、答应不答应"作为衡量一切工作得失的根本标准,以更大的力度、更实的措施保障和改善民生。基本公共服务均等化事关分配正义、公共认同等政治价值观念,享有服务的广泛性、满足需求的根本性以及覆盖范围的完整性,往往更多地涉及全体社会公众生存和发展的"根本权益"和"底线需求",缩小基本公共服务差距需要通过持续努力而渐进实现均等化,这正是社会公平正义的重要体现,是政府的核心职责,是政府提供公共服务的出发点和归宿。

其次,基本公共服务均等化是扎实推进共同富裕的先决条件。共同富裕是全体人民的富裕,是基本公共服务普及和普惠基础上的富裕。推动基本公共服务均等化与共同富裕各项议程紧密联系,推进共同富裕需要在基本公共服务的区域覆盖和普惠均等方面加大作为。国务院发展研究中心王列军(2022)表示,衡量共同富裕最重要的两个方面,一是收入分配状况,二是基本公共服务均等化程度(反映的是生活品质)。基本公共服务均等化既包括贯穿人一生的持续性需要,即衣食、居住、健康和文化娱乐,也包括一生中每个环节的阶段性需要,即生育、教育、就业、养老,不仅有利于保障基本民生、改善人们的生活品质,也有利于增强人的发展能力,是普惠性人力资本投资,与人的全面发展直接相关。具体而言,基本公共服务均等化政策的实施,是由财政兜底保障,通过对低收入群体的兜底性保障,能够为巩固脱贫攻坚成果、提升其就业增收能力提供保障;通过实行基本医疗服务制度和基本医疗保障制度等项目,促进人的健康和身体素质提高;通过实行义务教育、职业技能培训等项目,提高国民素质和劳动能力,为社会成员的个人家庭发展和整个社会的经济高质量发展提供优质劳动力;通过就业创业公共服务和劳动者权益保护等项目,为社会成员勤劳致富、创新致富、施展才华提供机会,培育持续的经济社会发展活力[①]。基本公共服务均等化不仅能改善人们当前的生活质量,还有利于为未来缩小收入差距奠定基础,兼具短期效应和长期效应,是推动共同富裕的着力点和先决条件。

最后,基本公共服务均等化最终归宿在于实现人的尊严[②]。人是一切人类历史活动的出发点,也理应是一切人类历史活动最终的意义载体。把人的尊严

---

① 何文炯.共同富裕视角下的基本公共服务制度优化[J].中国人口科学,2022(1).
② 张贤明,高光辉.公正、共享与尊严:基本公共服务均等化的价值定位[J].吉林大学社会科学学报,2012(4).

放在至高无上的地位,是启蒙运动以来人类文明发展的一大重要成果,并且也在很大程度上为人类的社会实践设定了某种终极价值。在罗尔斯看来,有尊严的生活包含两个方面:其一是确信自己的生活理想是有价值的;其二是自信有能力实现自己的意图。[①] 任何一个人的生活理想以及实现其理想的能力都不是凭空产生的,而是以特定的社会历史条件为基础,并且必须借助于这些条件理想才能得到实现。事实上,这也正是基本公共服务均等化的根本意义所在:让每一个人都能通过享受均等化的基本公共服务来继承已有的社会发展成果,在此基础上,形成与当时的社会发展状况相适应的个人生活愿景以及实现愿景的能力。基本公共服务均等化作为我国民生发展的战略部署和重要举措,是以人民为中心的发展理念的充分彰显,正是致力于人的全面发展和人的尊严的实现。我国基本公共服务均等化战略实施,是通过财政转移支付与补短板强弱项行动,实现地域与城乡之间的基本公共服务资源分配均衡,通过对农村居民、农村转移劳动力等弱势群体的政策回应,实现群体间的分配正义与互惠共享,从满足人民对物质文化的需求到满足人民对美好生活的向往,从满足人民的温饱到让人民幸福,从改善基本民生水平到回应高级民生诉求,使得人民群众获得更好的生活体验,更强的获得感、安全感、幸福感、尊严感。

6.2 我国基本公共服务均等化的实践现状

21 世纪初,人民群众面临住房难、看病难、上学难等最直接、最现实、最迫切的问题,同时,这个时期经济社会发展过程中出现越来越大的区域、城乡、群体等差距。面对上述情况,基于公平正义原则,党坚持以人民为中心的发展思想推进基本公共服务均等化战略[②]。自 2005 年提出以来,我国陆续开展公共卫生基础医疗、义务教育等单项政策实践,连续实施了两个专项五年规划,推动基本公共服务均等化与全面建成小康社会目标紧密衔接,特别是保障农村、欠发达地区、弱势群体的基本公共服务需求,确保全体人民享受教育、医疗卫生、文化、

① 约翰·罗尔斯.正义论[M].何怀宏,何包钢,廖申百,译.北京:中国社会科学出版社,1988:442.

② 丁元竹.实现基本公共服务均等化的实践和理论创新[J].人民论坛·学术前沿,2022(5).

社会保障、住房等基本公共服务,助力第一个百年奋斗目标顺利实现。

2021 年,我国在全面建成小康社会后,开启全面建设社会主义现代化国家新征程。2022 年,我国出台了《"十四五"公共服务规划》,将基本公共服务均等化推向更高水平、更高质量,使其与实现共同富裕、全面建设社会主义现代化国家相适应,"高质量发展"和"共同富裕"成为指导基本公共服务均等化的重要理念。我国各省、市、县级政府结合实际状况,编制了相应的发展规划,出台了系列相关支撑政策文件,推动基本公共服务均等化。基本公共服务均等化作为中国式现代化的关键指标,已经从基本理念上升为国家实践并将进入一个新的历史阶段,当前我国基本公共服务均等化政策目标已经较为明确,政策体系也已基本得以建构。总体而言,基本公共服务均等化建设取得新进展,均等化发展水平持续提升,基线从"物质条件"向"物质条件"和"精神条件"兼顾,在保"生存权"前提下转向保"发展权"①。特别是党的十八大以来,我国基本公共服务均等化水平得以显著提升,历史性地解决了绝对贫困问题,建成了世界上规模最大的社会保障体系,健全了城乡一体的义务教育均衡发展体系,完善了优质高效的医疗卫生服务体系和更加充分、更高质量的就业服务体系,基本实现了幼有所育、学有所教、劳有所得、病有所医、老有所养、住有所居、弱有所扶②。"十三五"期间,着力以标准化促进基本公共服务均等化,基本公共服务资源持续向基层、农村、边远地区和困难群众倾斜,城乡区域人群间基本公共服务差距不断缩小。中西部地区公共服务设施条件明显改善,部分指标逐步追平东部地区。城乡之间制度性差异明显减少,实现了"新农合"与城镇居民医保制度并轨运行,全面建立统一的城乡居民医保制度,统筹城乡的居民基本养老保险制度逐步健全。基本公共服务逐步覆盖全部城镇常住人口,截至 2020 年,全国96.8% 的县级单位实现义务教育基本均衡发展,85.8% 的进城务工人员随迁子女在公办学校就读或者享受政府购买学位的服务。农村基本公共服务供给持续改善,教育扶贫、健康扶贫、农村危房改造在助力打赢脱贫攻坚战中发挥了积极作用③。

---

① 袁威.基本公共服务均等化的政策逻辑与深化:共同富裕视角[J].中共中央党校(国家行政学院)学报,2022(4).

② 姜晓萍,吴宝家.人民至上:党的十八大以来我国完善基本公共服务的历程、成就与经验[J].管理世界,2022(10).

③ 具体参见《"十四五"公共服务规划》。

6.2.1 城乡之间

受历史、地理、人口、政治、经济、文化等多因素影响,我国城乡基本公共服务存在差距的情况长期存在。农村一直是基本公共服务供给的薄弱环节,基础教育、医疗卫生、养老服务等资源主要集中在城市,农村地区历史欠账较多。在过去很长一段时期里,我国基本公共服务表现出"城优乡差"和"城多乡缺"的特点。① 1978 年之前,我国农村实行人民公社制度。1978 年底和 1979 年初,安徽凤阳县、肥西县的一些极度贫困村、队率先搞起了包工到组、联产到劳、包产到户等形式的责任制。农村改革四十多年来,农村经济发生了巨大变化,农民收入取得了显著增长,农村的基本公共服务状况也得到了明显改善。特别是2003 年以来,政府实施的"公共财政覆盖农村"战略及其随后的一系列相关政策,初步构建了农村基本公共服务政策体系,使农村基本公共服务水平有了显著提升②。2006 年,全国取消农业税,政府通过财政手段使得农村基本公共服务供给机制发生转变。此外,2004—2023 年中央连续 20 年的中央一号文件均以"三农"为主题,充分体现"三农"问题"重中之重"的地位,作为重要内容的农村公共服务供给越来越得以凸显,详见表 6-1。当前,伴随着乡村振兴战略的提出与实施,优化配置城乡公共服务资源、实现城乡基本公共服务均等化发展得以进一步地推动。

表 6-1 中央一号文件中基本公共服务相关内容(部分年份)

年份	文件	基本公共服务相关表述
2004	《中共中央 国务院关于促进农民增加收入若干政策的意见》	各地区和有关部门要切实把发展农村社会事业作为工作重点,落实好新增教育、卫生、文化等事业经费主要用于农村的政策规定,今后每年要对执行情况进行专项检查

---

① 李实,杨一心.面向共同富裕的基本公共服务均等化:行动逻辑与路径选择[J].中国工业经济,2022(2).
② 林万龙.从城乡分割到城乡一体:中国农村基本公共服务政策变迁 40 年[J].中国农业大学学报(社会科学版),2018(6).

续表6-1

年份	文件	基本公共服务相关表述
2008	《中共中央 国务院关于切实加强农业基础建设进一步促进农业发展农民增收的若干意见》	五、逐步提高农村基本公共服务水平 推进城乡基本公共服务均等化是构建社会主义和谐社会的必然要求。(一)提高农村义务教育水平。(二)增强农村基本医疗服务能力。(三)稳定农村低生育水平。(四)繁荣农村公共文化。(五)建立健全农村社会保障体系。(六)不断提高扶贫开发水平。(七)大力发展农村公共交通。(八)继续改善农村人居环境
2010	《中共中央 国务院关于加大统筹城乡发展力度 进一步夯实农业农村发展基础的若干意见》	三、加快改善农村民生,缩小城乡公共事业发展差距 13.努力促进农民就业创业。建立覆盖城乡的公共就业服务体系。14.提高农村教育卫生文化事业发展水平。15.提高农村社会保障水平。16.加强农村水电路气房建设。17.继续抓好扶贫开发工作
2013	《中共中央 国务院关于加快发展现代农业进一步增强农村发展活力的若干意见》	六、改进农村公共服务机制,积极推进城乡公共资源均衡配置 按照提高水平、完善机制、逐步并轨的要求,大力推动社会事业发展和基础设施建设向农村倾斜,努力缩小城乡差距,加快实现城乡基本公共服务均等化。1.加强农村基础设施建设。2.大力发展农村社会事业。3.有序推进农业转移人口市民化。4.推进农村生态文明建设
2018	《中共中央 国务院关于实施乡村振兴战略的意见》	将基本公共服务均等化列为实施乡村振兴战略的目标任务之一 七、提高农村民生保障水平,塑造美丽乡村新风貌 (一)优先发展农村教育事业。(二)促进农村劳动力转移就业和农民增收。(三)推动农村基础设施提档升级。(四)加强农村社会保障体系建设。(五)推进健康乡村建设。(六)持续改善农村人居环境

续表 6-1

年份	文件	基本公共服务相关表述
2020	《中共中央 国务院关于抓好"三农"领域重点工作确保如期实现全面小康的意见》	二、对标全面建成小康社会加快补上农村基础设施和公共服务短板 (六)加大农村公共基础设施建设力度。(七)提高农村供水保障水平。(八)扎实搞好农村人居环境整治。(九)提高农村教育质量。(十)加强农村基层医疗卫生服务。(十一)加强农村社会保障。(十二)改善乡村公共文化服务。(十三)治理农村生态环境突出问题

近年来,各地坚持以习近平新时代中国特色社会主义思想为指导,围绕推进城乡基本公共服务均等化,大力推动公共服务资源向农村覆盖,加快补齐农村公共服务短板弱项,农村公共服务供给水平和效能不断提升。自2019年起,农业农村部、国家发展改革委以及后来的国家乡村振兴局连续四年推介了四批全国农村公共服务典型案例,数量分别为18个、23个、21个、22个合计84个,涵盖农村医疗、养老、文化、儿童关爱、便民服务等领域,充分发挥典型案例的示范带动作用,进一步推动加强和改善农村公共服务。比如,首批案例中山东文登的"推动优质医疗资源下乡"试点,组建多种形式的医联体,让专家坐诊带教、医生下乡入户、药品直送家门,使农民群众看病就医"近不出村、远不出镇";第二批案例中四川省雅安市名山区推行村级事务全程代办制度,建立村级便民服务代办站,制定代办服务一卡通,构建全域覆盖的基本公共服务圈,实现一站服务不出村、下沉服务零距离;第三批案例中湖南省桂东县创新探索农村公共服务"微治理"体系,以网格化管理为基础,积极推行"一员多用、多员合一、一网一员"的"村务员"治理模式,通过精细化管理,打通服务群众"最后一公里"的"梗阻"问题;第四批案例中建德市大同镇紧扣"一老一小"群体结构变化,聚焦乡村家庭托育养老痛点难点,立足"幸福同堂"小切口,统筹联动全镇资源,系统构建精准协同服务体系。

综上,伴随着"三农"问题、基本公共服务的顶层设计、地方探索及有力推进,基本公共服务资源在城乡配置中渐趋均等,农村基本公共服务能力得以明显提升,城乡基本公共服务均等化水平得以不断提升。主要体现在:第一,基本公共教育服务体系建设更加健全,义务教育均等化程度不断提高。2019年,九年义务教育生师比城镇为15.96∶1,乡村为13.46∶1,均略低于上年,城乡间差距有所缩小①。第二,基层医疗卫生服务能力提升,城乡间基本医疗卫生服务均衡性提高。以每千人口医疗卫生机构床位为例,城市和农村的比重从 2007 年的2.45 倍降到 2022 年的 1.23 倍,趋势如图 6-1 所示。第三,基本社会保险参保人数不断增加,参保覆盖面继续扩大。截止到 2021 年末,全国参加基本养老保险人数为 10.04 亿人,其中城镇职工基本养老保险和城乡居民基本养老保险参保人数分别为 4.56 亿人和 5.48 亿人,分别比上年末增加 2452.9 万人和553.6 万人;全国参加基本医疗保险人数为 13.63 亿人,其中城镇职工基本医疗保险和城乡居民基本医疗保险参保人数分别为 3.64 亿人和 10.09 亿人;截至2022 年年底,全国社保卡持卡人数达到 13.68 亿人,普及率为 96.8%。第四,加强农村特殊群体的服务,如加强对农村留守儿童和妇女、老年人以及困境儿童的关爱服务,实施农村妇女素质提升计划,加强农村未成年人保护工作,健全农村残疾人社会保障制度和关爱服务体系,关心关爱精神障碍人员,等等。此外,建立并逐步强化了直接补贴政策体系,范围逐步扩大,涉及面很广,包括对医疗卫生、义务教育等公共服务的补贴。

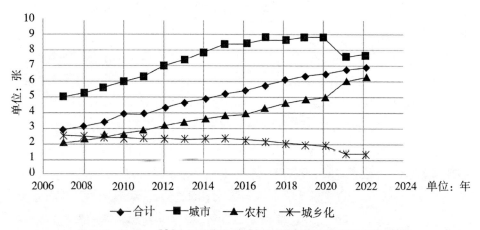

图 6-1　2007—2022 年城乡每千人口医疗卫生机构床位变化趋势

但是,需要正视的是,城乡间公共服务资源配置不均衡、服务水平差异较大问题仍然比较突出,城市与农村之间公共教育、就业、社会保障、医疗卫生、文化体育等还具有明显差异,城乡基本公共服务非均等化预计仍将维持较长一段时

---

① 如何对基本公共服务均等化进行统计监测[EB/OL]. https://www.stats.gov.cn/zs/tjws/tjjc/202301/t20230101_1903922.html

间。随着城镇化的深化和农村人口持续向城市流动,农村人口密度下降,农村义务教育和基本医疗卫生服务成本上升,对农村基本公共服务的资源布局和服务成本提出了更大的挑战,提升农村公共服务水平和质量的难度越来越大。未来仍将持续建立健全城乡公共资源均衡配置机制,强化农村基本公共服务供给县乡村统筹,通过制度设计及政策选择以更加精准有效的策略,进一步缩小城乡居民之间享有基本公共服务的差距,统筹推动城乡基础教育、医疗卫生、社会保障、公共文化体育等基本公共服务均等化的基本实现①。

6.2.2　区域之间

从空间维度上看,基本公共服务均等化并非追求完全的空间均质发展,而是在合理空间差异基础上的均衡发展。我国是一个幅员辽阔的国家,区域之间发展非常不平衡。东部沿海地区相对发达,中西部地区相对欠发达,即使是同一个省份内部,发展差异仍然巨大,因此,基本公共服务均等化应该允许地区差异。当然,这种地区差异应该是符合国家标准前提下的正常差别。基于当前区域之间、城乡之间的差距过大的情况,需要调整基本公共服务空间布局,提升均等化程度②。地方经济发展水平制约着地方财政能力,造成因财政实力与资源配置不均而产生的行政区域、自然区域间基本公共服务质量水平呈现非均衡发展态势,主要表现为东高西低的分布格局,且东北地区发展缓慢。随着公共服务均等化理念的深入人心和政策的强力推进,财政支出不断倾向于公共服务领域,中央财政转移支付不断助力基本公共服务均等化,特别是对中西部经济欠发达地区,区域间基本公共服务均等化水平得到一定程度的改善。根据2012—2021年国家统计数据计算,地区间中小学生师比、人均公共图书馆藏书量、每千老年人口养老床位数的变异系数总体上呈现下降趋势,区域间基本公共服务大体上逐步趋于均衡,具体如图6-2所示。此外,根据第六次和第七次人口普查数据计算,地区间城镇居民人均居住面积变异系数分别为0.129、0.104,下降了0.025。

① 孙大鹏.新型城镇化背景下城乡基本公共服务均等化实现问题研究[D].吉林大学,2023.
② 范逢春.基本公共服务均等化如何推动共同富裕?[J].理论与改革,2023(2).

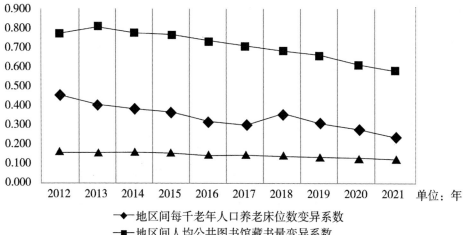

图6-2 2012—2021年地区间基本公共服务部分指标变异系数变化趋势

　　学者们的测算基本上支持了这一结论。如董艳玲、李华（2022）利用熵值法测算2006—2018年中国基本公共服务供给水平,运用Dagum基尼系数和方差分解考察其空间差异来源和结构差异来源,研究发现:全国总体和各区域基本公共服务供给水平均呈明显上升态势,地区差异显著,但存在均等化趋势,其中东—西部基尼系数年均下降5.51%,中—西部基尼系数年均下降5.41%,东—中部基尼系数年均下降4.40%[①]。再如笔者根据前文构建的指标体系测算2012—2021年31个省（区、市）基本公共服务质量的变异系数,结果显示从2012年的0.192下降到2021年的0.088,且从2013年开始呈现逐年下降的趋势,具体如图6-3所示。

　　再以京津冀基本公共服务均等化实践为例,2015年4月30日,习近平总书记提出要"构建京津冀协同发展的体制机制,加快公共服务一体化改革"。随后,中共中央、国务院印发实施《京津冀协同发展规划纲要》明确提出了"促进基本公共服务均等化是有序疏解北京非首都功能的重要前提和京津冀协同发展的本质要求"。自此,京津冀协同发展和基本公共服务均等化正式拉开帷幕。在京津冀协同发展之前,京津冀三地的公共服务资源差异明显,教育、医疗、社

　　① 董艳玲,李华.中国基本公共服务的均等化测度、来源分解与形成机理[J].数量经济技术经济研究,2022(3).

图 6-3 2012—2021 年地区间基本公共服务质量变异系数变化趋势

会保障等公共服务水平、质量层次差异较大,北京最高,天津次之,河北省最低。近年来,京津冀积极探索医疗、教育等民生领域的合作,逐步推动三地基本公共服务均等化。在基础教育方面,三地成立京津冀基础教育课程改革联盟,搭建三地教研人员、一线教师以及教育专家互动交流平台,北京、天津高水平中小学与河北开展跨区域合作办学,京津优质基础教育学校在河北省设立分校、校区。在医疗卫生方面,河北与京津医疗机构通过技术合作、科室托管、人员进修等不同形式,有效提升河北医疗服务能力和水平。截至 2021 年,京津冀 60 家定点医疗机构实现跨省异地就医门诊费用直接结算,京津冀等地区医疗机构临床检验结果互认项目达 43 个、互认医疗机构近 500 家。在社会保障方面,2017 年以来,京津冀三地签署 30 多项社会保障合作协议。同时,认真落实国家职工养老保险转移接续政策,逐步取消纸质材料邮寄,缩短转移办结时限,为京津冀三地参保人员顺畅转移接续提供便利。2023 年,三地社会保险经办服务部门共同签署《京津冀社会保险经办服务协同合作协议(2023—2025 年)》。在养老方面,支持开展跨区域养老优惠政策对接。三地适时出台"养老补贴跟着老人走"的养老工作协同发展实施方案。京津冀三地有序推进教育、医疗、文体服务、社会保障等基本公共服务共建共享,均等化水平得到一定的改进。

总之,幅员辽阔、地区差异大的基本国情决定了区域发展不平衡问题是必然且长期存在的。即使中央政府已制定了基本公共服务标准体系,但国家基本公共服务是兜底标准、底线标准,各地经济社会发展水平参差不齐,各地在教育、医疗、养老、社会保险等方面存在较大差距,甚至部分领域呈现差距拉大的趋势,如 2015—2021 年地区间每千人口医疗卫生机构床位的变异系数从 0.126 增长至 0.136,呈现出增长趋势。同时由于地区之间属地管理和行政分割,基本公共服务一体化遇到诸多体制障碍,很难实现"跨省通办",加上城镇化和人口流动的现实语境,区域间基本公共服务均等化难度较大①。比如,东部地区外来人口的加剧流入,让基本公共服务实现难度倍增,而西部欠发达地区特别是边远农村地区面临"空心化"问题,人口大量外流导致基本公共服务设施闲置,产生了严重的资源浪费现象。新时代推动全体人民共同富裕,离不开加快补齐区域发展短板、缩小区域差距,仍需持续协调推进区域间基本公共服务均等化,根据不同区域居民收入和实际消费水平,稳步提高人民生活水平,织密扎牢民生"保障网",让发展成果更多更公平惠及全体人民。

6.2.3　人群之间

基本公共服务均等化是指全体公民都能公平可及地获得大致均等的基本公共服务。基本公共服务均等不均等,首先不是水平、质量均不均等,而是有没有覆盖所有应该覆盖的人。我国基本公共服务制度设计时便充分考虑了特殊群体,建立基本社会服务制度,为城乡居民尤其是困难群体的基本生活提供物质帮助,保障老年人、残疾人、困难儿童、农村留守儿童等特殊群体有尊严地生活和平等参与社会发展。党的十八大以来,我国坚持系统思维和底线思维,稳定增进重点特殊人群的权益,尤其强调对贫困、弱势群体的民生兜底保障,人群间的基本公共服务均等化程度取得突破性进展。但实践中至今仍有一些服务项目存在覆盖盲区,尚未有效惠及全部流动人口和困难群体。其中又以农民工作为城市常住人口却未能公平享有城市基本公共服务的问题最为突出。下面以农民工群体为例,着重分析我国人群间基本公共服务均等化实践进程及现状。

1958 年,《中华人民共和国户口登记条例》设立对农业户口与非农户口的区分,长期以来基本公共服务权利被严格区分并捆绑于这种差别性的户口登记。改革开放以来,劳动力逐步自由流动,尤其农村剩余劳动力得以向城镇转

---

① 叶振宇.统筹解决我国区域发展不平衡不充分问题[J].发展研究,2022(2).

移从业,早期转移的这些农村劳动力几乎完全不能享有城市政府提供的各种机会和待遇。城市拥有相对良好的基本公共服务,但从业于城市的农民工极少享有子女入学、社会保险、公共卫生服务、就业服务等服务,基本处于"边缘人"地位。随着农业转移人口规模不断扩大和各类矛盾冲突的频繁出现,决策层开始重视农民工保障问题①。政府相继出台了一系列政策,并逐步以立法来规范农民工享有的权利,从顶层设计的高度对农民工群体公平享有城市基本公共服务作出了明确要求。2008 年实施的《中华人民共和国劳动合同法》覆盖境内所有用人单位雇用的全体劳动者,2010 年颁布的《中华人民共和国社会保险法》明确"进城务工的农村居民依照本法规定参加社会保险"等。2012 年,《国家基本公共服务体系"十二五"规划》明确提出"以输入地政府管理为主,加快建立农民工等流动人口基本公共服务制度,逐步实现基本公共服务由户籍人口向常住人口扩展"。2014 年,国务院发布《关于进一步推进户籍制度改革的意见》提出,"积极推进城市基本公共服务由主要对本地户籍人口提供向对常住人口提供转变",明确"全面实施居住证制度"。

2016 年,《居住证暂行条例》全面实施,规定公民离开户籍地到其他城市居住半年以上,"可以依照本条例的规定申领居住证",居住证是持证人"作为常住人口享受基本公共服务和便利"的证明。这意味着农民工与其他所有流动人口一样,可以通过申领所在城市居住证享有该城市政府承诺于居住证的基本公共服务,这从根本上摒弃了"农业户口"身份对农民工享有城市基本公共服务的制度弊端,反映了中央政府推进城镇基本公共服务常住人口全覆盖的姿态和决心。同年,国务院发布《关于实施支持农业转移人口市民化若干财政政策的通知》,进一步强调县级基本财力保障机制考虑持有居住证人口因素,政府财政要向对外来人口提供义务教育、中等职业教育的地方进行转移支付。2017 年,《"十三五"推进基本公共服务均等化规划》明确"公安部牵头,其他有关部门按职责分工负责,促进基本公共服务城镇常住人口全覆盖"这一重点任务。

2019 年印发《关于进一步推动进城农村贫困人口优先享有基本公共服务并有序实现市民化的实施意见》,要求切实落实输入地人民政府帮扶责任,切实扩大基本公共服务有效供给。"十四五"时期以此为基准,更加注重健全以身份号码为标识、与居住年限相挂钩的非户籍人口基本公共服务提供机制,强化了农

---

① 钱雪亚,胡琼,宋文娟. 农民工享有的城市基本公共服务水平研究[J].调研世界,2021(5).

民工公平享有城市基本公共服务的政策保障①。随着政策实施和推进,农民工在城市的基本公共服务权利得以逐步改善。根据国家统计局发布的历年《农民工监测调查报告》,参加工伤保险等社会保险的农民工人数规模不断增加,义务教育阶段农民工随迁子女在校生率也不断提升(见图6-4),2022年达到99.8%,小学年龄段随迁儿童88.3%在公办学校就读;初中年龄段随迁儿童87.8%在公办学校就读。

此外,农民工对所在城市的归属感和适应度不断增强,参与社区活动的人数比例也在逐步提高,2022年的数据显示,45.7%认为自己是所居住城市的"本地人",34.9%参加过所在社区组织的活动,可见农民工已经开始实质性地享受到与城市居民大致均等的义务教育、公共文化服务等基本公共服务。但是,纵观各地分布的居住证管理制度文件,大多数都要求更稳定的劳动合同和更持续的社会保险参保,实际上,农民工签订劳动合同比例和社会保险参保率并不乐观,详见表6-2②,2018年农民工保障性住房享有率仅为2.9%,经济适用房普遍未对农民工开放,灵活就业农民工难以申请公租房和享受租赁补贴政策。

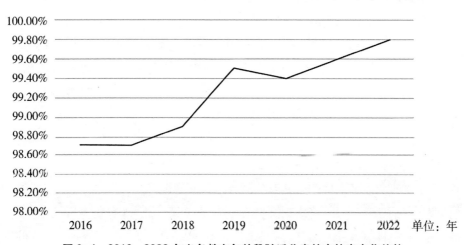

图6-4 2016—2022年义务教育年龄段随迁儿童的在校率变化趋势

---

① 姜晓萍,康传彬.关系-动机:农民工享有城市基本公共服务的可及性障碍形成机理研究[J].治理研究,2023(4).

② 国家统计局自2017年起发布的农民工监测调查报告,未再公布劳动合同签订情况数据;自2015年起发布的农民工监测调查报告,未再公布社会保险参保情况数据。

表6-2 农民工享有基本公共服务相关统计

年份	签订劳动合同比例	社会保险参保率				
		养老保险	工伤保险	医疗保险	失业保险	生育保险
2012	43.9%	14.3%	24%	16.9%	8.4%	6.1%
2013	41.3%	15.7%	28.5%	17.6%	9.1%	6.6%
2014	41.3%	16.4%	29.7%	18.2%	9.8%	7.1%
2015	39.7%	—	—	—	—	—
2016	38.2%	—	—	—	—	—

虽然享有基本公共服务是"公民的基本权利",但我国基本公共服务的供给全部或部分由地方政府承担出资责任,地方政府在意愿上倾向于将外来人口排除在所有基本公共服务之外,在部分服务领域,特别是在住房保障、基本社会服务等具有排他性的领域,现行部分转移支付在分配测算时未充分考虑流动人口因素,地方政府的这一意愿又不具备可行性①。根据2022年浙江省台州市调研发现,《台州市基本公共服务标准(2021年版)》中与财政相关度较高的就业、生育、教育、医疗等8个方面共80项内容中,64项基本公共服务对外来人口和户籍人口没有差异,占比80%;14项基本公共服务仅限于户籍人口,外来人口完全无法享受,占比17.5%;另有"适龄女性'两癌'筛查"和"公租房保障"2项,需持有居住证才能享受。外来人口与户籍人口享受基本公共服务政策的差异主要体现在救助、医疗、住房等方面,如救助方面的最低生活保障、特困人员供养等,需要明确外来人口的家庭人员总收入及家庭财产状况。由于无法对跨省数据进行获取和审定,外来人口无法享受该项政策。此外,有些项目虽已实现均等化,但在具体享受时仍有门槛限制,具体体现为"一高一低"现象。"一高"即享受要求高于户籍人口。比如在养老方面,按照社保法规定企业职工都可参加"职工基本养老保险",并无户籍限制。但外来人口想要退休时享受台州的公共福利,必须在台州参保缴费10年以上,主要原因是全国基本养老保险政策灵活性不足,无法由参保对象自由选择养老金领取地。"一低"为优先次序低于户

① 钱雪亚,宋文娟.城市基本公共服务面向农民工开放度测量研究[J].统计研究,2020(3).

籍人口。如在教育方面,台州市入学条件依次是:有户有房、有户无房、有房无户、无房无户,尽管外来人口与户籍人口一样能享受义务教育公共服务,但外来人口主要属于后两种情况。

此外,我国人口结构持续变迁,老龄化程度进一步加深,家庭结构小型化趋势明显,人员流动更加频繁,对基本公共服务的供给结构、资源布局、服务成本等带来较大挑战,也提出了更高要求,比如农民、新业态从业人员、非户籍常住人口等人群的基本公共服务供给,"一老一小"领域的基本公共服务供给。这就需要根据流动人口群体、相对弱势群体等群体的特点,制定和完善符合不同群体特点的基本公共服务相关制度与政策,提升基本公共服务的针对性和精准性,实现群体间基本公共服务均等化。

6.3　新时代基本公共服务均等化的实现策略

党的二十大报告提出,到 2035 年"基本公共服务实现均等化",将"基本公共服务均等化水平明显提升,多层次社会保障体系更加健全"作为未来五年的主要目标任务之一。近年来,我国基本公共服务均等化程度明显改善,服务能力进一步提高。但是,基本公共服务资源在城乡、区域、人群之间配置不均衡问题仍然存在,服务水平和质量仍需进一步提高。面对新形势、新挑战,持续推动基本公共服务均等化,除了前文所讲的基本公共服务标准化之外,还需进一步坚持以人民为中心,完善制度体系、强化财力保障、提升政策执行力、落实动态监测评估,确保实现基本公共服务目标人群全覆盖、服务全达标、投入有保障,持续缩小城乡、地区、人群间的基本公共服务供给差距,实现"人人享有"再到"人人满意"。

6.3.1　完善基本公共服务均等化制度体系

基本公共服务均等化是一个内容丰富、实践性强的政策体系,特别是在中国这样一个大国中,涉及机构和人员众多,所触动的权力关系也很多,意味着要调整的利益关系幅度非常大,规范的技术操作等级也很高[①]。因此,依法加强和

---

① 张启春,杨俊云.基本公共服务均等化政策:演进历程和新发展阶段策略调整:基于公共价值理论的视角[J].华中师范大学学报(人文社会科学版),2021(3).

规范公共服务,健全幼有所育、学有所教、劳有所得、病有所医、老有所养、住有所居、弱有所扶等方面国家基本公共服务制度体系,完善教育、就业、社会保障、医疗卫生、社会救助等方面的法律法规,推动均等化法治化,实现其平稳健康运行,这也是依法治国的内在要求。

首先,尽快进一步确立与完善相关法律法规。在基本公共服务均等化体系中,法治是其中核心组成部分,是保障体系有效运作的坚实基础。当前,基本公共服务均等化政策主要分散于各领域立法中,使其缺乏应有的规范性和严肃性,影响基本公共服务制度执行中的责任机制明确与运行。如《中华人民共和国公共文化服务保障法》《中华人民共和国体育法》中仅对均等化进行原则性规定,与基本公共服务均等化直接相关的则更多是以"规划""通知"和"实施意见"等政府文件形式出现,法律效力较低。以法治化构建基本公共服务均等化制度体系,首要的是推进基本公共服务均等化立法,一方面,进一步修订和完善现有相关法律法规,在《中华人民共和国教育法》《中华人民共和国老年人权益保障法》等高位阶法律中进行均等化理念的嵌入和均等化管理流程性的补充;另一方面,可考虑直接出台《中华人民共和国基本公共服务法》,明确各参与主体的责任,规定基本公共服务类型与供给标准、供给评估程序与方法、均等化制度、均等化政策权力和责任分配、均等化供给途径与模式、均等化监督机制等①。此外,还可以积极推动地方性法规先行,巩固地方基本公共服务均等化改革成果与经验模式。

其次,持续优化基本公共服务均等化现有政策。围绕"查漏补缺、提高质量、平衡充分"三大原则,按照"巩固型、深化型、创新型、融合型",优化、调整、创新基本公共服务均等化政策,既发挥"存量"的实力,又突出"变量"的新功力。如,根据公共服务新需求和财政保障能力适时拓宽基本公共服务政策覆盖范围,将幼儿教育、高中教育列入义务教育的范畴,建立面向全体儿童的普惠型儿童福利体系,扩大基本养老服务覆盖人群;再如,完善流入地政府保障流动人口与市民享有同样的基本公共服务的政策支持;等等。

最后,完善基本公共服务均等化配套制度体系。及时清理、废除与推进区域基本公共服务均等化相冲突的法律法规、规章、其他规范性文件及相关政策,保持各个层级规范之间的协调一致,逐步形成统一、完备的均等化法律规范体

---

① 范柏乃,唐磊蕾.基本公共服务均等化运行机制、政策效应与制度重构[J].软科学,2021(8).

系。比如,党的十八大以来,我国深化户籍制度改革,整合城乡居民基本医疗保险、基本养老保险,统一城乡义务教育经费保障机制等,促进基本公共服务均等化。未来还可考虑从医疗保障逐渐走向健康保障,逐步实现城镇职工医保和城乡居民医保合一,真正实现公平可持续的一体化医保体制。

6.3.2　加强基本公共服务均等化财力保障

政府在基本公共服务均等化中承担主导和兜底职能,各级政府应履行基本公共服务提供职责,建立健全相应保障制度,加大政府投入力度,特别是农村、中部等薄弱地区和农民工、一老一小等薄弱环节,缩小基本公共服务省际差距、区域差距与城乡差距。我国仍是世界上最大的发展中国家,政府财力有限,需坚持尽力而为、量力而行的基本原则,加大财政投入的同时,应注重对财政投入运作方式结合新时期的新要求进行调整,充分提高财政资金配置效益和使用效益,确保财政政策落到实处[①],切实保障基本公共服务均等化。

首先,加快政府间财政事权和支出责任划分改革。中央与地方财政事权和支出责任划分改革持续向纵深推进,2018 年国务院办公厅印发《基本公共服务领域中央与地方共同财政事权和支出责任划分改革方案》,八大类 18 项民生纳入中央与地方共同财政事权范围,规范相关保障标准和分担比例,增强政策的稳定性。随后医疗卫生、教育领域等细分基本公共服务领域央地财政事权和支出责任划分改革方案出炉。省以下财政事权和支出责任划分问题更为复杂、不尽合理,2022 年国务院办公厅印发《关于进一步推进省以下财政体制改革的指导意见》,当前亟须各地遵循基本公共服务受益范围、信息管理复杂程度等原则,结合本地区实际加快推进省以下各级财政事权划分改革,应当适度强化省级财政事权,根据财政事权划分明确支出责任,差异化确定共同财政事权支出责任,避免让下级财政被动承担"兜底"责任。

其次,进一步完善转移支付制度。公共服务均等化的重要保障是财政转移支付。我国财政转移支付规模不断扩大,促进基本公共服务均等化的同时,仍然存在结构不合理、一般项目种类较多等问题。完善我国财政转移支付体系,应加快推动转移支付立法,健全均衡性转移支付资金分配机制和区域对口帮扶协作机制,适度增加专项转移支付。特别是健全省以下转移支付体系,明晰各

---

① 孙大鹏.新型城镇化背景下城乡基本公共服务均等化实现问题研究[D].吉林大学,2023.

类转移支付功能定位,根据财政事权属性加大对财力薄弱地区的支持力度。如浙江省财政厅创新探索构建体系化、集成化的"钱随人走"制度体系,更加突出人的因素,健全转移支付与常住人口挂钩机制,切实解决依附在人身份上的公共服务资源配置问题,以更加精准的转移支付调节,实现更加均衡的财力保障,提供更加均等的基本公共服务。

最后,加强基本公共服务项目的预算绩效管理。按照"谁使用、谁负责"的原则,对基本公共服务项目全面实施绩效管理,提高资金配置效率和使用效益。按照全面绩效管理有关要求,基本公共服务项目将在预算编制时就设置绩效目标,在预算执行中对绩效目标实现程度进行监控,及时纠正存在的问题,在预算执行结束后对项目绩效结果进行评价,结合评价情况对项目进行调整,从而保障基本公共服务项目能够达到预期目标,增强人民群众的获得感、幸福感和安全感。

6.3.3 提升基本公共服务均等化政策执行力

好的政策要取得好的效果,关键在于实践层面的贯彻执行和落实落地。只有精准把握和施策,才能确保政策贯彻落实取得最佳效果。目前,基本公共服务均等化政策执行中存在政策变通与共谋,如"上有政策、下有对策";政策失真,如"不求神似,只求形似"或"既不求神似,也不求形似";政策偏离,如替换性、选择性、象征性、附加性、残缺式执行等,致使偏离政策制定初衷。政策执行有效与否关系政策的最终成败,提升基本公共服务均等化政策执行力尤为关键。

首先,重视"认知共同体"的观念构建。"认知共同体"是组织和个人作为行动者对于规则所产生的共同价值观念和实践认知。加强宣传和政策学习,各级政府和全社会都应充分正确认识基本公共服务均等化的价值和意义,认同和理解政策目标与方案,形成更加广泛的共识与动力机制,避免组织和个体在实际执行中出现打折、变通甚至走样的现象,优化、有效政策执行,自觉、认真、高效、精准加快推动基本公共服务均等化。

其次,推进组织间资源有效共建共享。任何组织都无法独立完成和应对愈加具有复杂性和合作性特征的目标任务,都需要其他组织的资源支持,进而产生一系列的组织间关系。要按照"分工"与"协调"两个核心变量去考虑,在横向和纵向形成同一个层级部门之间、不同层级部门或组织之间以及中央与地方之间的协调合作①。基本公共服务均等化政策执行涉及多个部门,应当打破机构间壁垒,规避各自为政、信息孤岛现象,建立执行的会商机制,强化执行横向协同,在执行中加强对话协商,推动各部门相互协作配合。同时重视信息交流反馈,推动执行主体间、执行主体与社会公众间的沟通对话机制,推动解决重复建设、重复补贴、多头管理等需要在制度层面整体性协调平衡的问题。

再次,充分发挥数字技术赋能作用。基本公共服务可以借助数字化来降低提供成本和获取门槛,同时提升供给效率和均等化程度。充分发挥信息网络、人工智能以及虚拟现实等新一代数字化技术优势,对基本公共服务进行智能化建设,推动基本公共服务资源在更大区域范围内的共享,从技术上协助欠发达地区缓解人力资本缺乏、公共服务不足和质量较低等难题,推动不同地区居民实际所享受的基本公共服务水平趋于大体一致。应当着力消除数字鸿沟,确保基本公共服务对象能更好共享数字带来的红利。

最后,健全相应的激励与约束机制。激励与约束对执行结果具有重要影响。任何一项执行绩效高、政策行动者行为意愿强烈的政策背后都一定有与之相对应的强大的激励约束和提供这些激励约束的制度安排。提升基本公共服务均等化政策执行力,应当丰富激励措施,通过因地制宜的机构设置和经费支持为政策执行提供物质保障,并通过推动绩效考核制度化、标准化和科学化,鼓励引导各地因地制宜推动政策落地落实,激发相关责任主体以人民群众需要为导向,主动贴近群众、服务群众,推动基本公共服务均等化。

6.3.4　做实基本公共服务均等化动态监测评估

“十二五”期间,中央就要求国务院各有关部门和各省级人民政府要开展本行业和本地区的基本公共服务水平监测评价。“十三五”期间,进一步明确要求“国家发展改革委要会同国家统计局等有关部门,建立健全基本公共服务综合评估指标体系,推进基本公共服务基础信息库建设,开展年度统计监测”。国家统计局从2013年开始持续开展基本公共服务均等化统计监测工作,搭建国家基本公共服务统计信息平台,每年从有关部门收集基础数据,进行加工整理,开展测算分析,形成监测报告。国家市场监督管理总局也开展年度全国公共服务质量监测工作。各地各级政府也逐步开展基本公共服务满意度调查。但是,落

① 宋雄伟.提升政策执行力的基本路径[N].中国社会科学报,2022-08-10(008).

实基本公共服务均等化动态监测评估仍任重道远,比如当前相关部门和不少地区都将基本公共服务监测作为"内部工作流程信息"而"不予公开",或仅供内部使用并限用于统计相关目的,不对外发布。对此,新时代应当尽快建立健全基本公共服务均等化动态监测评估机制,充分利用现代信息技术,坚持过程监测理念,为多元主体价值判断和科学决策提供客观依据,支持均等化政策持续改进。

一方面,优化监测评估指标体系。从评价主体、评价内容和评价方式等多方面着手,运用定性与定量相结合的方式,探索建立更加科学、合理、全面的评价指标,坚持以人民为中心,结合人民群众满意度指标进行综合评判。还可探索编制基本公共服务均等化实现度评价指标体系,按照指标要求每年进行考核评估,检验地区基本公共服务均等化实现度,并将评价结果纳入部门年度工作目标责任制考核,建立起结构合理、务实适用的评价指标体系。

另一方面,切实发挥动态监测功能。创新监测手段与方式,善用互联网技术及信息化手段开展监测工作,形成数智化基本公共服务均等化监测模式,注重公众参与度,引导社会力量特别是高校、智库、企业等参与监测,提高监测评估的高效性与精准性。同时,充分发挥基本公共服务均等化动态监测的处理数据、挖掘知识、分析诊断、形成决策、反馈改进等系列功能,并主动对外公开、接受监督。

第7章 基本公共服务可及性实践现状与增强策略

进入新时代，我国社会主要矛盾已经转化为人民日益增长的美好生活需要和不平衡不充分的发展之间的矛盾。人民群众对美好生活的新期待在需求方面呈现领域拓展、内涵丰富、标准升级、主体多元等新特征，更加迫切期盼优质化、特色化、个性化、权益化的高质量公共服务产品。在推进基本公共服务均等化水平明显提高的基础之上，动态满足人民群众公共服务需求，增强基本公共服务可及性，使公民"用得上""用得起""用得到""知道用"基本公共服务，正成为当前各级政府面临的公共问题。我国坚持以人民为中心的发展思想，对这一问题进行了积极回应，明确增强基本公共服务可及性的政策要求，加强推动基本公共服务资源下沉。本章首先对基本公共服务可及性这一相对崭新主题进行理论阐释，然后介绍当前顶层设计，分领域、分人群结合案例分析其实践现状，进而提出新时代增强基本公共服务可及性的策略建议。

7.1 可及性：基本公共服务高质量发展的必经之路

可及性最早兴起于医疗卫生领域，《世界卫生报告》指出卫生服务的可及性是居民实现最基本医疗卫生需求的难易程度，即居民到医疗卫生机构的方便程度，随后被拓展至养老服务、公共教育、公共文化服务等具体领域。但截至目前，其概念尚未统一，学者们将其内涵细化为可获得性、可接近性、可接受性、可适应性、可承受性等维度，包含资源可及、空间可及、时间可及、制度无歧视等。可及性源自公民公平享受基本公共服务的权利诉求，关注基本公共服务"需求"与"供给"的匹配程度，是基于服务距离、时间、内容、方式等多种维度上的综合性考察，既强调从用户需求出发的制度可及、空间可达，又重视内容可及、享用满意。区别于"普及性"，可及性的关注点不在于基本公共服务的遍布范围、遍布率,而在于重点考察其切合情况、利用率,服务距离和时间,由均等化转向考虑居民的便利度,服务内容和方式由统一化转向考虑居民的多样化需求,服务程序也由模式化转向考虑居民习惯,要求基本公共服务资源与社会需求的空间分布匹配惠及所有人,居民能够容易获得服务,还不能因过高的成本使一部分人尤其是低收入的弱者被排除在外,而是要包容不同的社会群体①。对此,参照相关研究,可将基本公共服务可及性定义为政府对基本公共服务供给与公众对基本公共服务需求的匹配程度以及公众对基本公共服务的实际使用程度②。

从另一角度来看,可及性是一种空间结构,是空间中的基本公共服务供给与需求的"适配关系"。空间是基本公共服务的存在方式。一切的基本公共服务项目总是在一定的空间范围内展开。一切的物质形态的基本公共服务设施,总是按照地理坐标被设置于具体空间方位③。将基本公共服务放置于政治社会空间来考察,可及性具体指向:其一,基本公共服务供给应坚持非排他性原则,惠及空间中的所有人;其二,空间应当生产出与社会需求相适应的基本公共服务产品,尽可能弱化产品稀缺性,弱化使用产品行为的竞争性;其三,降低使用的成本和代价,不使过高的成本代价成为将人们排除在使用可能之外的"门槛";其四,围绕需求人群日常活动的高频空间,按照需求人群的活动地域和地域上需求人群的活动频次,来确定基本公共服务资源的配置地点与数量;其五,无差别地对待每一位需求者,使供给的基本公共服务产品能够惠及所有需求人群。

基本公共服务是满足人民美好生活需要的重要途径,最终落在公民的享有与获得。优化公众基本公共服务体验感受,增强基本公共服务可及性,是基本公共服务标准化、均等化基础上的高阶目标,是高质量发展的应有之义和必经之路。从逻辑上看,公共服务可及性与均等化、标准化具有内在一致性,互为条件,相辅相成。没有标准化,可及性无从谈起;脱离了均等化,可及性便失去了价值引领;而抛开可及性,标准化、均等化将大打折扣甚至失去其原有意义;可及性进一步通过回应公共服务需求的时空迭代,持续推进均等化。只有实现基

---

① 钱振明.新时代基本公共服务体系的现代化发展:基于均衡性和可及性的考察[J].中国行政管理,2023(10).

② 代凯,郭小聪.基本公共服务可及性:概念界定、研究进展与未来展望[J].中国延安干部学院学报,2020(4).

③ 苏曦凌.公共服务的空间叙事:可及性、可及化与可及度[J].社会科学,2022(9).

本公共服务可及性,才能真正体现物有所值,保障全体公民享有高质量的基本公共服务、满足其美好生活需要。

首先,从供给侧来看,基本公共服务可及性意味着量和质的兼顾。数量是基本公共服务发展的基础。我国经过多年的制度构建和实践,当前基本实现了基本公共服务的普及普惠,但标准偏低、质量不高成为日益突出的问题。将方便可及和群众获得感等作为基本公共服务供给的价值取向,体现了从对量的关注转变为对质的要求。基本公共服务可及性的前提就是要求政府加强供给侧改革,提供覆盖广泛、内容丰富、数量充足、机会均等的基本公共服务,兼顾量的积累和质的保证,在量的层面补齐关键核心领域的短板和不足,在质的层面更好地满足人民群众多样化、多方面、多层次需求,实现质的有效提升和量的合理增长。从这个层面来看,基本公共服务可及性的本质是扩大范围和增效提能,在供给侧实现量与质的兼顾、统一。

其次,从需求侧来看,基本公共服务可及性意味着使用和满意的并存。可及性的核心是"使用服务",而不只是提供服务。基本公共服务从范畴上而言在于保障全体公民生存和发展基本需求,即全体公民具有获得、使用基本公共服务的权利和条件,基本公共服务"有得用"(有需要的服务)、"用得起"(价格可承受)、"用得到"(空间便利可达)、"用得上"(符合需求)。物理空间的距离远近并不真正代表基本公共服务的实际可获得程度。基本公共服务是否可及的评价权在于服务的接收者和使用者,服务对象的获得感、服务体验和满意度以及支付意愿等同样重要。因而,基本公共服务可及性的关键就是政府提供的基本公共服务的服务类型、数量和质量能够满足人民真实需求,且及时高效、方便易得、质优价廉、符合预期,基本公共服务的使用程度较高,最大程度避免资源闲置问题,公民使用后满意度较高,切实满足公民需求,全面增强人民群众获得感、幸福感、安全感。

最后,从供需匹配来看,基本公共服务可及性意味着治理的现代化。基本公共服务的供需匹配有两类:一是规模匹配,即公共服务供给规模是否满足公共需求的数量;二是结构匹配,即公共服务在地域、群体和项目等维度上的供给与需求相匹配。二者结合交叠,共同要求公共服务供给与需求实现空间分布均衡且无差别地惠及空间中的所有人;必须能够吸纳需求的相关信息,按照特定规范提供公共服务且能够满足个人偏好和主观需要;需要降低使用的成本和代价,不使过高的成本代价成为将人们排除在使用可能之外的"门槛"。这就指向基本公共服务可及性的保障就是政府治理现代化导向基本公共服务供给的精准细严,不仅要有实现"一个都不能少、一个都不能掉队"的全面覆盖追求,还要注意供给和需求之间的适配性,既要考虑供给的到达成本,也要考虑服务对象对服务的可获得性、可承受性和可接受性,通过供给高效、精准回应需求,创造最大化公共价值。

7.2 我国基本公共服务可及性的实践现状

基本公共服务可及性具有很强的实践导向性,通过一系列制度安排并将其转化为治理效能,旨向实现在不存在偏见、歧视、特殊门槛的前提下,使一定治理空间内基本公共服务可获得、可到达、可负担、可接受、可适应。党的十八大以来,我国在基本公共服务"量"的发展基础上逐步转向"质"的发展,注重可及性问题,通过政策引导、分领域实践探索、加强农民工基本公共服务可及性、推动基本公共服务资源下沉等多维举措持续推动基本公共服务可及性。

7.2.1 基本公共服务可及性政策导向

公共政策话语是政治系统中最重要的话语信息输出。基本公共服务政策作为国家政治意志和经济社会发展整体规划的权威性载体,必然能够清晰反映出基本公共服务发展的现实性、复杂性与导向性。通过政策文本分析,基本公共服务标准化、均等化、数字化、服务效能等顶层设计与制度安排均间接地指向增强基本公共服务可及性问题,而与"可及"直接相关的表述也愈发凸显(详见表7-1),可以说"可及"已经成为我国当前基本公共服务发展的关键词。从"十二五"规划提出的"服务方便可及"到"十三五"规划提出要提供"公平可及的政务服务和公共服务",从党的十九届四中全会指出要"推进基本公共服务均等化、可及性"到党的二十大报告提出,要"增强均衡性和可及性,扎实推进共同富裕",都凸显出我国对基本公共服务需求侧公民获得感的重视和供需匹配治理效能的加强。其背后的深刻原因是当前国家发展的奋斗目标正在由满足人民对物质文化的需求向满足人民对美好生活的向往转型,国家发展的奋斗重心正在由满足人民的温饱向让人民幸福转型,民生建设的具体路径正在由改善基本民生水平向回应高级民生诉求转型。面向人民对美好生活的向往、对优质公共服务的需要,基本公共服务高质量发展面临资源配置均衡和服务质量优化的双重考验,既要保障兜底的基本公共服务基线实现全面覆盖,使民生发展成果惠及每一个人,强化人民获得感;又要追求高品质的基本公共服务高线,兼顾人民便捷、智慧、个性化的新需求,提升人民幸福感①。基本公共服务可及性以人民群众的获得感、满足感、幸福感为最终的实现目标,因此更加注重基本公共服务的均等性、精准性、便捷性,从供给角度的"机会均等"走向需求角度的"结果均等",确保基本公共服务可获得性、可接近性、可接受性、可适应性,并从人人可获得转向人人有感受、人人都满意。

表7-1 基本公共服务可及性相关政策梳理

年份	政策文件名	可及性相关阐述
2012	《国家基本公共服务体系"十二五"规划》	1.首次界定基本公共服务均等化,指全体公民都能公平可及地获得大致均等的基本公共服务 2.将"服务方便可及"列为"十二五"时期的主要目标之一 3.提出"形成覆盖城乡、功能齐全、布局合理、方便可及的就业服务网络""提高基本医疗卫生服务的公平性、可及性和质量水平"
2017	《"十三五"推进基本公共服务均等化规划》	将"广大群众享有基本公共服务的可及性显著提高"列为"均等化水平稳步提高"目标实现的表现之一
2018	《基本公共服务领域中央与地方共同财政事权和支出责任划分改革方案》	1.提出"推进基本公共服务大数据平台建设",为实现基本公共服务便利可及等提供技术支撑 2.提出加强对基本公共服务事项基础标准落实、基础数据真实性、资金管理使用规范性、服务便利可及性等方面的监督检查
2019	《中共中央关于坚持和完善中国特色社会主义制度 推进国家治理体系和治理能力现代化若干重大问题的决定》	1.明确提出"完善公共服务体系,推进基本公共服务均等化、可及性" 2.提出"坚持关注生命全周期、健康全过程,完善国民健康政策,让广大人民群众享有公平可及、系统连续的健康服务"

① 姜晓萍,郭宁.我国基本公共服务均等化的政策目标与演化规律——基于党的十八大以来中央政策的文本分析[J].公共管理与政策评论,2020(6).

续表7-1

年份	政策文件名	可及性相关阐述
2021	《"十四五"公共服务规划》	在"第三章 推进基本公共服务均等化"中提出,坚持以促进机会均等为核心,推动实现全体公民都能公平可及地获得大致均等的基本公共服务
2022	《高举中国特色社会主义伟大旗帜 为全面建设社会主义现代化国家而团结奋斗》(党的二十大报告)	明确提出"健全基本公共服务体系,提高公共服务水平,增强均衡性和可及性,扎实推进共同富裕"

各地根据国家要求,结合发展实际,纷纷出台基本公共服务相关规划、政策文件,近些年着重"可及性"。以《上海市基本公共服务"十四五"规划》为例,全文出现了5处"可及"表述,第二项中包含2处。一是发展基础的"设施建设"方面,"十三五"期间"探索试点15分钟社区生活圈,建设社区综合服务设施,逐步提高服务可及性、便利性";二是主要目标为"到2025年,全面建成城乡一体、方便可及、公平高效、均衡普惠、高质量发展的基本公共服务体系","市民群众享有基本公共服务的便利性、可及性明显提高";三是重点任务之"推进基本公共服务延伸覆盖,健全家门口服务体系","促进公共服务共建共享、便利可及";四是重点任务之"强化基本公共服务模式创新,推动实现数字化转型","通过数字赋能,提高基本公共服务的均衡性、精准性和可及性"。再以《河南省"十四五"公共服务和社会保障规划》为例,突出强调了"基本建成方便可及、成本可负担的普惠性托育服务体系""支持社会力量提供价格合理、方便可及、质量可靠的普惠养老服务"等具体领域。可见,增强基本公共服务可及性的公共政策体系不仅重视顶层的规划性总体设计,更强调资源下沉、数字赋能等保障落实,以及从具体的基本公共服务领域重点突破,从而着力落实可及性目标。

7.2.2 分领域基本公共服务可及性实践

增强基本公共服务可及性,在实践领域就是让人民群众更加方便可及地获得、享受到优质均衡的教育、医疗卫生、文化体育等服务,涉及优化资源配置与空间布局以提高基本公共服务覆盖面,创新服务模式与治理手段以增强基本公共服务效能,完善制度安排与政策支持以保障基本公共服务无排斥等方面。特别是基本公共服务"中心与边缘"的空间分异,会使"边缘"成为供给的短板,造成"边缘"人群使用公共服务的现实困难,而且有可能使"中心"成为人们扎堆的"堵点"、进入的"难点"、体验的"痛点"。从打破山川隔阻的交通线,到惠及偏远地域的服务点;从"家门口"的工作站,到"手头上"的 App 等,这些现象背后都有着共同的内核:打破基本公共服务的空间阻隔,为人们能够"接近"基本公共服务项目提供可能场景①。近年来,北京、广州等地的"15 分钟医疗卫生服务圈""15 分钟医保服务圈",北京东城区、深圳龙岗区等地的"10 分钟公共文化服务圈"和河南中心城区等地的"15 分钟公共文化服务圈",民政部提出"十四五"期间在城市地区建立的"15 分钟养老服务圈"等,也都体现了各地各领域增强基本公共服务可及性的实践探索。下面以基本医疗卫生服务和基本公共文化服务为例进行详细阐述。

1. 基本医疗卫生服务

医疗卫生服务体系承载着维护人民群众生命安全和身体健康的重要功能。党的十八大以来,我国覆盖城乡的医疗卫生服务体系进一步健全,医疗卫生服务的公平性和可及性显著提高,人民群众看病就医负担不断减轻。党的二十大报告指出,我国建成世界上规模最大的医疗卫生体系。根据《中国卫生健康统计年鉴》,调查地区住户距最近医疗单位距离和时间整体上都在缩短,详见表 7-2、7-3。根据《全国第六次卫生服务统计调查报告》,城乡卫生服务可及性进一步改善,尤其西部地区、农村地区等欠发达地区的改善明显。一方面,城乡因经济困难需住院而未住院比例从 1998 年的 18.3% 和 24.5% 下降到 2018 年的 9.0% 和 10.2%,反映因经济困难难以获得所需要服务的问题得到明显改善。另一方面,2018 年有 89.9% 的家庭 15 分钟以内能够到达最近医疗点,特别是西部农村地区,15 分钟内能够到达最近医疗单位的家庭比例从 2013 年的 69.1% 提高到 2018 年的 82.6%。

表 7-2　调查地区住户距最近医疗单位距离　　　　　单位:%

距离	2008 年			2013 年			2018 年		
	合计	城市	农村	合计	城市	农村	合计	城市	农村
不足 1 千米	65.6	83.5	58.0	63.9	71.0	56.7	58.2	62.5	53.1
1~2 千米	15.5	10.0	17.9	16.7	15.1	18.3	22.1	21.8	22.5

---

① 苏曦凌.公共服务的空间叙事:可及性、可及化与可及度[J].社会科学,2022(9).

续表 7-2

距离	2008 年			2013 年			2018 年		
	合计	城市	农村	合计	城市	农村	合计	城市	农村
2~3 千米	8.4	4.3	10.1	9.7	7.7	11.6	10.8	9.6	12.1
3~4 千米	3.9	1.3	5.0	4.2	3.1	5.3	4.0	3.3	4.7
4~5 千米	2.0	0.5	2.6	2.1	1.3	3.0	1.5	1.1	2.0
5 千米及以上	4.5	0.5	6.3	3.4	1.8	5.0	3.4	1.6	5.6

表 7-3　调查地区住户距最近医疗单位所需时间　　　　单位:%

2008 年				2013 年				2018 年			
时长	合计	城市	农村	时长	合计	城市	农村	时长	合计	城市	农村
10 分钟及以内	69.9	80.2	65.6	15 分钟及以内	84.0	87.8	80.2	15 分钟及以内	89.9	91.9	87.6
10~20 分钟	19.0	16.9	19.8	16~20 分钟	7.9	6.9	8.9	16~20 分钟	5.2	4.8	5.6
20~30 分钟	6.9	2.3	8.8	20 分钟以上	8.1	5.3	10.9	20~30 分钟	3.6	2.7	4.7
30 分钟以上	4.2	0.7	5.7	—	—	—	—	30 分钟以上	1.3	0.6	2.1

究其原因,得益于近年来我国深化医疗卫生服务体系改革,推动医疗卫生工作重心下移、资源下沉[①]:一是健全服务网络,以县域为单位根据服务人口和半径,合理布局医疗卫生机构,打造 15 分钟的医疗卫生服务圈。到 2021 年底,全国县级医疗卫生机构 2.3 万个、乡镇卫生院 3.5 万个、村卫生室 59.9 万个,实现了县乡村全覆盖,向农民提供安全价廉可及的基本医疗卫生服务。二是加强能力建设,先后开展"建设群众满意的乡镇卫生院""优质服务基层行"等活动,指导乡村医疗卫生机构提升服务能力,群众就医环境进一步改善,基本实现"一般病在区县解决,日常疾病在基层解决"。三是创新服务方式拓展服务内涵,通

① 具体参见:国家卫健委举行"一切为了人民健康——我们这十年"系列发布会[EB/OL]. http://www.scio.gov.cn/xwfb/bwxwfb/gbwfbh/wsjkwyh/202307/t20230703_721279.html

过家庭医生签约提供主动式的服务,持续开展国家基本公共卫生均等化服务。到 2022 年,人均基本公共卫生服务经费的补助标准提高到了 84 元,农村居民能够在常住地的基层医疗卫生机构获得预防接种、高血压糖尿病健康管理等 12 类基本公共卫生服务,服务内容越来越丰富,覆盖面越来越广。四是推进紧密型县域医共体建设,在全国 800 多个县市区开展试点,引导医共体提升医疗能力,同时将更多工作转向健康管理,90% 以上的试点地区实现医共体内的检查检验结果互认。通过开展远程医疗开始实现基层检查上级诊断,居民在基层获得县级甚至省市级专家高水平的服务。另外,国家组织和开展了药品集中带量采购、医保药品的谈判议价等,大幅度降低了药品和耗材的价格,也减轻了群众的医疗费用负担。以湖南湘潭为例,在城区联合四家综合医院,协同 6 家专科医院,联系 24 家基层医疗卫生机构,组建了湘潭城市医疗集团,在推进医疗药品耗材的集采、信息化管理等方面实施一体化;推广家庭医生个性化签约服务,开展"互联网+医护到家"的服务,在全市范围内组建了 453 个家庭医生团队,下沉融入 1269 个社区网格,为群众打造好家门口的医院,让群众享受就近的就医服务。其中,韶山家庭医生签约服务实现了全覆盖,高血压、糖尿病等慢病患者的基本药物实行免费提供,基层诊疗量的占比达到了 70% 以上,群众就医获得感有明显增强。但是,应当看到我国医疗卫生服务体系建设发展不平衡、不充分的问题仍然比较突出,城乡居民享有基本公共服务的可及性仍存在一定的差距。2023 年,中共中央办公厅、国务院办公厅印发了《关于进一步完善医疗卫生服务体系的意见》,明确坚持以人民健康为中心,推动医疗卫生发展方式转向更加注重内涵式发展,解决群众看病就医的急难愁盼问题,满足群众全方位、全周期健康需要,不断增强人民群众获得感、幸福感、安全感。

2. 基本公共文化服务

公共文化服务体系是保障人民基本文化权益、促进人民精神生活共同富裕的重要制度设计。自 2005 年首次提出至今,特别是党的十八大以来,我国公共文化服务体系建设取得了令人瞩目的成绩,呈现出整体推进、重点突破、全面提升的良好发展态势。根据中宣部统计,截至 2021 年底,全国共有广播电视播出机构 2542 个,公共图书馆 3215 个,文化馆 3316 个,博物馆 6183 个,乡镇(街道)文化站 4 万多个,村级综合性文化服务中心 57 万个,农家书屋 58 万家,实现了所有公共图书馆、文化馆、美术馆、综合文化站和大部分博物馆免费开放。在基本公共文化服务设施网络体系基本建成后,人民群众基本文化权利是否得到充分保障,公共文化服务体系运转是否满足公民基本文化需求,即基本公共文化服务可及性成为愈发被重视的问题。首先,我国高度重视公共文化服务体系建设,出台了一系列重要政策文件。从 2015 年的《关于加快构建现代公共文化服务体系的意见》《国家基本公共文化服务指导标准(2015—2020 年)》《关于做好政府向社会力量购买公共文化服务工作的意见》,到 2017 年文化领域第一部具有"四梁八柱"性质的重要法律《中华人民共和国公共文化服务保障法》,其中第三十六条明确规定"地方各级人民政府应当根据当地实际情况,⋯⋯提供便利可及的公共文化服务",再到 2021 年的《关于推动公共文化服务高质量发展的意见》,建立健全了现代公共文化服务体系的制度框架,为增强基本公共文化服务可及性提供了依据和要求。其次,持续推进城乡公共文化服务体系一体建设,缩小城乡间差距。推进县级文化馆、图书馆总分馆制建设,推动优质服务向基层延伸,扩展图书馆、文化馆的服务阵地和服务资源。支持建设布局合理、功能配套、供需衔接、各具特色的基层综合性文化服务中心,解决基层文化设施"空壳"问题。还推进借助新技术提升公共数字文化服务效能,"十三五"期间,全国文化信息资源共享工程开始向公共数字文化服务转型,"十四五"期间开始启动智慧图书馆体系建设和公共文化云建设项目。最后,创新公共文化服务体制机制,持续提升服务效能,提升人民群众的满意度。各级政府部门积极对接百姓需求,推动公共文化服务从"政府端菜"向"群众点菜"转变,政府购买公共文化服务开创供需直接见面的"文采会"模式。公共图书馆从过去等待读者上门到主动追逐客流、打造城市书房等探索升级服务模式。众多博物馆通过开启"夜游"模式拓展服务时间、丰富陈列展览、开发文创产品、探索数字传播等方式提高服务水平。

但是,应当看到,由于自然禀赋、经济条件、历史传统等原因,地区、城乡之间公共文化资源配置仍存在诸多不均衡现象,公民享有基本公共服务可及性存在较大差距,主要体现在基层。如不少乡镇综合文化站、农家书屋等使用程度较低,设施功能价值没有得到有效发挥;部分公共文化服务的距离、时间、内容和方式不便于也不适合服务对象享受,送到农村的图书、电影等受众偏少等;分人群精准供给不够,农民工群体、残疾人群体等享有基本公共服务不充分不便捷。2021 年,中共中央宣传部、国家发展改革委、文化和旅游部联合开展基层公共文化服务高质量发展典型案例遴选工作,并于 2023 年公布 51 个典型案例,涵盖制度建设、公共文化空间、全民艺术普及、全民阅读、乡村文化建设、公共文化服务数字化与社会化等多个方面,为探索新时代公共文化服务发展路径提供了重要借鉴。其中浙江省有 3 个案例上榜——"临平文化艺术长廊:市民身边的品质文化集聚区""桐庐县艺术乡村建设:文化赋能乡村振兴的桐庐实践""龙游县三百联盟体系:助力基层公共文化服务高质量发展"。作为公共文化服务现代化先行省,浙江省近年来不断优化公共文化服务供给,公共文化服务效能日渐提升,公共文化服务可及性持续增强①,具有示范引领意义和借鉴推广价值。一是城乡一体、合理布局,推进公共文化设施均等化。2020 年就基本实现全省公共文化服务"市有五馆一院一厅、县有四馆一院、区有三馆、乡镇街道有综合文化站和村(社区)有文化服务中心"全覆盖目标。同时充分挖掘公共资源潜力,多领域跨部门整合 7.7 万个公共文化设施,构建 8288 个文化圈,并将其纳入省政府民生实事,打造覆盖全省的"15 分钟品质文化生活圈"。还建成集多功能于一体的基层综合性文化服务中心,形成月月有主题、周周有活动的惠民格局。二是盘活资源、下沉服务,打通服务"最后一公里"。创制"文化点单",建立公共文化服务菜单项目,为基层群众特别是边远山区群众提供个性化、定制化服务。形成"找准短板—掌握需求—精准供给—考核评价"工作闭环链条,面向农村居民、农民工群体、残疾人群体等推行分人群精准公共文化供给,比如面向"农民工群体",探索推行"浙江文化保障卡",让其享受同城文化待遇。三是丰富品种、优化结构,深化公共文化服务供给侧改革。全域整合、智能调度公共文化资源,以"平台+大脑"为支撑,以群众需求为导向,打造看书、观展、演出、艺培等七大惠民场景,建设"浙里文化圈"应用,打造 24 小时不打烊的线上文化空间。建设"百姓百艺"工作坊,全省全民艺术普及率达 74.4%。积极指导和扶持具有鲜明地方特色和广泛影响力的重大文化节庆活动,涌现出"温州城市书房""嘉兴文化馆总分馆""丽水乡村春晚"等品牌。

7.2.3 农民工基本公共服务可及性实践

伴随着我国城镇化进程不断加快,大量流动人口从农村涌入城市,不但为城市发展作出重要贡献,而且逐渐留在城市成为常住人口中的重要组成部分。尽管国家历次基本公共服务规划均从顶层设计的高度对农民工群体公平享有城市基本公共服务作出了明确要求,但正如前文所述,部分基本公共服务资源以户籍人口为配置基础,农民工很难享有与市民同等数量、同等质量的基本公共服务,面临着不同程度的可及性障碍。根据"七普"数据,我国尚有 2 亿多常

---

① 浙江省打造"五级一体化"公共文化服务体系[N].中国文化报,2023-06-29(006).

住人口无法与户籍人口享有同等的基本公共服务,共有 59 项基本公共服务实现了平等享有,但还有 14 项为有瑕疵享有、7 项受户籍制度所限无法享有,存在非户籍人口子女入园难入园贵、中高考准入资格限制、农民工难以享有医保、保障房申请门槛高覆盖面小、较难获得社会救助等难点堵点①,具体如表 7-4 所示。其中,有瑕疵享有主要因为准入条件的不当限制,农民工面临着多重限制性条件,较难获得进入服务系统的资格,如在基本住房保障上,许多城市对农民工等外来人口的公租房申领附加了稳定就业、社保缴纳、收入水平等严苛条件,对本地市民的申领则较为宽松,仅需达到居民人均可支配收入即可②。究其原因,城市政府在压力承载(府际博弈、社会维稳、联盟维系)和绩效考量(正向邀功、负向避责)的复合作用下采取策略性妥协(象征性附和、局部化调整),致使供给端的回应力弱化;农民工在斥力感知(群体排斥、劳动控制、空间挤压)和底线持存(生计得所、报酬得偿)的复合作用下采取消极性适应(客观化认知、惯常化接纳),致使需求端的表达力弱化;供给端约束和需求端约束双向催化共同形塑了农民工享有城市基本公共服务的可及性障碍③。

表 7-4　非户籍人口难以公平享有常住地提供的基本公共服务情况

八大类服务的项目	有瑕疵享有	无法享有
幼有所育	孕产妇健康服务、特殊儿童群体基本生活保障	—
学有所教	学前教育幼儿资助	—
劳有所得	就业登记与失业登记、流动人员人事档案管理服务、就业援助	—
病有所医	建立居民健康档案、慢性病患者健康管理	—
老有所养	城乡居民基本养老保险	老年人福利补贴

---

① 王明姬,魏义方.健全常住地提供基本公共服务制度[J].宏观经济管理,2022(11).

② 马秀莲,范翻.住房福利模式的走向:大众化还是剩余化?——基于 40 个大城市的实证研究[J].公共管理学报,2020(1).

③ 姜晓萍,康传彬.关系-动机:农民工享有城市基本公共服务的可及性障碍形成机理研究[J].治理研究,2023(4).

续表7-4

八大类服务的项目	有瑕疵享有	无法享有
住有所居	公租房保障	—
弱有所扶	医疗救助	最低生活保障、特困人员救助供养、困难残疾人生活补贴和重度残疾人护理补贴、无业重度残疾人最低生活保障
优军优抚服务	优待抚恤、退役军人安置、退役军人就业创业服务	特殊群体集中供养
文化体育保障	—	—
合计	14项	7项

2021年,中央经济工作会议指出,统筹推进经济发展和民生保障,健全常住地提供基本公共服务制度。各地政府也纷纷提出相应要求,如2023年河南省政府工作报告指出,"加快农业转移人口市民化,健全常住地提供基本公共服务制度,让能进城愿进城的,更快更好融入城市";2023年,浙江省印发《浙江省推动落实常住地提供基本公共服务制度有序推进农业转移人口市民化实施方案(2023—2027年)》,提出进一步强化农业转移人口公共服务保障,包括围绕就业更充分,优化就业创业服务;围绕居住更安定,加大住房保障力度;围绕教育更优质,保障随迁子女受教育权利;围绕医疗更便捷,完善医疗卫生服务;围绕保障更有力,扩大社会保障覆盖面;围绕文化更丰富,优化公共文化服务。可以预见,通过顶层设计,着眼多样化需求做好精准服务,强化部门协同深化人口流出地与流入地公共服务联动,加快形成政府主导、覆盖常住地、可持续的基本公共服务提供保障机制,将进一步增强农民工基本公共服务可及性。

7.2.4　推进基本公共服务资源下沉探索

社区是党委政府联系服务群众的"最后一公里",是为群众提供公共服务的重要平台,承载着各种公共服务与生活类服务,是人民群众感知公共服务效能和温度的"神经末梢"。"十三五"时期,城乡社区服务体系建设取得积极进展,一方面,服务供给不断扩大,社区提供基本公共服务办理、代办等服务,公共事业服务、便民利民服务办理更加便捷,志愿服务蓬勃发展。另一方面,服务设施建设不断加快,以党群服务中心为基本阵地的城乡社区综合服务设施建设加快推进,城市社区综合服务设施实现全覆盖,农村社区综合服务设施覆盖率达到65.7%。近年来,我国大力推动"一刻钟生活圈",建设完整居住社区,着力夯实社区服务基础能力。根据住房和城乡建设部2021年底发布的《完整居住社区建设指南》,完整居住社区应建设完善的基本公共服务设施,包含一个社区综合服务站、一个幼儿园、一个托儿所、一个老年服务站和一个社区卫生服务站,社区综合服务站建筑面积以800平方米为宜,设置社区服务大厅、警务室、社区居委会办公室、居民活动用房、阅览室、党群活动中心等。2023年在全国106个社区开展完整社区建设试点,着力解决群众急难愁盼问题。

2022年,国务院办公厅印发的《"十四五"城乡社区服务体系建设规划》明确提出,推动基本公共服务资源向社区下沉,以老年人、残疾人、未成年人、困难家庭等为重点,优先发展社区养老、托育等服务。2023年,国务院办公厅转发国家发展改革委发布的《城市社区嵌入式服务设施建设工程实施方案》,提出推动城市公共服务设施有机嵌入社区、公共服务项目延伸覆盖社区,努力把社区建设成为人民群众的幸福家园,不断增强人民群众获得感、幸福感、安全感。各地也在积极实践,比如上海推进基本公共服务延伸覆盖,大力发展家门口服务体系。浦东新区"家门口"服务体系建设以现有村居网络为基础,发展和巩固其"社区生活圈"核心的地位,通过优化条块服务供给,打造资源整合平台,在不增加机构、不增加编制、不增加人员的情况下,大大提高了公共服务供给的效率与精准性,增强基本公共服务可及性。再比如洛阳市推动文化、体育、养老、卫健、教育、政务六大领域基本公共服务进村进社区,分类制定下沉服务事项清单,引导推动资源倾斜到社区、服务下沉到社区,真正做到群众有需求、社区有服务。2022年以来将邻里中心建设作为推动公共服务进社区的重要载体,通过建设片区—社区—小区三级邻里中心,按照5分钟、10分钟、15分钟便民生活服务圈标准,差异化提供基本公共服务、普惠性公共服务、商业化服务,助力基层公共服务提质提效,着力打通便民利民"最后一公里"。

7.3 新时代基本公共服务可及性的增强策略

增强基本公共服务可及性就是让人民群众方便可及地获得、享受到优质均衡的基本公共服务,推动基本公共服务人人可享、人人可及。随着基本公共服务标准化、均等化的推进和全面小康社会的实现,公民大体上能够相对公平可及地获得大致均等的基本公共服务,兜住民生底线。然而,基本公共服务可及性问题仍然相对突出,当前人民群众对教育、医疗、养老、托育等公共服务领域的"急难愁盼"问题就是具体表现。新时代增强基本公共服务可及性,本质上在于实现供需动态适配,关键在于供给端加力提效,深入推进基本公共服务标准化、均等化,提供合理充沛、高效精准、优质满意的基本公共服务资源。从表征上来看,可通过扩大有效供给、优化资源配置、提升服务效能、加强调适与回应等,增强基本公共服务的可获得性、可接近性、可接受性、可适应性,从而系统化、整体性地增强基本公共服务可及性。

7.3.1 扩大有效供给,增强基本公共服务可获得性

可获得性是指基本公共服务供给的数量、覆盖率能满足人民现实需求的程度,是可及性的基础。目前,我国基本公共服务供给保障能力全面提升,但与人民群众的需求相比仍存在服务供给不足、优质资源短缺等问题。为增强基本公共服务可获得性,需要通过完善基本公共服务清单制度、加大政府购买服务改革力度、拓宽基本公共服务传递渠道等,扩大有效供给。

首先,健全基本公共服务清单制度。健全基本公共服务标准体系,以幼有所育、学有所教、劳有所得、病有所医、老有所养、住有所居、弱有所扶等为统领,明确各领域基本公共服务供给的国家清单及服务标准。地方在落实国家清单"规定动作"的基础上,可增加地方项目为"自选动作",确定基本公共服务项目的种类名称、责任主体、服务对象、质量标准、支出责任、人员配比、财力投入保障等地方清单及服务标准[①]。比如,对于民政领域,叫考虑在梳理现有试点经验的基础上,综合考虑尽力而为、量力而行的要求,加快制定养老服务、未成年人保护、区划地名等多个领域的公共服务清单,同时加强清单的标准化、专业化建设,增加优质服务供给,提升现有服务水平。同时,对标对表国家基本公共服务标准,结合地方实施标准,采取针对性更强、覆盖面更广、作用更直接、效果更明显的举措,促进公共服务资源向基层延伸、向农村覆盖、向边远地区和生活困难的群众倾斜,加快补齐基本公共服务的软硬件短板弱项。

其次,加大政府购买服务改革力度。基本公共服务供给过程可以划分为提供、生产两个环节,政府提供不等于政府直接生产,这为政府购买服务提供了理

---

① 钟裕民.推进基本公共服务可及性[N].中国社会科学报,2020-08-12(010).

论基础。政府通过购买服务将适合市场化方式提供的服务事项交给社会力量承担,一方面可以增加基本公共服务提供的范围和数量,扩大服务覆盖人群;另一方面也有助于消除政府对基本公共服务的垄断,促进竞争,有效提高服务效率和质量。未来坚持尽力而为、量力而行,采取有力措施深入推进政府购买公共卫生服务、城乡社区公共服务、基本养老服务、就业公共服务、教育公共服务工作等重点领域政府购买服务改革,同时准确把握政府购买服务范围,严禁将应当由政府直接履职的事项外包,从而切实有效扩大基本公共服务供给。

最后,拓宽基本公共服务传递渠道。以大数据、人工智能、物联网、区块链和云计算等为代表的新信息技术,在信息传递、沟通协作、运行效率、科学决策等方面拥有无可比拟的优势,影响着基本公共服务新型资源建设、资源传播、服务设施和服务新业态的形成,拓宽服务传递渠道、扩大服务供给力度。推动数字化服务普惠应用,促进"互联网+公共服务"发展,推动线上线下融合互动,支持高水平公共服务机构对接基层、边远和欠发达地区,通过"互联网+基本公共服务",推动优质资源在基层和乡村的可获得性。比如,对于基本公共文化服务,继续扩大数字文化资源库群等资源供给,拓宽数字内容分发渠道,以"全程""全景""全域"为目标推进智慧图书馆体系建设等。

7.3.2 优化资源配置,增强基本公共服务可接近性

可接近性,是指不同个体平等获取基本公共服务的能力,要求基本公共服务能够满足民众方便利用的要求。人民日益增长的美好生活需要和不平衡不充分的发展之间的矛盾,决定了我国基本公共服务在发展过程中的空间差异性和需求多样性,同时也导致基本公共服务在基层分配时的空间配置失衡,表现为服务设施选址不充分具备中心可达性,服务设施分布呈现碎片化、边缘化等问题,降低了公共服务可及性的实现效果①。对此,增强基本公共服务可接近性,应当充分考虑交通成本、时间成本等因素,科学规划公共服务设施的空间布局,推广数字化基本公共服务,保障民众享受基本公共服务的便利性。同时,要遏止基本公共服务的身份性歧视和技术性歧视,消除基本公共服务政策盲区,让所有公民都能公平享受基本公共服务②。

---

① 王佃利,徐静冉.公共服务可及性何以激活基层治理效能?[J].北京行政学院学报,2023(6).

② 钟裕民.推进基本公共服务可及性[N].中国社会科学报,2020-08-12(010).

首先,统筹规划服务设施布局。优化资源配置和空间布局的要义便在空间上,应当科学设定服务半径和服务人口。在一个可及度较高的基本公共服务空间节点,其建设的目标是为有需求的人群便利地提供使用公共服务产品的场所。针对当前我国公共服务节点面临的中心性节点的超负荷利用和分布化节点利用不足并存的问题,如养老设施的"一床难求"和"床位闲置",残疾人无障碍设施的"建而无用"与"无处使用"并存等,应当加快提升空间节点的可及度,密切节点与节点之间的空间连线,使节点服务覆盖人群而构成的空间曲面尽可能平滑①。为增强空间可及性,根据地区发展规划和人口空间布局,按照服务人口和服务半径,优化基本公共服务资源配置,服务设施建设选址应贴近服务对象,与服务半径和服务对象数量、年龄结构等因素有机衔接。对于人员居住相对分散的偏远农村地区,可科学设置流动服务设施。比如,上海引导优质资源通过委托管理、对口支援等形式在郊区农村地区布局基本公共服务设施,在主城区大力发展卫生、养老、文化、体育等社区嵌入式公共服务,预计到 2025 年实现 15 分钟步行可达覆盖率达到 85%,并制定 15 分钟社区生活圈标准指南,鼓励各区因地制宜优化家门口综合服务设施布局。

其次,借助新技术扩大服务半径。以基本公共服务项目清单为基础,持续推动具备条件的公共服务事项接入"一网通办"平台,优化基本公共服务申办流程,推进公共服务网上办、掌上办、自动办,高效开展"一件事一次办"。对暂不具备条件的公共服务事项提供全程在线咨询服务。持续提升医疗、养老、就业等高频政务服务事项网上办理能力。加快"社区卫生服务中心+互联网"发展,通过线上平台开展面向居民的家庭医生签约、健康管理、药品配送等服务。通过地图软件、服务 App 等方式,向公众提供服务指引。将基本公共服务纳入智能化服务场景,如申报救助服务时,在系统中显示周边社工站定位与联系方式。通过加大基本公共服务与云计算、大数据、物联网、人工智能等新技术的融合,实现服务资源的科学合理配置与供给,使居民更加便捷、智能、公平地获得基本公共服务。但是,要重视数字弱势群体获得基本公共服务信息的困难,强化传统信息传输与现代信息传输之间的兼容性,强化线上服务与线下服务之间的包容性②。

最后,增强特殊群体基本公共服务可接近性。一方面,充分考虑服务对象

①② 苏曦凌.公共服务的空间叙事:可及性、可及化与可及度[J].社会科学,2022(9).

的特殊性,如老年人、未成年人、低收入家庭等群体获取信息能力弱、活动范围小、主动求助能力差,服务供给部门要主动作为,实现从"人找政策"向"政策找人"转变。另一方面,基本公共服务供给应按照非歧视性原则,无差别地对待每一位需求者,使供给的公共服务产品能够惠及所有需求人群。对于流动人口,特别是农民工群体,应健全并落实常住地提供基本公共服务制度,细化政策措施,明确各级常住地政府作为为常住人口提供公共服务供给的责任主体,在规划、用地、投入各环节和教育、医疗、住房、养老等领域,按照常住人口规模予以政策保障和资源配置,逐步实现非户籍常住地居民与户籍居民的基本公共服务均等可及享有。

7.3.3 提升服务效能,增强基本公共服务可接受性

可接受性是指公共服务机构提供的服务内容和服务过程能否满足民众的期待,以及公民获得的简易程度和接受程度,是表达效能的一个维度。居民获得服务的方式、途径、渠道和流程是否便利快捷,也是检验公共服务可及性的重要一环。基本公共服务供给实践中,往往会出现服务供需衔接不畅导致的合作主导权争夺、需求识别偏差、供需错配等资源浪费现象,导致基本公共服务可接受性偏低。对此,应建立健全基本公共服务供需精准对接机制,推进服务供给与公众需求有效对接,确保基本公共服务精准供给,提升基本公共服务效能,同时提高公民的接受度、满意度。

首先,健全公民基本公共服务需求识别机制。提高公民对基本公共服务接受程度的前提是准确把握人民群众的需求,提供精准服务。构建"自下而上"需求表达机制,利用政府官网、微信、微博、抖音等新媒体开辟信息发布、需求征集及意见反馈的渠道。探索民主协商的广泛形式,如召开居民议事会、业主代表大会、党群联席会、开放空间会议等,征询居民需求,并形成社区居民的需求清单。通过培育基层自治组织力量、社会组织等方式,鼓励和支持民众通过正式、非正式渠道主动表达自己的现实和潜在需求。由于基本公共服务需求表达常常呈现信息零散、弱小、模糊的状态,需要有效加以识别、分析和整合。可利用大数据技术对社会成员行为和状态数据进行高效采集,科学识别、快速整合公共服务需求,通过深度挖掘和聚类分析刻画群体层面上需求内部的异质性,寻求公共服务需求的"最大公约数",形成需求清单,使之成为政府部门基本公共服务决策的参考,从而推动基础公共服务资源与区域发展需要相互匹配。

其次,健全政府基本公共服务供给决策机制。基本公共服务决策联结基本

公共服务供需两端,是服务供给的核心环节。作为供需两侧的链接、资源配置的中枢,高质量的决策是保障基本公共服务可接受性的关键。理想的基本公共服务供给决策机制是自上而下与自下而上的有效结合。政府确保接纳普通公民、专家、企业代表、社会组织代表等主体共同参与决策过程,增加公众的话语权,积极听取社会公众的利益诉求,以群众需要为供给政策的价值取向。公众通过"自下而上"的方式有序民主参与决策,可改变官员单纯对上负责的理念与做法,更为直接地对地区居民负责,实现向上负责和向下负责的有机结合。此外,应充分利用人工智能技术,赋能基本公共服务智慧决策。当前,人工智能算法已经开始介入公共交通、医疗、教育、环境、公共安全等公共服务领域的决策制定,如宁波 AI 人工智能助力卫生监督智慧执法等。未来,将创新利用机器学习、生物特征识别、虚拟现实等技术,赋能基本公共服务预测和分析,提升基本公共服务的效率、质量和精准性。

再次,健全基本公共服务网络输送机制。网络输送是通过网络化渠道为基本公共服务供给与需求搭建网络传输通道,缩短居民与其合意的公共服务产品之间的距离。注重科层化输送与合作输送的有机衔接,充分发挥企业、社会组织等各种社会力量的网络资源,可通过枢纽型社会组织联结各服务供给主体,形成资源配置一览表,与居民的需求清单进行精准对接,并由合适的社会组织或企业认领居民的服务需求,进而有针对性、因地制宜地提供多样化、差异化的社区服务,真正形成"点对点的服务点菜,面对面的服务供给"之格局。政府还应逐步加强基本公共服务提供过程中的技术研发与应用,通过机器学习、数据挖掘、仿真模型等技术向民众推送能真正迎合其偏好的基本公共服务,实现精准化供给,提高公民知晓率、利用率和满意度。

最后,健全基本公共服务多元化评价反馈机制。构建贯穿事前、事中、事后的全过程评价机制,实现对基本公共服务供需适配的全流程评价,并实时反馈。一方面,在基本公共服务供给各环节中都应关心服务对象的反馈,坚持公众参与,保障公众的知情权、参与权、监督权。另一方面,构建多元化基本公共服务评价反馈机制。探索建立第三方监测评价机制,第三方在评价中具有专业性、独立性的优势,积极吸纳高校、企业和社会组织参与评价,使外部社会评价压力转化为政府内部改进动力,切实回应群众的基本公共服务需求。健全群众评价反馈机制,基于反馈信息完善基本公共服务供给回应,实现公共服务决策、服务项目和服务提供有机衔接,实现以评促建、以评促管。

7.3.4 加强调适与回应,增强基本公共服务可适应性

可适应性主要指公共服务机构是否能根据公众需求、消费习惯适时地调整基本公共服务范围、内容和标准,指向服务供给主体应当根据时代环境和公民需求的变化及时调整自身的能力,回应公共需求。基本公共服务的政策体系、范围内容和供给方式等应与经济社会发展水平相适应,按照回应性政府、前瞻性政府建设和"尽力而为、量力而行"的要求,不断加强调适与回应基本公共服务。

首先,基本公共服务政策调适与回应。政策制定者受知识结构、信息掌握情况等因素,制定的政策不可能十全十美,制定颁布后需要根据执行反馈和监测反馈进行动态化管理。国家应与时俱进出台和更新基本公共服务法律、法规、政策与标准,及时根据国际环境、技术环境、人民群众需求的变化,形成因时而动、科学合理的法治体系和标准规范体系[①]。

其次,基本公共服务范围调适与回应。根据经济社会发展水平和财政承受能力动态有序调整基本公共服务范围,在现有基础上尽力而为、量力而行地拓宽"基本"领域,完善基本公共服务门类、增加服务项目,拓展基本公共服务层次、提高服务标准、扩大受益群体,使公众广泛享有更多充足、均衡的基本公共服务。根据我国公共需求的变化,可考虑将基本公共法律服务、公共心理服务、环境保护、公共安全服务等纳入基本公共服务范围;拓展公共教育服务,增加婴幼儿照护、学前教育等项目,将高中阶段教育纳入义务教育,老旧社区改造配套养老服务,完善公共住房保障体系等;提升基本公共服务标准,显著缩小城乡基本公共服务水平差距,提升最低生活保障标准、专项救助和临时救助标准、公共卫生和计生服务标准等属于基本生存保障的公共服务项目标准,解决医疗、就业、养老、教育等保障性公共服务的缺口问题。

最后,基本公共服务方式调适与回应。政府应主动适应新一轮科技革命发展趋势,创新理念与方式,加强科技助推基本公共服务发展能力,不断提升基本公共服务供给质量和效率。一方面,加强地区间的信息互联互通和部门间信息共享和证明互认,整合现有各部门碎片化、条线化的服务信息,建设全方位、全渠道的服务机制,全面推进线上线下服务流程再造、数据开放共享,以形成一网

---

① 单轸,陈雅.我国公共文化服务可及性提升机制研究:基于政策文本的扎根分析[J].情报科学,2023(7).

协同、综合管理的服务体系。另一方面,借助"智能+"持续创新基本公共服务方式,让服务内容更加丰富多样,服务流程更加规范透明,服务主体也从"真实"逐渐向"虚拟"转变,服务信息从原来的"独有"向"共享"转变。如结合 RFID 技术、虚拟现实技术等将公共图书馆、博物馆资源进行数字化、虚拟化处理,让公众获得更好的沉浸式体验,增强获得感、满意度。此外,针对老年人、残疾人等群体需求特点,加强技术创新,开发提供更多智能化简易产品和服务。

第 8 章 | 基本公共服务治理现代化现状与推进策略

　　基本公共服务供给并非短期内的"运动式推进",而是政府的基本职能之一,最终必将走向"治理"常态。在国家治理现代化大背景下,新时代基本公共服务也必将走向治理现代化。从理念来看,体现在基本公共服务供给符合社会公平正义,以创造公共价值为归义;从主体体系来看,体现在基本公共服务供给多元主体从合作生产走向价值共创;从具体供给路径来看,体现在基本公共服务的网络化治理、技术赋能、现代财政支撑等。一方面,推进基本公共服务标准化、均等化、可及性进而实现高质量发展,均有赖于现代化治理的保障。另一方面,治理现代化又进一步引领基本公共服务高质量发展。本章首先对基本公共服务的治理现代化功能、逻辑等进行理论阐释,然后综合实践进展结合典型案例,阐述当前基本公共服务治理的理念构建、机制运行、数智赋能以及财政保障等方面现状及面临的主要困境,进而提出新时代推进基本公共服务治理现代化的策略建议。

8.1 治理现代化:基本公共服务高质量发展的实现保障

　　"治理"一词,古希腊思想家柏拉图、亚里士多德等就曾使用过,在中国也可以追溯到春秋战国时期。但是,当时所说的"治理"实际上大都是"统治"的意思。而现代意义上的治理,其治理主体是多元的,包括国家、市场、社会和公民等①。公共服务是政府的主要职能或核心职能,属于典型的公共事务与治理领域,既是推进国家治理现代化的组成部分,也是践行国家治理现代化的重要内

---

① 熊光清.治理理论在中国的发展与创新[J].兰州学刊,2018(6).

容。随着经济社会发展和人类文明进步,现代治理的方法和途径也在与时俱进,通过治理创新提高公共服务质量,逐渐成为各国政府追求的重要施政目标。学术界关于公共服务的解释基本可分为"福利论""权益论""事业论""建设论"等观点。"福利论"认为公共服务关乎社会民生、体现公共福利性,"权益论"是对共识性公民基本权利的遵从,"事业论"突出了体制特性,"建设论"则聚焦作为载体与形式的公共服务体系建设等项目实践。这些立论视角多集中于政府等体制内公共部门的职能履行与项目运作,伴随着治理理论的兴起,公共服务治理理论也应运而生,更加着眼于政府外部,研究公共部门和其他组织之间的大量复杂关系。而公共服务本身就具有治理的属性与功能,其供给的过程正是治理的体现。一方面,公共服务既是治理的发生场域,又能凭借其承载的功能满足公共需求、维护公共利益,可以成为治理的工具。另一方面,公共服务高质量发展有赖于现代化的治理,更加强调政府、市场、社会等多元主体的运作状态及过程,突出主体异质性、内容丰富性、过程开放性、关系协商性、方法多样性等特征①。

第一,治理现代化为基本公共服务高质量发展提供了价值指引和理念支撑。治理以"善治"为最高目标和价值取向。治理现代化即意味着治理符合合法性、法治、民主、透明、高效等理想原则,以人民为中心,追求公共价值。基本公共服务高质量发展必须符合公共价值理念,应以整体层面的公共价值为导向,由民意推动其供给,体现出公共价值最大化。但事实上,许多时候政府在提供公共服务过程中所追求的公共价值与事实塑造的公共价值往往会发生偏离。政府提供了公共服务并不意味着就创造了公共价值,其行为与目标均需要凸显公共价值。通过现代化的治理理念、方法、手段,可以促使基本公共服务供给内在地体现效率、效果、民主、公正、合作、透明、参与等要素,推动基本公共服务高质量发展。

第二,治理现代化为基本公共服务高质量发展提供了制度、机制和工具载体。治理现代化不仅是一种管理理念、思想、理论和目标,也是一种管理实践、制度、机制和工具。"马上就办""精细化管理""全周期管理""数字治理"等一系列关于治理现代化的制度、机制和工具,是推动公共服务供给侧结构性改革的重要抓手。目前,我国政府全面正确履行公共职能的某些体制机制性障碍仍

---

① 陈建.以中国式现代化推进公共文化服务治理的基础与路径[J].图书馆论坛,2023(1).

然存在,关系人民群众切身利益的基本公共服务不平衡不充分发展问题依然突出,因此迫切需要开展供给侧结构性改革,从产品供给、技术供给、制度供给等多个层面推动基本公共服务质量变革。只有依托治理现代化,才能把教育、养老、社会保障、医疗卫生等方面的制度建设转化为使人民群众获得感、幸福感、安全感更加充实、更有保障、更可持续的治理效能①。

第三,治理现代化为基本公共服务高质量发展构建了共建共治共享格局。罗茨认为,"治理就是管理网络"。治理可以看成是一种政府与社会共同管理的理想类型,多元主体形成长期的联合体,通过资源交换并协商,以达成共同目标。基本公共服务由政府主导、主责,并不意味着政府"统包统揽"或直接生产提供,也依靠市场机制、社会力量的参与。实现基本公共服务高质量发展,提供优质、高效、便捷的基本公共服务,最大程度满足人民对美好生活的期待,就离不开政治过程的重建和社会自我建构以及自主治理,依赖于具有公共精神的、开放的公共服务获取机制和灵活的、学习型的公共服务递送机制。由此,基本公共服务高质量发展就需要构建和完善以人民为中心的"共建共治共享"的基本公共服务治理机制,坚持有为政府、有效市场、有爱社会的共同驱动、协同发力,明确主体责任,确保主体间协同,使得基本公共服务供给与人民群众需求更趋匹配,人民群众获得感、幸福感、安全感更强。

那么,基本公共服务治理现代化何以可能? 根据学者们的研究,从"管理"到"治理",最大的区别就在于治理主体由单中心向多中心转变,治理手段由刚性管制向柔性服务转变,治理空间由平面化向网络化转变,治理目的由工具化向价值化转变②。再结合公共服务供给逻辑、高质量发展等相关文献研究,本研究认为,基本公共服务治理现代化的关键在于以下四个方面:

其一,治理定位。价值取向对于治理具有决定性的影响。治理研究最新成果——公共价值理论表明,政府的核心目标是寻求、确定和创造公共价值,主张全面回应效率、责任和公平问题,通过公共价值管理实现公共服务的高效供给。从这个意义上而言,基本公共服务高质量发展不止步于公共需求的被动满足,还包含围绕促进人的全面发展、以人民为中心的主动服务,体现基本公共服务发展的战略性与效能性,如从"人找服务"到"服务找人"。

其二,治理机制。公共服务供给过程表现为典型的公共问题界定、决策、生

---

① 陈振明,李德国.以高效能治理引领公共服务高质量发展[J].人民论坛,2020(29).
② 姜晓萍.国家治理现代化进程中的社会治理体制创新[J].中国行政管理,2014(2).

产与提供、监管、评估、激励等过程。区别于以自上而下垂直管理的等级科层体制为主要运行机制,现代化治理模式下的基本公共服务供给机制体现为以协调与合作为基础的政府、市场和社会的网络化运行机制。治理现代化依赖于多元主体的互动,但更取决于政府治理能力。政府在此网络环境中运转,必须综合考虑资源掌握状况、参与政治过程、回应公众需求、与利益相关者合作、完善政府购买服务等,通过跨越边界工作、开发新的领导技能和关系管理技能,确保基本公共服务的高效、优质供给。

其三,治理工具。治理工具是指各种主体尤其是政府,为了实现和满足公共需求、治理公共问题所采取的各种方法、手段、方式等,核心使命就是"如何将政策意图转变为管理行为,将政策理想转变为政策现实"[1]。在基本公共服务供给中,应综合考虑有效性、效率、公平性、可管理性、合法性和政治可行性等,合理选择运用合同外包、政府购买、标杆制、绩效管理等各类治理工具。特别是在数字经济时代,借助技术赋能,充分利用互联网、人工智能、大数据、云计算、区块链等新技术条件,主动促进基本公共服务供给改革创新,通过算法治理,提高基本公共服务的可得性、可及性,走向精准性、个性化、智慧化供给,切实发挥基本公共服务效能,推进基本公共服务高质量发展。

其四,财政保障。国家履行管理和服务职能离不开财政资源。财政是国家治理的基础和重要支柱,是基本公共服务制度所需建立及运行的成本承担者,理应通过财政精准施策来回应人民群众对基本公共服务的多元化、多层次需求。财政投入之于基本公共服务及其高质量发展的重要作用,一直是被充分强调的。当前乃至今后一段时间,我国财政整体上面临减收增支压力,财政运行仍将处于"紧平衡"状态。确保基本公共服务高质量、可持续发展,一方面,须尽力而为、量力而行,提升基本公共服务财政保障水平;另一方面,须提质增效,加强基本公共服务预算绩效管理。

8.2　我国基本公共服务治理现代化的现状及困境

2002 年,党的十六大将公共服务纳入政府基本职能,2005 年首次提出基本

---

① 周超,毛胜根.社会治理工具的分类与型构:基于社会治理靶向和行动逻辑的分析[J].社会科学,2020(10).

公共服务均等化的概念,随后相继出台了一系列综合、专项规则和政策。特别是党的十八大以来,我国基本公共服务政策经历了完善制度体系普惠民生,推进均等化实现公平可及,高质量发展促进优质共享的梯度演进进程。我国历史性地解决了绝对贫困问题,建成了世界上规模最大的社会保障体系,健全了城乡一体的义务教育均衡发展体系,完善了优质高效的医疗卫生服务体系和更加充分更高质量的就业服务体系,基本实现了幼有所育、学有所教、劳有所得、病有所医、老有所养、住有所居、弱有所扶①。正如前文所述,基本公共服务供给内容从"有"走向"优",供给绩效从低水平到持续提升,2012—2021 年省际基本公共服务质量实证评价结果也充分予以证实。这一发展过程中,政府公共服务职能的回归、专项规划的引导、标准体系的建立健全、均等化的持续推进、可及性的探索创新等,无不彰显着基本公共服务治理的探索与成效。但是,也应当看到,基本公共服务仍存在短板弱项,标准化建设亟待进一步健全;区域间、城乡间、人群间的基本公共服务仍有差距,均等化水平尚待进一步提高;基本公共服务供需不匹配、资源浪费现象时时发生,可及性和服务效能有待进一步增强。这既是发展中的问题,更是治理现代化现实困境的结果。归纳当前我国基本公共服务治理现代化实践现状及困境,主要体现在治理定位存在偏移、治理机制尚不健全、治理工具效能偏低、财政保障有待完善等方面。

8.2.1 治理定位:以人民为中心,但实践存在偏移

人民性是马克思主义的本质属性。"以人民为中心"是我国公共治理长期以来坚持"人民性"宗旨的继承与发展、自觉与明确,并逐渐成为我国公共治理的核心价值取向②。"坚持人民主体地位""江山就是人民,人民就是江山""人民对美好生活的向往,就是中国共产党的奋斗目标""共同富裕道路"等蕴含"以人民为中心"的思想理念在历次党代会和政府工作报告中都鲜明地得以体现。以人民为中心不仅是一个理论问题,也是一个实践问题。自觉问计于民、问需于民、问效于民,着力解决人民群众急难愁盼问题,持续增强人民群众获得感、幸福感、安全感,就是以人民为中心发展思想的实践要求。以人民为中心的基本公共服务治理定位,就是要"不断实现发展为了人民、发展依靠人民、发展

---

① 姜晓萍,吴宝家.人民至上:党的十八大以来我国完善基本公共服务的历程、成就与经验[J].管理世界,2022(10).

② 程波辉,叶金宝.中国式现代化视域下公共治理的有效性研究[J].学术研究,2022(11).

成果由人民共享,让现代化建设成果更多更公平惠及全体人民",明确了公共服务为谁提供、靠谁提供、由谁享有的根本问题。我国从最直接、最现实、最迫切问题出发,基于公平正义的原则和以人民为中心的发展思想,抓住人民群众最关心最直接最现实的民生问题,面对住房难、看病难、上学难,以及区域、城乡、群体差距,加快财政体制改革,完善公共服务体系。基本公共服务三部专项规划便是例证,从"以人为本,保障基本"到"以人民为中心"的发展思想,表明了对基本公共服务体系建立健全的认识更加具体、内容更加丰富、立场更加坚定。"十三五"期间,"兜住底线,引导预期",通过人人参与、人人尽力,实现人人共享,将重点转移到推进基本公共服务均等化上来,与全面建成小康社会目标紧密衔接,增进欠发达地区民生福祉,实现脱贫攻坚的决定性胜利,服务于第一个百年奋斗目标的顺利实现。新时期进一步将基本公共服务均等化与实现共同富裕目标有机结合起来,使其适应高质量发展和社会主义现代化国家建设的要求,致力于服务第二个百年奋斗目标的实现。国家基本公共服务体系的确立、均等化政策的实施,集中体现了改革开放后,国家责任、政府职能的回归,充分体现了"以人民为中心"的国家民族长期发展战略和治理路径。

从制度执行来看,近年来基本公共服务治理中"以人民为中心"的实践路径存在一定的偏移,集中体现在"行政主导式"基本公共服务供给导致的供需失衡、资源浪费。在以人民为中心的基本公共服务治理中首先要求践行者思想观念与以人民为中心思想高度统一、高度契合,其中治理主体的政绩观念至关重要。尽管服务型政府理念逐步深入人心,但由于历史习惯、体制机制、社会环境等多方面因素,部分公共管理者通常将基本公共服务发展视为一种行政上的任务安排,赋予其更多的政绩色彩,习惯沿用"社会事业"的老一套做法或"转发文件",未能有效推动制度落地。承担基本公共服务供给主要责任的地方政府主要依赖中央政府的激励与约束,由于基本公共服务的可度量性、可观察性差,很难成为中央考核地方官员政绩的核心指标,加之客观存在的信息不对称使得中央政府很难进行有效约束,在"以手投票"机制和"以脚投票"机制缺席的情况下,作为基本公共服务最终消费者的广大民众在相当程度上也缺乏对地方政府的基本约束力①。因而,地方政府在提供基本公共服务过程中不可避免出现"重硬轻软"与供需错配,诸如基础设施等短、平、快且易出政绩的"民生项目"更容

---

① 张紧跟.治理视阈中的基本公共服务供给侧改革[J].探索,2018(2).

易受到青睐,而公众需求度高但在短期内难出政绩的基本公共服务未能得到充分供给。同时,由于基本公共服务涉及的部门较多,省级以下基本公共服务财政事权与支出责任仍有待理顺,不同部门间缺乏有效的协调协同机制,一些基本公共服务项目设施闲置、重复建设的现象时有曝光。此外,解决现实问题的困难增加了以人民为中心践行的难度,新时代人民群众日益增长的美好生活需要对基本公共服务体系提出了新的更高要求,国际国内环境的深刻变化,不稳定性、不确定性明显增加,政府治理面临的新问题、新挑战的复杂程度前所未有,以人民为中心的基本公共服务治理存在如何引导预期、如何共建共享等问题,这都需要以问题为导向的探索创新,其中也不乏存在一些试错。

8.2.2 治理机制:形成协同共治,但运行不够高效

相对于传统基本公共服务的政府包揽式供给,基本公共服务治理是一个多元互动的动态有机系统,不仅内部各组成单元之间的作用与联系会因外部治理环境、治理诉求的变化而变化,而且系统也会依据各方面的回馈信息,结合治理目标的完成情况以及民众满意度进行具有针对性的调整优化①。将基本公共服务治理的主体划分为政府、市场、社会,其治理关系区分为"政府供给+社会供给""政府供给+市场供给""政府供给+市场供给+社会供给"等多种模式。我国对基本公共服务供给模式的政策规定中,"多元协同共治"已经成为强调的焦点(详见表8-1)。从政策实践层面来看,基本公共服务协同共治也已成为趋势。在政府内部,部门之间在基于一定的集体行动规则基础上建立了联动协调的多元协同治理机制,通过相互配合、共同参与形成合理分工和合作机制,基本实现基本公共服务的协同供给,如基本公共服务项目清单制度中分别就具体服务项目的名称、服务对象、指导标准、具体职责和牵头部门予以明确。特别是不同类型的政策试点、典型探索,为基本公共服务共治提供了探索经验和改革方向。囿于区域的差异性、环境的不确定性以及政策本身的复杂性,突出改革试点与政策灵活性成为治理现代化的必要条件。以国家/省级公共文化服务体系示范区为例,在国家四批示范区创建以及十多个省(区、市)开展的省级示范区创建中,涌现了许多关于公私合作供给公共文化服务的典型案例,政府采取诸如政府购买、项目补贴等形式逐步引导社会力量参与进来,产生了一定的治理效应。

---

① 何继新,郁璨,何海清.基层公共服务精细化治理:行动指向、适宜条件与结构框架[J].上海行政学院学报,2019(5).

表 8-1　关于基本公共服务供给机制的部分政策规定

类别	文件名称	对供给机制的规定	出台时间
总体性规定	《国家基本公共服务体系"十二五"规划》	建立多元供给机制。如鼓励和引导社会资本参与基本公共服务设施建设和运营管理;公平开放基本公共服务准入;在实践证明有效的领域积极推行政府购买、特许经营、合同委托、服务外包、土地出让协议配建等提供基本公共服务的方式;合理利用政府补贴供给方和补贴需求方的调节手段;建立专业人员引领志愿者服务的机制;等等	2012 年
	《"十三五"推进基本公共服务均等化规划》	多元供给机制。积极引导社会力量参与,推进政府购买服务,推广政府和社会资本合作(PPP)模式	2017 年
	《"十四五"公共服务规划》	完善基本公共服务区域合作机制。构建公共服务多元供给格局。如鼓励社会力量通过公建民营、政府购买服务、政府和社会资本合作(PPP)等方式参与公共服务供给;鼓励和引导国有经济以兼并、收购、参股、合作、租赁、承包等多种形式参与公共服务	2022 年
具体面向	《关于加快构建现代公共文化服务体系的意见》	推广运用政府和社会资本合作等模式,促进公共文化服务提供主体和提供方式多元化。创新公共文化服务投入方式,采取政府购买、项目补贴、定向资助、贷款贴息等政策措施,支持包括文化企业在内的社会各类文化机构参与提供公共文化服务	2015 年
	《关于推进全方位公共就业服务的指导意见》	政府主导,多元参与。把握公共就业服务公益属性,发挥市场机制作用,健全政府和社会、管理和服务、统一和分级分类相结合的工作机制,形成推进全方位公共就业服务合力	2018 年
	《关于推进基本养老服务体系建设的意见》	完善基本养老服务保障机制。如落实发展养老服务优惠扶持政策,鼓励社会力量参与提供基本养老服务,支持物业服务企业因地制宜提供居家社区养老服务;将政府购买服务与直接提供服务相结合;鼓励和引导企业、社会组织、个人等社会力量依法通过捐赠、设立慈善基金、志愿服务等方式,为基本养老服务提供支持和帮助	2023 年

　　但是,基本公共服务供给现实语境中,治理主体大体以政府为主,市场、社会和民众参与的积极性和主动性普遍不高,多元治理主体间供给权责界限模糊、信息互通共享阻障、公共资金保障缺位等问题尚存,加之私营部门的逐利本性、社会组织的志愿失灵、政府责任链条的断裂和公民角色的异化,协同共治机制运行不够高效,往往会将组织目标置于居民需求之上,部分地区部分领域基本公共服务效能低下。

　　一是政府内部协同机制有待健全。在部门协同方面,作为基本公共服务主要承担者的政府是分部门管理的,基本公共服务涉及几乎所有部门,如基本公共教育服务、基本医疗卫生服务、基本养老服务等,不仅分别涉及教育、卫生健康、医疗保障、民政等相关专业性职能部门,还涉及发展改革、财政等综合性部门,且某领域的基本公共服务不只涉及单一的职能部门,也涉及多个专业性部门,如各地方教育资源的供给,不只是地方政府教育管理部门的事,还涉及承担土地资源管理、城乡规划与建设等职能的若干部门。当前,工作协调机制尚未健全,部门统筹协调有待加强[①]。在区域协同方面,中央或省级政府督促推进下一级政府所辖区域基本公共服务的具体制度安排、政策与其他地区衔接、对接,消除制度分割,但区域间协同机制尚不健全,区域基本公共服务差距仍较大。

　　二是政府与社会组织协同机制有待健全。政府与其他组织间基本公共服务协同重点在于形成并持续以"信任"为基础的合作,并配套相应的法律制度保障,但当前这种基础和保障都尚不完善。以政府购买为例,政府与社会组织之间的"伙伴关系"被"雇主伙计关系"取代,政府向社会组织购买公共服务的"新瓶",以一种新型的、更隐形的方式装着"机构臃肿、人浮于事、财政压力加重"的"旧酒"。从实践效果来看,许多地方政府向社会购买公共服务都不同程度呈现出盲目追求财政效率、规模扩张、权力控制以及管理主义至上等乱象,存在行政化、碎片化和市场化等种种结构性困境[②]。

　　三是公民参与机制有待健全。公民不只是政府的顾客,也是公共服务的共同提供者,更是服务质量好坏的共同负责者,现实中公民则更多成为被动接受者。服务供给决策中公众需求调查忽视,服务供给实施中公众反映调查等虚化,服务供给评价中公众满意度调查形式化,并未真正形成"公众需求表达—政

　　① 钱振明.新时代基本公共服务体系的现代化发展:基于均衡性和可及性的考察[J].中国行政管理,2023(10).

　　② 张紧跟.治理视阈中的基本公共服务供给侧改革[J].探索,2018(2).

府积极回应—公众满意度评价—政府反馈与校正"的良性循环。在新媒体时代,公民参与基本公共服务供给的渠道得以拓宽,但是,适应于新媒体的双向度的上意下达与下情上传的机制尚不健全,供给主体对公民诉求关注不够、反馈不及时,对待政民互动态度不够积极,同时也存在公民参与的公共理性不够、出现"沉默的螺旋"现象,这些都亟须进一步健全公民参与机制。

8.2.3　治理工具:工具箱逐步丰富,但数字技术待强化

工欲善其事,必先利其器。选择与适配不同治理工具是实现治理目标的基本前提。20 世纪 80 年代,受公共管理实践需要与政府改革运动影响,西方新公共管理理论中的工具理性倾向更是强化了治理工具的应用,对我国也产生了一定的影响。治理工具抽象且模糊,其本质是政府为实现政治目标的行为逻辑或反应机制,是连接政策愿景与现实的桥梁。政策工具的创新选择与科学应用成为激发体制变革活力,促进治理现代化的关键变量[1]。由于每一个政策工具有其独特的操作程序,要求不同的技能和提供机制,都会将自身的特征嵌入包含该工具的项目中[2],这涉及工具适配问题。基本公共服务治理现代化涉及一系列供给主体及其关系、生产和递送网络等不同要素的组合,分别需要适配不同的工具,大体上可分为三个层面:一是使公共服务组织系统实现结构优化的工具,典型代表是质量管理工具,例如标杆管理、标准化、全面质量管理(TQM);二是通过公共服务关系规则提高资源配置效率的工具,典型代表是网络管理工具,如民营化、凭单制、特许经营、内部市场、公私伙伴关系(PPP);三是利用现代化技术机制推动服务和物品高效输送,典型代表是数字管理技术,如大数据等[3]。当然,从不同标准出发,基本公共服务治理工具类别多种多样。比如,根据强制性程度不同分为强制性工具(管制、公共事业、直接提供等),自愿性工具(家庭与社区、自愿性组织等),混合型政策工具(信息和劝说、补贴、产权拍卖、税收和使用费等);根据工具来源的不同可分为市场化工具(订立合同、公司合

①　臧雷振,任婧楠.从实质性政策工具到程序性政策工具:国家治理的工具选择[J].行政论坛,2023(2).

②　莱斯特·M.萨拉蒙.政府工具:新治理指南[M].肖娜,等译,北京:北京大学出版社,2016.

③　魏丽艳.高质量公共服务制度执行的工具适配与运用研究[J].厦门大学学报(哲学社会科学版),2022(3).

伙、补助等），工商管理技术（战略管理技术、顾客导向技术、目标管理技术等），社会化手段（志愿者服务）。总体而言，我国当前基本公共服务供给中广泛运用各种类型工具，也逐步从过分依赖强制性、规制性工具（如行政命令、行政管制等）走向注重柔性的方法技术（如信息、劝诫、补贴等），强调诱因性、沟通性、契约性，这也与基本公共服务多元协同共治机制相适应。当前更加强调数字技术的应用，因为新技术手段运用是基本公共服务治理的未来发展趋势。对此，这里着重分析数字技术的应用状况及其挑战。

大数据、物联网、云计算、人工智能、区块链等新一代信息技术对人们的生活方式、行为模式和参与社会治理的方式产生了重大影响，也推动公共服务新业态不断发展、供给方式不断创新、服务模式更加丰富，为基本公共服务治理中的公众需求精准识别与回应、多元供给机制健全等提供了新的手段和技术支撑。当前，越来越多的新兴技术手段在基本公共服务治理领域中进行场景化应用，如"一网通办""市民云""政务通"等一系列政务服务平台，以协同整合的方式为民众和企业提供了便捷可及的基本公共服务；数字经济融入基本公共服务供给端，在抚幼、教育、就业、养老、医疗、居住、助残等多方面加入数字化技术，提升了各项基本公共服务供给的公平性和可及性。比如，浙江省迭代完善"浙里办""浙政钉"，深化政务服务"一网通办"，探索政务服务"跨省通办"，持续推进"掌上办事""掌上办公""掌上治理"，推进"互联网+医疗健康"示范省建设，建设完成全国首个省域全覆盖、全贯通的"健康大脑"；打造"教育大脑+智慧学校"，搭建"学在浙江"全民数字学习平台；打造"浙里就业""浙里康养"等数字化应用平台。再如广东省，在全国率先启动数字政府改革，强化数字赋能，打造集成民生服务微信小程序，创新基本公共服务供给，提升政府部门履职能力。广州市"穗智管"平台初步实现城市运行综合"一张图"、数据辅助决策"一张图"，覆盖智慧党建、民生服务等20个主题应用场景；佛山市建设全市社会治理中心，纳入超过30个部门的社会管理事项及业务，统一编制全市网格6000多个，实现社会治理"一网共治"。但是，总体而言，基本公共服务治理中的数字技术应用尚处于探索阶段，在治理实践中也面临着一些困境及挑战。部分地区基本公共服务数字技术应用中缺乏顶层设计和整体规划，服务内容条块分割，服务运行系统自成体系，服务信息缺乏共享，甚至存在一种技术理性异化趋势，一些领域内技术的迭代升级被认为是治理现代化的表征指标。地方间、部门间重复建设导致资源被浪费，不少技术性平台和系统因总体规划不清晰导致功能无法适应治理现代化的需要。另一方面，政府更青睐于智能设备和服务平台等硬件设施的开发,采取技术外包的方式,与技术公司或者头部企业开展合作来开发建设服务平台、治理平台,缺少民众参与和对社会诉求的吸纳,缺乏对居民如何使用新技术的后续培训,造成信息技术运用与居民实际需求相互脱节。此外,存在由于"数字分群"进一步加剧群体间享有基本公共服务的差距。

8.2.4 财政保障:投入力度持续加强,但绩效管理薄弱

基本公共服务发展问题关键在于财政保障问题。1994 年我国基本确立分税制财政体制框架,1998 年明确提出构建公共财政框架,2003 年之后更是进一步完善公共财政体制。2006 年,《中共中央关于构建社会主义和谐社会若干重大问题的决定》明确指出"健全公共财政体制,调整财政收支结构,把更多财政资金投向公共服务领域,加大财政在教育、卫生、文化、就业再就业服务、社会保障、生态环境、公共基础设施、社会治安等方面的投入"。2009 年,中央将原有"财力性转移支付"更名为"一般性转移支付",将原有"一般性转移支付"更名为"均衡性转移支付",同时将专项转移支付中的"一般公共服务转移支付""公共安全转移支付""教育转移支付"等调整到一般性转移支付范畴,初步建立起以实现基本公共服务均等化为主要目标,辅之以强化激励、重点扶持和促进转型目标的一般性转移支付体系,逐步从提高基本公共服务供给能力,转向促进社会和谐和实现社会治理的基本公共服务均等化。2012 年,《国家基本公共服务体系"十二五"规划》提出的主要目标之一就是"供给有效扩大。政府投入大幅增加,基本公共服务预算支出占财政支出比重逐步提高","第十三章 增强公共财政保障能力"从明确政府间事权和支出责任、完善转移支付制度、健全财力保障机制三方面进行详细规定,要求"各级政府要优先安排预算用于基本公共服务,并确保增长幅度与财力的增长相匹配、同基本公共服务需求相适应,推进实施按照地区常住人口安排基本公共服务支出"。2017 年,《"十二五"推进基本公共服务均等化规划》在要求建立健全科学有效的基本公共服务实施机制中,明确了"财力保障机制",要求"拓宽资金来源,增强县级政府财政保障能力,稳定基本公共服务投入",并从加大财政投入力度、优化转移支付结构、提高资金使用效率方面进行详细规定,要求"加大地方政府债券对基本公共服务保障的支持力度""提高县级财政保障能力,引导地方将一般性转移支付资金投入到民生等重点领域"。2018 年,国务院印发了《基本公共服务领域中央与地方共同财政事权和支出责任划分改革方案》,在均衡性转移支付基础上增设共同财政事权分类分档转移支付,理清了央地间基本公共服务供给的权责关系,在更

加清晰的央地财政事权基础上推进基本公共服务均等化。2023 年,政府工作报告中指出,五年来,不断优化支出结构,持续增加民生投入,教育科技、生态环保、基本民生等重点领域得到有力保障,全国财政支出 70% 以上用于民生。财政性教育经费占 GDP 比例每年都保持在 4% 以上,基本公共卫生服务经费人均财政补助标准从 50 元提高到 84 元,提高城乡居民基础养老金最低标准等。从"国家账本"来看,教育支出、社会保障支出等逐年增加,文化体育与传媒支出、医疗卫生与计划生育支出/卫生健康支出、住房保障支出总体上也呈现不断增加趋势。图 8-1 为 2007 年以来我国公共服务支出趋势。

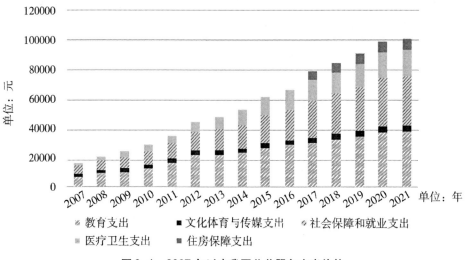

图 8-1 2007 年以来我国公共服务支出趋势

在我国,民生支出只增不减已经深入人心。但是,我国仍处于社会主义初级阶段,国家经济社会发展水平仍然较低,近些年国内经济仍面临下行压力,基本公共服务的规模和质量直接受制于政府财力的可负担性。有的财政投入保障总体格局是以过去发展阶段性特点和目标任务为指向的,特别是受到外在经济发展、人口变化、国际竞争等方面诸多不确定性因素的影响,基本公共服务财政保障面临的重大挑战在于如何持续增加规模、扩展来源渠道、优化收支结构和提升整体效能。在财政收支矛盾加剧的背景下,预算绩效管理对于推动财政资金聚力增效、提高公共服务供给质量、推进国家治理现代化的现实意义更加凸显。2018 年,中共中央、国务院联合发布《关于全面实施预算绩效管理的意见》之后,预算绩效管理正式步入高位推动和改革跃迁的新拐点,各地各级政府均开展了包括公共服务项目在内的绩效管理实践,至今,全方位预算绩效管理格局基本形成,全过程预算绩效管理链条基本织就,全覆盖预算绩效管理体系基本健全。比如,广东省连续多年开展十件民生实事省级财政资金绩效评价,2022 年对 2021 年免费实施出生缺陷筛查,提高低保、特困人员、孤儿基本生活补贴和残疾人两项补贴保障水平,城镇老旧小区改造,实施公共文化惠民工程等民生实事进行重点绩效评价;对 2021 年城乡居民基本医疗保险项目、基层医疗卫生机构实施国家基本药物制度和综合改革以奖代补项目、城镇保障性安居工程项目等进行重点绩效评价;还对 2020—2022 年度省级养老服务体系建设补助资金等进行重点绩效评价,旨在通过优化预算决策、打破支出固化,实现财政资金的优化配置和高效使用。但是,面向预算绩效管理的功能实现和使命担当,实务界和学术界普遍认为其效能尚未得到充分发挥,亟待深化改革、提质增效。突出体现在基层预算绩效管理积极性不够,绩效目标设置不科学不规范,第三方绩效评价和绩效自评质量不高,不少预算绩效管理工作陷于“空转”、流于形式,效能发挥有限,反而又带来了资源浪费。

8.3　新时代基本公共服务治理现代化的推进策略

随着基本公共服务由均等化向高质量发展转变,新时代政府更加集中于满足人民新时代的公共需要(即政治、社会、文化和生态领域内的民主、法治、公平、正义、安全、环境等非物质产品)①,公众不仅仅要求基本公共服务质量本身的提高,还要求具有较高的主观体验。这些都对基本公共服务治理提出新的更高要求。正视当前存在的问题与挑战,新时代应当坚持以人民为中心的发展思想,立足新发展阶段,完整、准确、全面贯彻新发展理念,构建新发展格局,以推动高质量发展为主题,加快推进基本公共服务治理现代化,不断满足人民群众美好生活需要,努力增进全体人民的获得感、幸福感、安全感,促进人的全面发展和社会全面进步,推动全体人民共同富裕迈出坚实步伐。

8.3.1　明确治理定位,追求公共价值

新时代推动基本公共服务高质量发展须坚定坚持以人民为中心的治理定

---

① 付敏杰.现代财政制度的国家视角:兼论中国全面建设现代化强国的财政治理框架[J].财政研究,2020(2).

位,明确创造公共价值的追求目标。在穆尔(Moore)看来,公共价值是公民对政府期待的集合,是将"政府认为重要和需要资源的公共服务供给"与"公民认为重要的需求"连接起来的框架,是公众通过有效的公共政策与服务所获得的一种效用,并随着产出效率和有效性增加,要点在于公共管理者满足公民某种需求并依据某种感觉来具体达成特定目标。以人民为中心的公共价值生成建立在两个系统的两种交往行为上,并呈现出由个体价值到社会价值的价值凝结过程以及由社会价值到公共价值的价值筛选过程。首先,个体就效用价值的不同表现形式展开对话、沟通和互动,以此来增进彼此对价值问题的理解,以期获得一种广泛的共识,这种共识是个人价值凝结为社会价值的结果。其次,在政治系统中,以社会共识为代表的社会系统与以权力主体为代表的政治系统的跨域互动,决策者或主动发现和注意到社会共识,或者被动审议社会共识。决策者所要做的就是在各种社会共识中进行价值排序并筛选出最能代表社会共识成果的社会价值①。公共管理者应当致力于寻找、定义和创造公共价值,是"战略家",在风云变幻的环境中展开试验、创新,致力于包括公共服务等在内的行政体制的优化及制度的改善,为公众创造更多的价值。对此,一方面,需要加强能力建设,积极倡导和培育服务、民主、法治、公正等行政精神,运用道德与伦理的力量进行制约和引导,从而坚持人民主体,始终如一代表公共利益。另一方面,在基本公共服务制度执行中,供给主体应当坚持服务主导逻辑,以服务为基础,超越对功能性价值的关注,更加关注服务互动中的体验性价值,通过营造支持用户互动体验的环境和方法来支持用户参与公共服务交付,使价值主张与用户的生活情境产生良好的互动,允许用户以非预期的方式进行服务生产并由用户决定服务设计方案等②,从而确保切实提供符合公民真实需求的基本公共服务,实现价值共创。

此外,推动基本公共服务高质量发展,适应新的社会需求,还需要增强治理前瞻性。习近平总书记强调,要"善于从战略上看问题、想问题","以科学的战略预见未来、引领未来"。通过环境分析、资源分析、风险分析等手段及时总结现有基本公共服务体系的经验、优势以及薄弱环节,判断公共服务的运行体系

---

① 衡霞,谭振宇.共建共治共享视角下以人民为中心的公共价值治理框架构建[J].财政研究,2019(7).

② 朱春奎,王彦冰.公共服务价值共创:系统述评、内容框架与研究展望[J].公共管理与政策评论,2023(6).

是否具备足够的韧性、敏捷性,从而化解经济社会发展过程中的一些系统性、结构性风险①,进而推动基本公共服务高质量发展的前瞻布局,促使供需更加精准匹配,提高服务效能,引领社会发展。比如,随着经济社会发展、人口结构不断发生变化,一些原来由社会、家庭承担的照护逐渐"公共化",需要政府通过公共政策来调整公共服务供给,对此应尽快补齐"一老一小"的照护服务短板;再如,为应对新型社会风险,重塑就业保护与社会保障的制度结构,应加快出台针对平台经济从业人员、流动就业人员的社会保障。

8.3.2　健全治理机制,优化协同共治

基本公共服务治理现代化的核心在于健全的多元主体协同共治机制,更好地发挥政府的主导作用,充分利用市场、社会组织和社会的独特优势,实现多元协同、合作生产、价值共创,构建共建共享共治的治理新格局。其中,政府不是传统意义上的"主辅关系",也不是"中心—边缘"结构中的中心,而是要形成"强政府,强社会""政府退后,市场向前""市场克制,社会理性"的局面,行动中的权威结构也是网络水平式的,决策方式上则需要群策群力②。也就是说,推动有为政府、有效市场、有爱社会更好地结合,政府作为主导角色,通过建立服务型政府,做到科学有为、为所当为。

一是优化政府内部协同共治机制。进一步以公共服务为重点转变政府职能、优化政府组织机构、改进行政运行机制,着力解决跨领域、跨部门、跨层级的公共服务部门权责、资源、政策协同问题,深化公共服务机构改革,以改善民生为重点整合公共服务部门,理顺实际中存在摩擦和冲突的各个部门、各项政策、各个环节之间的关系,减少部门职责交叉和分散,协调部门间职责关系,促进部门间联动合作,重塑政府结构,打造优化协同高效的公共服务职能体系。同时,创新服务流程,革新服务技术,由行政化的任务承包转为服务化的纵向层级贯通与横向部门联动,着力打造基本公共服务治理的整体性政府。在地方具体实践中,可建立健全跨部门协调推进工作机制,由发改委牵头,各行业主管部门和各州(市)共同参与,对标对表用好项目工作法、一线工作法、典型引路法,补齐本领域、本地区基本公共服务存在的短板和弱项,推动高质量发展。

---

① 陈振明,李德国.以高效能治理引领公共服务高质量发展[J].人民论坛,2020(29).

② 衡霞,谭振宇.共建共治共享视角下以人民为中心的公共价值治理框架构建[J].财政研究,2019(7).

二是优化政府与社会组织协同共治机制。构建政府、市场和社会组织良性互动关系,根据各项基本公共服务的特点,在政府实施有效监管、机构严格自律、社会加强监督的基础上,扩大基本公共服务面向社会资本开放的领域和程度。深化政府购买服务改革,引导社会力量参与服务供给,尤其是在养老、医疗等领域,鼓励发展志愿和慈善服务,政府更多地成为基本公共服务的"精明买主"。健全基本公共服务合格供应商制度,确定社会组织的资质要求,以识别和确保政府外其他社会组织承担按国家标准提供公共服务的能力,形成公开透明的供应商准入、遴选和监管机制,加强行业信用体系建设,构建专门的合作评估监管体系与机制,以保障合作效果和基本公共服务质量。政府营造社会组织发展良好环境,深化行业协会商会改革,加大培育和扶持社会组织力度,激发社会组织活力,引导社会组织发挥服务功能、履行社会责任。社会组织不断完善内部治理,提升自身能力,须有强烈的社会责任意识和社会效益导向,形成明确的、具有可持续性的战略定位,实现公益服务和市场运营之间的协调统一,助力基本公共服务高质量发展。

三是健全公民参与机制。明确公民服务享受主体与供给参与主体地位,以制度化方式将居民话语权、自主权做实做细。通过在政策问题认定、议程设置、方案设计及决定等决策环节设立公众意见表达、诉求反馈、听证议政等民主渠道与程序,从复杂的生活实践中集思广益、群策群力。倡导公共部门与公民在互动过程中的经验分享和学习行为,促进双方能力提高与新知识的产生,并根据公民体验与生活背景对价值主张进行相应的调整,特别是在养老、医疗等公民与组织密切互动的基本公共服务中。此外,对于与民生密切相关的项目支出,可探索推行参与式预算,温岭、闵行、盐津、顺德等地纷纷加入改革实践,并取得了一定的成效。比如首开先河的温岭,在预算初审和审查前增加预审环节,通过预算民主恳谈等主要方式,广泛邀请人大代表、选民、专家和社会各界参与市级部门预算、镇级预算编制的协商和讨论,人民群众通过民主恳谈广泛、真切地参与社会事务的决策、管理、监督,确保政府支出为民生所需、用得其所。

8.3.3 创新治理工具,强化数智赋能

面对基本公共服务高质量发展的治理目标,治理工具要变硬约束为软引导,变强制服从为服务感化,不断推进治理工具创新,针对不同具体领域选择不同的政策工具,有效保障治理行为的合法性的同时提高治理的有效性。同时,综合考虑有效性、效率、公平性、可管理性、政治支持等,合理选择运用相匹配的

治理工具,其中常用的治理工具及其示例如表 8-2 所示。

表8-2　公共服务供给行为的治理工具示例

工具	产物或活动	机制	递送系统	强制性程度	可能的影响				
					有效性	高效性	公平性	可管理性	政治支持
直接政府管理	实物或服务	直接提供	政府部门	高	低	中	中	高	高
社会规制	限制	条例	政府部门/法规	高	高	高/低	高	低	高/低
经济规制	公平价格	准入条件和比例控制	立法机构	高	高	高/低	高	低	高/低
政府拨款	实物或服务	拨款奖励/现金支付	下一级政府/非营利机构	中	中	中/高	中/低	中	中
合同承包	实物或服务	合同和现金支付	商业部门/非营利组织	中	中	高	中	低	中
税收支出	现金/激励	税	税务系统	低	低	中	低	中	高
贷款担保	现金	贷款	商业银行	中	中	高	中	中/低	中
事业单位	实物或服务	直接提供/贷款	准政府部门	中	中	高	中	中	中
福利券	实物或服务	消费者补贴	政府部门/消费者	中	中/低	高	中	中	中

　　未来的基本公共服务治理需要推动政府数字化转型,充分运用新技术,将其嵌入治理实践、提升治理效能。坚持以人民为中心的理念,协调好工具理性和价值理性的关系,站在工具主义和实用主义的立场上,加强现代技术在基本公共服务治理实践中的运用,探索云计算、大数据、区块链、人工智能、物联网等技术的深度应用,把握"全景智能化"趋势,发挥技术引擎作用,强化数智赋能,有效拓展民众获取新型数字公共服务的权利,进而兑现"数据多跑路、市民少跑腿""最多跑一次"的公共承诺,让百姓能够享受到数字化发展的社会红利。自

2015 年提出"数字中国"战略以来,我国一直在加速推进数字化转型,浙江、上海、江苏等数字经济发达地区兴起数智治理,即以数据和算法为中枢,以平台为载体,形成数字化和智慧化一体交融、万物互联、人机协同,推动服务供给、社会治理更加智慧。首先,建立健全数据共享机制,推动数据信息标准化,明确责任和流程,打通信息孤岛,实现全面联通,将教育、医疗卫生、养老照料、就业与社会保障等公共服务及相关政务服务进行集成化供给,同时完善数据权属界定、开放共享、交易流通等标准和措施,规避数字技术滥用引发的治理风险。其次,将人工智能植入组织的内部管理链路,为公共服务组织内部管理赋能。比如,将烦琐且具有一定重复性的常规任务分配给人工智能自动化处理,让行政人员从日常和重复性工作中解脱出来,使其有时间、精力和资源更多地投入处理模棱两可或更需要直觉、创造力、情感、判断力和同理心的情境,实现高效能的服务供给①。充分利用数字技术对基本公共服务供给情况进行全流程监管,实时获得服务绩效反馈并予以持续改进质量,更好地回应公共需求,从而创造更多公共价值。再次,打造高质量的数字服务。进一步延伸技术服务场景,健全在线服务视频咨询、语音连麦等功能模块,打造"零距离+零延时"的"在场"服务体验。将大型数据源与先进的机器学习算法相结合,精准识别特定群体甚至个体的需求,快速实现公共资源的有效分配,提供高质高效且个性化的公共服务。构建"能说会道"的智能咨询助手,拓展与服务对象的沟通联系渠道。利用人工智能,借助词义分析、观点挖掘和情感分析收集并总结公民意见,捕捉其蕴含的情感观点并分类处理,进而优化服务供给。最后,我们应当注意不能过于强调数智治理的技术控制和技术至上,而应让技术辅助人类、造福人类,视其为服务社会、保障民权的主要载体,强化智能伦理和人文关怀②。

8.3.4 完善财政保障,深化绩效管理

发展经济学中的经验性规律显示,随着经济发展水平及居民收入水平的提高,公共服务需求规模会不断扩大,并在居民需求结构及支出结构中的占比不断上升。公共服务规模扩大包括两个方面:一是公共服务内涵边际扩大,即对既有公共服务需求数量的增加和需求质量的提高,随着人民生活品质不断提高,面临的是基本公共服务"好不好"的问题。二是外延边际扩大,即新的需求、

---

① 张成福,王祥州.人工智能嵌入公共服务治理的风险挑战[J].电子政务,2023(1).
② 马长山.数智治理的法治悖论[J].东方法学,2022(4).

新的社会风险催生新的公共服务类型。包括由原来社会、家庭、个人所负担的社会服务转化而来的公共服务,以及因技术进步导致的就业模式、居住模式、家庭结构等变化而产生的新服务需求①。

基本公共服务高质量发展即意味着财政须予以高质量保障。一方面,适度加大财政保障力度。从政策实践的角度,基本公共服务高质量发展是可负担、可持续的发展。关于财政投入规模,新时代应充分考虑经济发展状况和财政负担能力,确立适合我国国情的最优公共服务规模,明确基本公共服务支出的战略优先次序。积极回应群众期盼,适度保障基础教育、医疗卫生、就业创业、基本养老等重点基本公共服务的财政投入,使其与经济社会发展"同频共振"。要避免吊高胃口、过度承诺,充分吸取西方福利国家的教训,避免陷入"福利主义"的陷阱。关于财政投入方式,首先,进一步优化财政分摊方式,完善均衡性转移支付制度,避免上级政府单方面主导,需要由"单中心"治理模式向"多中心"治理模式转型,既要激励地方政府基本公共服务供给行为,基于"自上而下"模式满足居民公共服务需求;又要协同外部调节作用,增强"自下而上"模式的居民公共服务需求满足。其次,进一步优化财政投入方式,充分发挥财政资金对基本公共服务的支持力度和引导作用,通过政府购买、项目补贴、定向资助、贷款贴息等多种手段吸纳更多的社会资本参与,形成政府、社会、个人多元化投入基本公共服务领域建设发展的新机制。关于财政收入来源,应加快税收制度改革,构建以共享税为主的中央地方收入分配格局,加快建立以个人所得税、房产税等直接税为主体税种的地方税体系,为各级政府的公共服务供给提供充足的财政资金保障②。

另一方面,基本公共服务绩效管理提质增效。按照人民需要、人民满意的方向和方式花钱,花钱必问效、无效必问责,是预算绩效管理的基本出发点。尽管基本公共服务领域的绩效评价因产出和效益的复杂性、模糊性而难以进行精确的评估,但是事实证明全方位、全过程、全覆盖的预算绩效管理是行之有效的管理理念和机制,能够提升财政资金配置效率和使用效益,特别是在财政资金更加紧张的情况下,预算支出更要将"好钢用在刀刃上"。对此,政府各部门首先应树牢绩效理念并转化为绩效自觉。夯实预算绩效管理主体责任,从"以政领财、以财辅政"的高度深入推进预算绩效管理,将"管好政府的钱袋子"并"花

---

① 王震.共同富裕目标下促进公共服务高质量发展的重点问题[J].经济纵横,2023(2).
② 吕炜.加强财政对公共服务供给现代化的支撑作用[N].光明日报,2020-06-09.

好纳税人的每一分钱"真正内化为政府部门的科学理财观,并逐步形塑政府部门绩效导向的组织文化,渗透到预算全过程的各环节,进而推动预算绩效管理理念从达标考核和合规审查向"物有所值"转变。其次要健全基本公共服务绩效评价指标体系。按照各行业、各领域事业发展规律,把握财与政、业与财的辩证关系,不断健全项目政策预算绩效指标体系,探索建立部门整体支出绩效指标体系和政府财政运行综合绩效指标体系,科学制定绩效标准,与基本公共服务标准、项目支出标准等做好衔接,做到可采集、可衡量、可比较。还要不断创新评价方法,完善综合打分制绩效评价方法,主要是指标权重和指标赋分规则,探索引入成本–效益分析法、灰色关联分析法、聚类分析法、基于证据的绩效评价方法等,切实提升绩效评价结果的客观性和准确性。此外,加强专业化人才队伍建设,充分利用专家库,指导与规范第三方机构,以高质量预算绩效评价协助基本公共服务高质量发展。

第 9 章 | 结论与展望

9.1 本研究的主要结论

公共服务事关民生改善和民生保障,基本公共服务高质量发展是适应新时代我国社会主要矛盾发生根本性转变的必然要求,是推动共同富裕、推进中国式现代化的重要路径。本书立足新时代,坚持以人民为中心,着眼于供给端加力,从理论和实证层面研究了基本公共服务高质量发展问题,主要得出了以下结论:

第一,从理论推演来看,基本公共服务高质量发展是一个涉及多元主体协同、各类要素整合、各种能力集成以及多重机制联动的复杂系统,应以人民为中心,以供给端加力提效为主线索,兼顾需求侧,追求质量与数量的统一,重点指向基本公共服务的标准化、均等化、可及性、治理现代化,这既是其特征也是其实现路径,最终旨在全面增强人民群众获得感、幸福感、安全感。

第二,新中国成立以来,我国基本公共服务政策可分为四个阶段,各阶段的供给理念、模式、内容均呈现出显著的历史特征。计划经济时期的基本公共服务供给具有明显的计划经济特征,呈现由国家包办的高度集中、城乡分治、平均主义、相对简单特征。改革开放后开始了充满曲折的探索改革阶段,经历了政府或集体包办到社会化的过程,政府基本公共服务职能一度弱化,导致供给不足、城乡差距拉大等问题。2002 年,政府公共服务职能得以明确,基本公共服务发展开始进入制度构建并逐步落实的快速发展阶段。2017 年,伴随着我国社会主要矛盾的转化,基本公共服务开始面向人民群众美好生活需要,进入了高质量发展阶段。总体来看,基本公共服务发展呈现出一个不断推进的系统性实践,价值取向从平均导向走向注重人的全面发展的功能实现,供给模式从政府包揽走向多元共治,服务内容从"无"到"有"再到"优",供给绩效呈现出从低水平到持续提升的态势。

第三,以人民为中心的基本公共服务质量综合评价,兼顾供给产出数量及标准的客观技术维度和服务供给过程及效果的主观功能维度,既涉及宏观统计数据也离不开微观满意度数据。利用改进熵值法对我国 31 个省(区、市)2012—2021 年基本公共服务质量的供给侧统计数据进行测算,发现总体上呈现改善趋势,地区间差异在变小,其中东部地区整体优于中部地区,西部地区分布差异较大,东北和西南地区较差。再以河南省为例,基于统计数据和问卷调查数据,利用主观赋权法设计权重对 2021 年 18 个地市基本公共服务质量进行全面综合评价,得分在 50.89 ~ 62.47 之间,有待提升,其中满意度得到了中等以上,但各领域发展不均衡,满意度较高的是基础设施、基本公共教育,满意度较低的是基本住房保障。评价结果从实证层面证明了近十年来我国基本公共服务取得的成效,但综合评价值总体较低、省际差异明显、满意度不高等问题也突出了亟须加快基本公共服务高质量发展的现实需求。

第四,标准化是基本公共服务高质量发展的基本前提,主要在于其用技术手段传达了公共价值属性。随着对公共服务供给的认识深入,基本公共服务标准化日益成为我国的重要改革方向,相关政策相继出台,并通过试点项目不断推进,2021 年国家首次出台基本公共服务标准,并于 2023 年进行动态调整,各地也跟进出台乃至超前探索,标准化工作快速发展,标准体系初步形成,标准质量持续提升。然而,当前仍处于起步阶段,还存在基本公共服务标准价值偏离、标准领域覆盖不全和重要环节标准缺失等问题。新时代推进基本公共服务标准化,首先应当明确标准化工具理性和价值理性的融合,完善基本公共服务标准体系的全面性,健全标准全周期管理机制,强化标准化保障举措,从而充分发挥标准化治理效能。

第五,均等化与公平、正义等价值理念密切相连,是基本公共服务高质量发展的客观要求。但均等化绝不等于平均化、无差异化,是结果均等,更应该是机会均等、过程均等。自 2005 年提出基本公共服务均等化以来,我国陆续开展公共卫生基础医疗、义务教育等单项政策实践,连续实施了三个专项五年规划,助力了全面建成小康社会目标实现,又与实现共同富裕相适应。十多年来,农村基本公共服务水平有了显著提升,区域间均等化得到一定程度的改善,人群间特别是农民工群体开始逐步享有大致均等的基本公共服务,但是城乡、区域、人群之间的差距仍然存在,面对 2035 年"基本公共服务实现均等化"的目标,除了基本公共服务标准化之外,还需进一步完善制度体系、强化财力保障、提升政策执行力、落实动态监测评估,实现"人人享有"到"人人满意"。

第六,可及性,作为基本公共服务标准化、均等化基础上的高阶目标,是基本公共服务高质量发展的必经之路,主要强调"需求"与"供给"的动态适配,意味着量和质的兼顾、使用和满意的并存。党的十八大以来,我国在基本公共服务"量"的发展基础上逐步转向"质"的发展,通过政策引导、分领域实践探索、加强农民工基本公共服务可及性、推动基本公共服务资源下沉等多维举措以增强可及性。然而,目前服务不可及问题仍然相对突出,新时代增强基本公共服务可及性,关键在于供给端加力提效,深入推进基本公共服务标准化、均等化,具体通过扩大有效供给、优化资源配置、提升服务效能、加强调适与回应,增强基本公共服务的可获得性、可接近性、可接受性、可适应性。

第七,治理现代化,是基本公共服务高质量发展的实现保障。公共服务本身就具有治理的属性与功能,其供给的过程正是治理的体现,治理现代化为基本公共服务高质量发展提供了价值指引和理念支撑,制度、机制和工具载体,以及共建共治共享格局。伴随着国家治理现代化,特别是社会治理现代化的深入,基本公共服务治理现代化也已取得了一定成效,如明确以人民为中心的治理定位,初步形成多元主体协同共治的机制,治理工具箱逐步丰富,财政保障相对有力。然而,同时也面临一系列现实困境,如以人民为中心的实践偏移,政府内部间和与社会组织、公民等外部间协同机制仍不健全,数字技术待强化等。新时代加快推进基本公共服务治理现代化,应当明确治理定位,追求公共价值;健全治理机制,优化协同共治;创新治理工具,强化数智赋能;完善财政保障,深化绩效管理。

9.2　研究局限及对未来研究的展望

习近平总书记指出,保障和改善民生没有终点,只有连续不断的新起点。基本公共服务高质量发展是"十四五"乃至更长时期民生发展的主题,也是一个较复杂的研究主题。由于笔者知识水平及精力有限,本研究主要存在以下三个方面的局限性:第一,在构建基本公共服务质量评价指标体系中,指标的选取主要基于理论分析、经验判断和专家意见,缺乏定量分析和统计验证,还由于某些指标尚不具备明确的度量条件而被舍弃。第二,基本公共服务高质量发展是一个非常复杂的领域,本书分别从标准化、均等化、可及性和治理现代化四大维度试图系统阐述其实现路径,而对其间的内在逻辑关系涉及较少,无疑导致研究呈现一定的零散性,系统性、整体性有待加强。第三,研究方法上不够创新、前沿,比如本书中运用了较多案例进行阐释,但并未深入采取多案例比较分析法、扎根理论研究法等。

上述局限性是本研究继续深入探讨的方向。具体而言,第一,完善基本公共服务质量评价指标体系,采取定性与定量相结合的方法来选取指标,同时创新综合评价方法,引入模糊层次分析法、模糊 Borda 组合评价法等,结合主客观赋权,更科学地开展评价。第二,尝试运用公共价值管理理论解构基本公共服务高质量发展的影响因素,并展开实证研究,增强研究系统性。第三,创新研究方法,将大数据分析法、定性比较分析方法(QCA)、扎根理论研究法、政策虚拟仿真实验等方法运用到基本公共服务高质量发展研究中。第四,从大历史、大趋势的角度审视,坚持马克思主义的理论指导,融汇各种理论资源,提炼中国特色的基本公共服务现代化模式和话语体系。

参考文献

一、著作类

[1]习近平.习近平谈治国理政(第四卷)[M].北京:外文出版社,2022.

[2]陈振明,等.公共服务质量管理:理论、方法与应用[M].北京:科学出版社,2017.

[3]马克·H.穆尔.创造公共价值:政府战略管理[M].伍满桂,译.北京:商务印书馆,2016.

[4]阿伦·威尔达夫斯基,娜奥·米凯顿.预算过程中的新政治[M].苟燕楠,译.北京:中国人民大学出版社,2014.

[5]张婵娟,尚虎平.中国基本公共服务均等化:实施效度与实现程度评估研究[M].长春:吉林大学出版社,2021.

[6]容志.公共服务需求分析:理论与实践的逻辑[M].北京:人民出版社,2019.

[7]米歇尔·S.德·弗里斯,金判锡.公共行政中的价值观与美德:比较研究视角[M].熊缨,耿小平,等译.北京:中国人民大学出版社,2014.

[8]俞可平.论国家治理现代化(修订版)[M].北京:社会科学文献出版社,2015.

[9]乔治·弗雷德里克森.公共行政的精神:中文修订版[M].张成福,等,译.北京:中国人民大学出版社,2013.

[10]沙琳.需要和权利资格:转型时期中国社会政策研究的新视角[M].北京:中国劳动社会保障出版社,2007.

[11]拉塞尔·M.林登.无缝隙政府:公共部门再造指南[M].汪大海,译.北京:中国人民大学出版社,2002.

[12]西奥多·波伊斯特.公共与非营利组织绩效考评:方法与应用[M].肖鸣政,等,译.北京:中国人民大学出版社,2005.

[13]哈贝马斯.公共领域的结构转型[M].曹卫东,王晓珏,刘北城,等,译.上海:学林出版社,1999.

[14]詹姆斯·M.布坎南.公共物品的需求与供给[M].马珺,译.上海:上海人民出版社,2009.

[15]罗伯特·登哈特,珍妮特·登哈特.新公共服务:服务,而不是掌舵[M].丁煌,译.北京:中国人民大学出版社,2004.

[16]杨宜勇.新中国民生发展70年[M].北京:人民出版社,2019.

[17]E.S.萨瓦斯.民营化与公私部门的伙伴关系[M].周志忍,等译.北京:中国人民大学出版社,2017.

[18]莱斯特·M.萨拉蒙.公共服务中的伙伴:现代福利国家中政府与非营利组织的关系[M].田凯,译.北京:商务印书馆,2008.

[19]道格拉斯·C.诺思.制度、制度变迁与经济绩效[M].杭行,译.上海:格致出版社,2014.

[20]萨巴蒂尔.政策过程理论[M].彭宗超,钟开斌,等,译.北京:生活·读书·新知三联书店,2004.

[21]郑功成.以人民为中心:新时代中国民生保障[M].北京:人民出版社,2021.

[22]刘尚希,等.国家治理现代化视角下的财税体制研究[M].北京:人民出版社,2023.

[23]王伟玲.数字政府:开辟国家治理现代化新境界[M].北京:人民邮电出版社,2022.

[24]BENINGTON. J,MARK H. MOORE. Public Value:Theory and Practice[M]. New York:Palgrave Maomillan Puss,2011.

[25]POLLITT,C. New Perspectives on Public Services:Place and Technology[M]. Oxford University Press,2013.

[26]Bracci,E. ,M. Fugini,M. Sicilia. Co-production of Public Services:Meaning and Motivations[M]. Springer International Publishing,2016.

[27]PAUDEL,N. R. ,Public Policy Implementation[M]. LAP LAMBERT Academic Publishing,2013.

[28]MARK H. Moore. Recognizing Public Value:Developing a Public Value Account and a Public Value Scorecard [M]. Cambridge, MA:Harvard University Press,2013.

二、期刊论文类

[1]钱振明.新时代基本公共服务体系的现代化发展:基于均衡性和可及性的考察[J].中国行政管理,2023(10).

[2]曹樱子,睢党臣.数字经济赋能公共服务高质量发展:理论机制、制约因素与实现路径[J].电子政务,2023(10).

[3]王佃利,徐静冉.公共服务可及性何以激活基层治理效能?[J].北京行政学院学报,2023(6).

[4]姜晓萍,康传彬.关系-动机:农民工享有城市基本公共服务的可及性障碍形成机理研究[J].治理研究,2023(4).

[5]黄厅厅,熊斌.共同富裕目标下乡村公共服务高质量发展:顶层设计、学理阐释与基层实践[J].云南民族大学学报(哲学社会科学版),2023(4).

[6]孙鸿鹤.增强均衡性和可及性:构建社会主义现代化公共服务体系[J].理论探讨,2023(2).

[7]吕炜,刘欣琦.中国式现代化与人民财政[J].财政研究,2023(3).

[8]周小刚,文雯.数字经济对公共服务高质量发展影响的机理分析与实证研究[J].统计与信息论坛,2023(3).

[9]苏曦凌.公共服务的空间叙事:可及性、可及化与可及度[J].社会科学,2022(9).

[10]赵子建.县城公共服务高质量发展:逻辑、演进与路径[J].郑州大学学报(哲学社会科学版),2022(4).

[11]姜晓萍,吴宝家.人民至上:党的十八大以来我国完善基本公共服务的历程、成就与经验[J].管理世界,2022(10).

[12]吴春宝.增权赋能:乡镇政府公共服务能力提升及其实现路径[J].广西大学学报(哲学社会科学版),2022(1).

[13]任喜萍.高质量发展阶段基本公共服务供给与新型城镇化质量研究[J].城市问题,2022(6).

[14]李克让.社会治理中基本公共服务均等化与可及性研究[J].财会通讯,2022(16).

[15]马晨,李瑾,赵春江,等.我国乡村公共服务治理现代化战略研究[J].中国工程科学,2022(2).

[16] 何文炯. 共同富裕视角下的基本公共服务制度优化[J]. 中国人口科学, 2022(1).

[17] 李实, 杨一心. 面向共同富裕的基本公共服务均等化: 行动逻辑与路径选择[J]. 中国工业经济, 2022(2).

[18] 陈弘, 冯大洋. 数字赋能助推农村公共服务高质量发展: 思路与进路[J]. 世界农业, 2022(2).

[19] 缪小林, 张蓉. 从分配迈向治理: 均衡性转移支付与基本公共服务均等化感知[J]. 管理世界, 2022(2).

[20] 刘银喜, 赵淼. 公共价值创造: 数字政府治理研究新视角: 理论框架与路径选择[J]. 电子政务, 2022(2)

[21] 解垩. 财政分权与公共服务可及性: 组固定效应分析[J]. 现代经济探讨, 2022(1).

[22] 夏杰长, 王鹏飞. 数字经济赋能公共服务高质量发展的作用机制与重点方向[J]. 江西社会科学, 2021(10).

[23] 张启春, 杨俊云. 基本公共服务均等化政策: 演进历程和新发展阶段策略调整: 基于公共价值理论的视角[J]. 华中师范大学学报(人文社会科学版), 2021(3).

[24] 康健. 基本公共服务制度体系显著优势及其转化为治理效能的实现路径[J]. 东北大学学报(社会科学版), 2021(3).

[25] 李燕凌, 高猛. 农村公共服务高质量发展: 结构视域、内在逻辑与现实进路[J]. 行政论坛, 2021(1).

[26] 任梅, 刘银喜, 赵子昕. 基本公共服务可及性体系构建与实现机制: 整体性治理视角的分析[J]. 中国行政管理, 2020(12).

[27] 黄新华, 何冰清. 建立高质量的公共服务供给体系: 提升公共服务供给质量的需求、障碍与路径[J]. 学习论坛, 2020(11).

[28] 李华, 董艳玲. 中国基本公共服务均等化测度及趋势演进: 基于高质量发展维度的研究[J]. 中国软科学, 2020(10).

[29] 陈振明, 李德国. 以高效能治理引领公共服务高质量发展[J]. 人民论坛, 2020(29).

[30] 姜晓萍, 康健. 实现程度: 基本公共服务均等化评价的新视角与指标构

建[J].中国行政管理,2020(10).

[31]陈庚,邱润森.新时代完善现代公共文化服务体系建设的路径研究[J].江汉论坛,2020(7).

[32]代凯,郭小聪.基本公共服务可及性:概念界定、研究进展与未来展望[J].中国延安干部学院学报,2020(4).

[33]山雪艳.政府预算绩效评价及其影响因素:基于公共价值理论的实证研究[J].华中师范大学学报(人文社会科学版),2020(4).

[34]廖福崇.基本公共服务与民生幸福感:来自中国综合社会调查的经验证据[J].兰州学刊,2020(5).

[35]李德国,陈振明.高质量公共服务体系:基本内涵、实践瓶颈与构建策略[J].中国高校社会科学,2020(03):148-155,160.

[36]缪小林,张蓉,于洋航.基本公共服务均等化治理:从"缩小地区间财力差距"到"提升人民群众获得感"[J].中国行政管理,2020(2).

[37]胡洪曙,武锶芪.基于获得感提升的基本公共服务供给结构优化研究[J].财贸经济,2019(12).

[38]陈朝兵.基本公共服务质量:概念界定、构成要素与特质属性[J].首都经济贸易大学学报,2019(3).

[39]张薇.我国基本公共服务均等化的发展历程和建设策略[J].哈尔滨工业大学学报(社会科学版),2019(6).

[40]李军鹏.新时期推进基本公共服务均等化的思路与对策[J].新视野,2019(6).

[41]刘欢.户籍管制、基本公共服务供给与城市化:基于城市特征与流动人口监测数据的经验分析[J].经济理论与经济管理,2019(8).

[42]辛冲冲,陈志勇.中国基本公共服务供给水平分布动态、地区差异及收敛性[J].数量经济技术经济研究,2019(8).

[43]徐增阳,张磊.公共服务精准化:城市社区治理机制创新[J].华中师范大学学报(人文社会科学版),2019(4).

[44]胡志平.公共服务高质量供给与"中等收入陷阱"跨越[J].学习与探索,2019(6).

[45]胡晓东,艾梦雅.基本公共服务均等化、财力均衡与增值税共享制度重

构[J].财政研究,2019(6).

[46] 谢贞发. 基本公共服务均等化建设中的财政体制改革研究:综述与展望[J].南京社会科学,2019(5).

[47] 王帅锋,杜晓利. 义务教育从基本均衡走向优质均衡:一个政策调适案例[J].教育发展研究,2019(21).

[48] 张辉蓉,盛雅琦,罗敏.我国义务教育均衡发展40年:回眸与反思:基于数据分析的视角[J].西南大学学报(社会科学版),2019(1).

[49] 余成龙,冷向明."项目制"悖论抑或治理问题:农村公共服务项目制供给与可持续发展[J].公共管理学报,2019(2).

[50] 宋林霖,李晓艺.全球视野下公共服务标准化模式比较研究:基于国外市民公约模式的理论探索与改革实践[J].国外理论动态,2019(1).

[51] 张晖.国家治理现代化视域下的城乡基本公共服务均等化[J].马克思主义理论学科研究,2018(6).

[52] 原光,曹现强.获得感提升导向下的基本公共服务供给:政策逻辑、关系模型与评价维度[J].理论探讨,2018(6).

[53] 唐皇凤,吴昌杰.构建网络化治理模式:新时代我国基本公共服务供给机制的优化路径[J].河南社会科学,2018(9).

[54] 谢星全.基本公共服务质量:多维建构与分层评价[J].上海行政学院学报,2018(4).

[55] 王玉龙,王佃利.需求识别、数据治理与精准供给:基本公共服务供给侧改革之道[J].学术论坛,2018(2).

[56] 党秀云,彭晓祎.我国基本公共服务供给中的中央与地方事权关系探析[J].行政论坛,2018(2).

[57] 史小强,戴健.新时代全民健身公共服务绩效结构模型的构建与实证研究:基于"以人民为中心"价值取向的量度[J].体育科学,2018(3).

[58] 包国宪,赵晓军.新公共治理理论及对中国公共服务绩效评估的影响[J].上海行政学院学报,2018(2).

[59] 张紧跟.治理视阈中的基本公共服务供给侧改革[J].探索,2018(2).

[60] 王名,李朔严.十九大报告关于社会治理现代化的系统观点与美好生活价值观[J].中国行政管理,2018(3).

[61]刘爱军,段虹.坚持“以人民为中心”改善民生与创新社会治理:论习近平新时代中国特色社会主义社会建设思想[J].理论探讨,2018(1).

[62]范逢春,谭淋丹.城乡基本公共服务均等化制度绩效测量:基于分省面板数据的实证分析[J].上海行政学院学报,2018(1).

[63]张启春,山雪艳.基本公共服务标准化、均等化的内在逻辑及其实现:以基本公共文化服务为例[J].求索,2018(1).

[64]何继新,郁琭.基层公共服务精细化治理的逻辑关联、社会行动与路径创新[J].北京行政学院学报,2018(1).

[65]高红.论基本公共服务清单制度:公共价值管理的视角[J].求实,2017(7).

[66]董振华.“以人民为中心”的理论逻辑和政治价值[J].中共中央党校学报,2017(6).

[67]龙翠红,易承志.基本公共服务均等化、义务教育均衡发展与公共政策优化:我国义务教育政策变迁与路径分析[J].湘潭大学学报(哲学社会科学版),2017(6).

[68]李怡,肖昭彬.“以人民为中心的发展思想”的理论创新与现实意蕴[J].马克思主义研究,2017(7).

[69]徐小容,朱德全.义务教育均衡发展的推进逻辑与价值旨归[J].教育研究,2017(10).

[70]陈建.农村公共文化服务碎片化问题研究:以整体性治理为视角[J].图书馆工作与研究,2017(8).

[71]谢星全.我国省际基本公共服务满意度研究:特征、价值与启示[J].现代经济探讨,2017(2)

[72]尹栾玉.基本公共服务:理论、现状与对策分析[J].政治学研究,2016(5).

[73]李拓,李斌,余曼.财政分权、户籍管制与基本公共服务供给:基于公共服务分类视角的动态空间计量检验[J].统计研究,2016(8).

[74]王延杰,冉希.京津冀基本公共服务差距、成因及对策[J].河北大学学报(哲学社会科学版),2016(4).

[75]刘磊,许志行.基本公共服务“均等化”概念辨析[J].上海行政学院学报,2016(4).

[76]马雪松.结构、资源、主体:基本公共服务协同治理[J].中国行政管理,

2016(7).

[77] 王丽萍,郭凤林.中国社会治理的两副面孔:基本公共服务的视角[J].南开学报(哲学社会科学版),2016(3).

[78] 李珠.政府公共服务购买的合同制治理机制探讨[J].中国行政管理,2016(2).

[79] 范逢春.建国以来基本公共服务均等化政策的回顾与反思:基于文本分析的视角[J].上海行政学院学报,2016(1).

[80] 胡志平.国家治理现代化的公共服务路径[J].探索,2015(6).

[81] 黄茂钦.论基本公共服务均等化的软法之治:以"治理"维度为研究视角[J].现代法学,2015(6).

[82] 李霄锋.基本公共服务标准化的动态阶段性解析[J].理论导刊,2015(10).

[83] 张紧跟.论国家治理体系现代化视野中的基本公共服务均等化[J].四川大学学报(哲学社会科学版),2015(4).

[84] 王前,吴理财.公共文化服务可及性评价研究:经验借鉴与框架建构[J].上海行政学院学报,2015(3).

[85] 王华杰,薛忠义.社会治理现代化:内涵、问题与出路[J].中州学刊,2015(4).

[86] 郁建兴,秦上人.论基本公共服务的标准化[J].中国行政管理,2015(4).

[87] 杨博,谢光远.论"公共价值管理":一种后新公共管理理论的超越与限度[J].政治学研究,2014(6).

[88] 范逢春,李晓梅.农村公共服务多元主体动态协同治理模型研究[J].管理世界,2014(9).

[89] 李晓霞.融合与发展:流动人口基本公共服务均等化的思考[J].华东理工大学学报(社会科学版),2014(2).

[90] 文宏.中国政府推进基本公共服务的注意力测量:基于中央政府工作报告(1954—2013)的文本分析[J].吉林大学社会科学学报,2014(2).

[91] 夏志强,付亚南.公共服务多元主体合作供给模式的缺陷与治理[J].上海行政学院学报,2013(4).

[92] 陈伟,白彦.城乡一体化进程中的政府基本公共服务标准化[J].政治学研究,2013(1):85-93.

[93] 倪红日,张亮.基本公共服务均等化与财政管理体制改革研究[J].管理世

界,2012(9).

[94]尹昌美,卓越.公共服务标准化的发展路径、影响因素与评估体系:以杭州市上城区为个案[J].公共行政评论,2012(4).

[95]郭小聪,代凯.供需结构失衡:基本公共服务均等化进程中的突出问题[J].中山大学学报(社会科学版),2012(4).

[96]曾红颖.我国基本公共服务均等化标准体系及转移支付效果评价[J].经济研究,2012(6).

[97]刘彤,张等文.多中心供给:后农业税时代农村基本公共服务的有效供给模式[J].学习与探索,2012(5).

[98]廖文剑.西方发达国家基本公共服务均等化路径选择的经验与启示[J].中国行政管理,2011(3).

[99]陈振明,李德国.基本公共服务的均等化与有效供给:基于福建省的思考[J].中国行政管理,2011(1).

[100]王国华,温来成.基本公共服务标准化:政府统筹城乡发展的一种可行性选择[J].财贸经济,2008(3).

[101]项继权.基本公共服务均等化:政策目标与制度保障[J].华中师范大学学报(人文社会科学版),2008(1).

[102] Besley, T. and S. Coate. Centralized versus decentralized provision of local public goods:a political economy approach[J]. Journal of Public Economics, 2003(12).

[103] Ewman,J. ,A. Cherney and B. W. Head. Policy Capacity and Evidence-Based Policy In The Public Service[J]. Public Management Review,2017(19).

[104] Paul A. Samuelson. The Pure Theory of Public Expenditure[J]. Review of Economics and Statistics,1954(4).

[105] Penchansky R,Thomas J W. The Concept of Access[J]. Medical Care,1981, 19(2).

[106] Peters D H, Garg A, Bloom G, et al. Poverty and access to health care in developing countries[J]. Annals of the New York Academy of Ences,2010(1).

[107] Isserman, A. M. ,In the National Interest:Defining Rural and Urban Correctly in Research and Public Policy[J]. International Regional Science Review,

2016. 28(4):465-499.

[108] Bianca, O., S. L. Maria and B. Thomas. How to measure public demand for policies when there is no appropriate survey data? [J]. Journal of Public Policy,2017. 37(2):173-204.

[109] Gollata, J. A. M. and J. Newig. Policy implementation through multi-level governance:analysing practical implementation of EU air quality directives in Germany[J]. Journal of European Public Policy,2017(6):1-20.

三、学位论文类

[1]韩清.西方公共物品理论的演进研究[D].北京:中央财经大学,2020.

[2]孙大鹏.新型城镇化背景下城乡基本公共服务均等化实现问题研究[D].长春:吉林大学,2023.

[3]陈晓曼.中部地区基本公共服务高质量发展的测度研究[D].武汉:华中师范大学,2023.

[4]王晶晶.习近平以人民为中心的发展思想研究[D].沈阳:辽宁大学,2020.

[5]陶铸钧.公众感知地方政府公共服务质量的影响因素研究[D].杭州:浙江大学,2019.

[6]陈娟.区域基本公共服务均等化与财政体制改革研究[D].长春:吉林大学,2018.

[7]江文涵.我国基本公共文化服务标准体系研究[D].重庆:西南政法大学,2018.

[8]董丽.基本公共服务质量评价问题研究[D].长春:吉林大学,2015.

[9]李玉秀.数字化驱动公共服务均等化研究:以浙江省公共医疗卫生服务为例[D].北京:中共中央党校,2022.